1942
LE JOUR
SE LÈVE

DU MÊME AUTEUR
CHEZ POCKET

MAX GALLO
de l'Académie française

1942
LE JOUR
SE LÈVE

RÉCIT

XO ÉDITIONS

Pocket, une marque d'Univers Poche,
est un éditeur qui s'engage pour la préservation
de son environnement et qui utilise du papier fabriqué
à partir de bois provenant de forêts
gérées de manière responsable.

© XO Éditions, Paris, 2011
ISBN : 978-2-266-22218-1

« *Je croule sous les faits, mais je ne peux les dire dans un article de quelques milliers de mots. Il me faudrait des années et des années pour écrire. [...] Cela signifie que je ne puis vous dire réellement ce qui est arrivé et ce qui arrive à 5 millions de Juifs persécutés dans l'Europe de Hitler. Personne ne racontera jamais l'histoire : une histoire de 5 millions de tragédies personnelles dont chacune remplirait un volume.* »

1942, Richard LICHTHEIM,
délégué de l'Agence juive à Genève.
Cité par Saul Friedländer, *L'Allemagne nazie et les Juifs,* vol. 2, *Les Années d'extermination : 1939-1945,*
trad. Pierre-Emmanuel Dauzat, Le Seuil,
« L'Univers historique », Paris, 2008.

« Nul ne devrait douter que cette guerre ne peut finir que par l'extermination des peuples aryens ou la disparition de la juiverie d'Europe... Pour la première fois va désormais s'appliquer l'antique règle juive : "Œil pour œil, dent pour dent" !

« [...] La juiverie mondiale devrait savoir que plus la guerre s'étend, plus l'antisémitisme se répandra également. [...] Et l'heure sonnera où le plus vil ennemi de tous les temps aura fini son rôle pour au moins un millénaire. »

HITLER
au Sportpalast de Berlin
30 janvier 1942

« Ce jour de Noël 1942, l'ennemi recule sur tous les champs de bataille. Il étale sous nos yeux les signes évidents du début de sa décadence. En même temps, le peuple français achève au fond de son cachot le rassemblement national longtemps retardé par le mensonge et la trahison.

« Certes nos souffrances, nos fureurs, nos dégoûts sont à ce moment à leur comble. Mais jamais ne furent plus claires nos raisons de croire au salut et à la vengeance...

« Ce jour de Noël 1942, la nation compte que l'esprit de la libération achèvera vite de chasser partout... les derniers relents de l'attentisme et les ultimes symboles de la capitulation...

« Ce jour de Noël 1942, la France voit à l'horizon réapparaître son étoile. »

Général DE GAULLE
message de Noël radiodiffusé de Londres
24 décembre 1942

L'ÉTAT DES FORCES EN PRÉSENCE
EN EUROPE EN 1942

 Les pays de l'Axe

⫶⫶⫶ Territoire allié

Pays sous occupation
ou administration allemande

⫶⫶⫶ Présence des Alliés

LE FRONT DE L'EST

$\cdots\cdots\blacktriangleright$ Offensives de l'Axe sur l'U.R.S.S. en 1942

● Camps de concentration

PREMIÈRE PARTIE

1er janvier

—

mai 1942

« [...] *Aujourd'hui, nos ennemis sont parvenus à faire régner sur l'Europe un régime de terreur plus effroyable que celui qui fut installé par les hordes barbares au printemps du Moyen Âge, en mettant toute leur science au service de leur férocité...* »

Déclaration du général DE GAULLE
à la Conférence interalliée de Saint-James,
Londres, le 12 janvier 1942

« *Avec le bolchevisme, la juiverie va sans doute vivre sa grande catastrophe.*

« *Le Führer déclare une fois encore qu'il est décidé à éliminer implacablement les Juifs d'Europe. En ce domaine, il faut se garder de tout caprice sentimental...* »

Journal de GOEBBELS
14 février 1942

1.

C'est le jeudi 1er janvier 1942.

Ce jour-là, point de trêve.

Les flammes de la guerre devenue mondiale en 1941 dévorent, comme chaque jour, des dizaines de milliers d'hommes, de femmes, d'enfants.

On massacre dans les ghettos de Pologne, d'Ukraine, des pays baltes.

**Exécution de masse
dans le camp de concentration de Belzec, 1942.**

On déporte, on gaze dans des camions gigantesques, stationnés dans les clairières des forêts d'Europe centrale et de Russie.

On abat les Juifs d'une balle dans la nuque. Et les corps sont précipités dans des fosses communes et recouverts d'une mince couche de terre, qu'un bras parfois perce, dans un ultime sursaut de vie.

Dans le ghetto de Vilna, un adolescent de quatorze ans écrit :

« J'ai le sentiment que nous sommes pareils à des moutons. On nous massacre par millions et nous sommes démunis. L'ennemi est fort, rusé, il nous extermine conformément à un plan et nous sommes découragés. »

Mais dans le même ghetto de Vilna, un poète de vingt-trois ans, Abba Kovner, rassemble cent cinquante jeunes gens, sous couvert de fêter le nouvel an, et il lit le *Manifeste* qu'il a rédigé et qui est le premier appel à une résistance juive armée.

« Nous n'allons pas nous laisser conduire comme des moutons à l'abattoir, dit-il. Il est vrai que nous sommes faibles et démunis, mais la seule réponse au meurtrier est la révolte ! Frères ! Mieux vaut combattre en hommes libres que de vivre à la merci des meurtriers. Levez-vous ! Levez-vous, jusqu'à votre dernier souffle.

« L'espoir est encore vivace car on n'imagine pas que 1942 puisse être pire que cette année 1941, la plus atroce pour nous, atroce pour tout ce que nous avons dû endurer réellement nous-mêmes, plus atroce encore à cause de la menace permanente, la plus atroce de toutes du fait de ce que d'autres ont subi, dont nous sommes les témoins (évacuations, assassinats), mais cette fin d'année nous apporte confiance. »

Les armées allemandes n'ont pas réussi à prendre Moscou ni Leningrad. Elles ont dû reculer devant la contre-offensive soviétique lancée en décembre 1941 pour écarter la menace sur Moscou.

« Pour la première fois dans cette campagne de Russie, note un officier allemand dans son journal, nous avons dû battre en retraite. »

Mais les Allemands s'accrochent au terrain – ordre du Führer, *Haltbefehl* – et ils tiennent parce qu'ils savent que reculant encore, ils connaîtraient le sort de l'armée napoléonienne.

Ils font de chaque isba un fortin. Ils résistent aux assauts des « Sibériens » – ces soldats bien équipés venus de Sibérie.

Ils savent que le froid, les tempêtes de neige, les blizzards seraient aussi meurtriers que les Russes.

Mais c'en est fini de la Wehrmacht qui était entrée le 22 juin 1941 en Russie, sûre de sa force.

« Nos soldats sont devenus de froids techniciens de la mort, maîtrisant leurs armes avec lucidité et raffinement, écrit un officier. Ils savent comment tenir au chaud leurs mitrailleuses afin qu'elles aient un rendement maximum, et qu'elles éventrent ces vagues d'assaut russes qui s'élancent en criant "Hourra, Hourra". Ils n'ont plus d'états d'âme quant à la mort des autres. Ce qui reste d'humanité dans leur cœur est réservé aux camarades… Ils se protègent comme ils peuvent du froid. Ils ressemblent plutôt à une bande hétéroclite composée de clochards qu'à une armée en campagne. »

Et dès qu'ils ont brisé une vague d'assaut, ils se précipitent pour dépouiller les cadavres russes de leurs bottes de feutre, de leurs manteaux fourrés, de leurs chapkas à oreillettes, de leurs gants.

Mais les pertes allemandes creusent des sillons de sang dans les régiments.

Et dans toute l'Europe occupée, en ce premier jour de l'année 1942, on s'en réjouit.

« Nous regardons les ambulances et les convois militaires qui filent à l'ouest. Ils sont chargés de soldats blessés et gelés. Le plus souvent, les gelures touchent les mains, les pieds, les oreilles, le nez et le sexe... »

Ce témoin, un Juif polonais, ajoute : « Beaucoup de gens meurent, mais tous ceux qui sont encore en vie sont certains que l'heure de la vengeance et de la victoire sonnera pour nous. »

Ils imaginent qu'en ce début d'année 1942, la situation de l'armée allemande est désespérée :

« Bienvenue à toi, 1942, s'écrie une femme du ghetto de Vilna. Puisses-tu apporter salut et défaite. Bienvenue à toi, mon année tant attendue. Peut-être seras-tu plus propice à notre ancienne et misérable race dont le destin est entre les mains de l'injuste. Et encore une chose. Quoi que tu me réserves, la vie ou la mort, fais-le vite. »

Cette guerre a changé les hommes à quelque camp qu'ils appartiennent. Et, dans ces jours chargés de symboles, que sont la fin d'une année – Noël, naissance du Sauveur, période vouée à l'espérance, à des réunions familiales et festives – et le commencement d'une autre, on ressent d'autant plus les blessures cruelles de la guerre.

« Je ne trouve plus la sérénité, ni en moi-même ni autour de moi », écrit à sa femme un officier allemand qui tient avec son régiment la ville de Rjeva, un élément de la « ligne » Königsberg, cette zone fortifiée où la Wehrmacht tente après sa retraite devant Moscou de se maintenir. « Nous vivons des jours indescriptibles dont on ne voit pas la fin, poursuit-il. Jamais je n'aurais cru possibles de tels combats. Nos hommes se dépassent tous les jours. Même si nos pertes sont relatives, par rapport à celles de l'adversaire, chacun des nôtres qui tombe est irremplaçable. Et chaque mort est un déchirement. »

Le médecin du même régiment confie :
« Il n'est plus possible de remplir les vides. Je ne veux plus tout le temps dire adieu à des amis bons et dévoués. J'ai donc pris la décision de ne plus me lier sentimentalement avec quiconque aussi longtemps que durera cette guerre. »
Le colonel – un ancien combattant de 14-18 –, ayant mesuré le désarroi de ses officiers, les réunit ce 1er janvier 1942 :
« Pendant la guerre de 14-18 j'ai eu souvent le même état d'âme. Mais un soldat doit apprendre que mourir est la chose la plus naturelle dans une guerre. Si nous ne voulons pas que la mort prenne complètement possession de nous, nous devons l'accepter comme une chose naturelle qui peut frapper à chaque instant, soit chez nous-mêmes, soit chez nos bons camarades. Et si elle frappe, nous ne devons pas y prêter atten-

tion si nous voulons tenir le coup dans cette guerre jusqu'au bout. »

La mort avide parcourt les continents et les océans.

On meurt dans les vagues glacées de l'océan Arctique, on meurt les yeux brûlés par le pétrole dans l'océan Pacifique et l'océan Indien. Les meutes de sous-marins allemands déciment les convois qui, partant de Middlesbrough, se dirigent vers Mourmansk.

Les avions japonais coulent les cuirassés anglais. Et les fantassins nippons débarquent à Bornéo, aux Philippines, en Indonésie, menacent Manille, Singapour, Batavia.

Ce sont, sur tous ces théâtres d'opérations, des combattants et encore plus d'innombrables civils que la mort engloutit.

La guerre devenue mondiale est aussi devenue totale : « *Totalkrieg* ».

On massacre les civils, on extermine les Juifs, on laisse mourir de faim les prisonniers russes ou on les abat par milliers.

On brûle les villages et leurs habitants. On bombarde les villes pour terroriser les peuples.

En ce 1er janvier 1942, la Luftwaffe attaque – comme chaque jour – les villes anglaises. Et la Royal Air Force prend pour cible Berlin, et les cités de la Ruhr.

Leningrad encerclée est détruite par l'artillerie. Et les survivants y meurent de faim.

Cette *Totalkrieg* en ce début d'année 1942, chacun parmi les chefs d'État sent bien qu'aucune paix de compromis ne pourra l'interrompre.

Seule la capitulation sans condition de l'Allemagne

nazie peut mettre fin au conflit. Interviendra-t-elle en 1942 ?

En ce mois de janvier 1942, on l'espère.

De Gaulle salue à la radio de Londres la victoire de la contre-offensive russe du mois de décembre 1941.

Le général de Gaulle à Londres.

« L'armée allemande lancée presque entière à l'attaque depuis juin dernier, d'un bout à l'autre de ce front gigantesque, pourvue d'un matériel énorme, rompue au combat et au succès, renforcée d'auxiliaires enchaînés au destin du Reich par l'ambition ou la terreur, recule maintenant décimée par les armes russes, rongée par le froid, la faim, la maladie.

« Pour l'Allemagne, la guerre à l'Est ce n'est plus aujourd'hui que cimetières sous la neige, lamentables trains de blessés, mort subite de généraux. Certes on ne saurait penser que c'en soit fini de la puissance militaire de l'ennemi. Mais celui-ci vient, sans aucun doute possible, d'essuyer l'un des plus grands échecs que l'Histoire ait enregistrés. »

Déjà l'on se prépare à organiser la « victoire ».

Ce jeudi 1er janvier 1942, le président Roosevelt reçoit solennellement à la Maison Blanche les représentants de vingt-cinq « Nations unies » qui adhèrent aux principes et objectifs de la Charte de l'Atlantique.

Roosevelt rappelle que cette Charte, élaborée par les États-Unis et la Grande-Bretagne, a été signée par le président des États-Unis et Winston Churchill, le 14 août 1941. Les deux hommes se sont rencontrés au large de Terre-Neuve sur le cuirassé anglais *Prince of Wales* et le navire américain *Augusta*.

Ils y ont affirmé le principe de respect des peuples, d'égalité entre eux. Ils évoquent, après la « destruction totale de la tyrannie nazie », la paix qui « apportera aux habitants de tous les pays l'assurance de pouvoir vivre à l'abri de la crainte et du besoin ».

Le 1er janvier 1942, les vingt-cinq Nations unies – la France Libre les rejoindra le 2 janvier – font le serment d'employer toutes leurs ressources militaires ou économiques contre les puissances de l'Axe.

Ces Nations unies s'engagent à ne pas signer d'armistice ni de paix séparée.

Les diplomates de ces vingt-cinq nations se rassemblent autour de Roosevelt dans l'un des grands salons de la Maison Blanche. Les visages sont graves.

Personne ne doute ni de la détermination de Hitler

ni de la puissance que représente la « tyrannie nazie »
alliée au Japon.

. On sait que la guerre est pleine d'aléas, que rien
n'est jamais joué. L'année 1942 paraît donc longue
et incertaine.

Seules certitudes : la mort décimera les peuples.
Les souffrances seront immenses. Et les châtiments
devront être à la mesure des crimes commis.

2.

L'homme qui, en cette matinée du jeudi 1er janvier 1942, marche seul, courbé, tenant son chapeau à deux mains, tant le mistral souffle fort sur la Provence, c'est Jean Moulin.

Il se dirige vers le village de Saint-Andiol situé à quelques kilomètres d'Arles. Là est sa maison familiale. Personne ne s'étonnera de le voir. Il poussera les volets, il se rendra chez les Raybaud, qui habitent aux confins du village. On l'invitera à partager le repas du jour de l'an, « puisque vous êtes seul, monsieur Jean ». Il acceptera.

Qui pourrait imaginer qu'il vient d'être parachuté non loin de la bastide de la Lèque avec deux agents des services secrets de la France Libre ? L'un, Raymond Fassin, sera officier, l'autre, Hervé Monjaret, sera le radio de la mission, chargé d'établir la liaison entre la France et Londres.

Ils ont pris des routes séparées afin d'éviter d'attirer l'attention. Mais Monjaret semble s'être perdu puisqu'il n'était pas au point de rendez-vous, situé au-delà du village d'Eygalières.

Moulin l'a attendu en grelottant de froid, car il a touché le sol dans un marécage et s'y est enfoncé jusqu'à mi-cuisses. En se libérant du parachute, il a perdu sa boussole, son Colt. Mais il a gardé serrée dans son poing la petite boîte métallique qui contient la pastille de cyanure.

Il sait qu'il en usera si besoin est.

Voilà longtemps déjà, depuis les années 1930, que Moulin n'ignore rien de la régression barbare qui déferle sur l'Europe : fascisme, nazisme, guerre civile d'Espagne et triomphe du franquisme, et puis cette capitulation à Munich, face à Hitler et Mussolini, de l'Angleterre et de la France, et, le 23 août 1939, ce pacte de non-agression germano-soviétique, l'entente entre Staline et Hitler qui permet d'égorger la Pologne. Et la guerre que concluent, en mai 1940, la débâcle et Pétain.

Moulin était préfet de Chartres. Il s'est tranché la gorge pour éviter d'avoir à céder aux Allemands qui exigeaient qu'il accusât des soldats sénégalais de viols et de meurtres. Il n'est qu'une seule réponse à la tyrannie nazie : se battre, résister, et mettre dans ce combat sa vie en jeu.

C'est pour cela qu'il a rejoint de Gaulle, qu'il lui a apporté le fruit d'une enquête sur les ferments de résistance en France. De Gaulle l'a chargé d'être son représentant en France, de rassembler tous ces hommes, ces réseaux, d'en faire une force unie, qui donnera à la France Libre une légitimité indiscutable.

Voilà des jours qu'avec Fassin et Monjaret Moulin attend le départ.

Les prévisions météorologiques ont longtemps été défavorables. Puis les Anglais ont été réticents.

Ils hésitent à renforcer ce de Gaulle, si intransigeant, ce général désireux d'affirmer la souveraineté française.

Il a décidé seul de rattacher les îles Saint-Pierre-et-Miquelon à la France Libre, ordonnant aux Forces navales de la France Libre, commandées par l'amiral Muselier, d'y prendre pied. C'est fait le 24 décembre 1941. Et les Américains ont menacé de Gaulle d'intervenir et de chasser les Français Libres.

Moulin a découvert ces tensions, ces désaccords, ces rivalités qui, à Londres, divisent les Français Libres. On accuse de Gaulle d'autoritarisme, voire de tendances dictatoriales. Des socialistes regroupés dans le cercle Jean-Jaurès évoquent le « bonapartisme » du général. Est-il même républicain ? Maurrassien, plutôt !

Les Anglais et les Américains recueillent ces ragots, jouent des divisions.

Ils n'ont pas totalement rompu avec les hommes de Vichy. Ils veulent avoir « deux fers au feu ». De Gaulle pour tous ses rivaux et ses opposants n'est que le « biffin », le « képi », voire « le général Boulanger ». Les Américains ou les Anglais le désignent souvent du sobriquet « roi Makoko » ou bien de « sacrée Pucelle ». Ne joue-t-il pas les Jeanne d'Arc ?

Jean Moulin a choisi : il sera l'homme de De Gaulle parce qu'il veut l'unité de la Résistance, sous la direction de la France Libre.

Il ne soupçonne pas de Gaulle d'ambition médiocre, personnelle. L'homme veut seulement un grand destin pour la France. C'est un homme qui doute, qui s'interroge : « Aurai-je assez de clairvoyance, de fermeté, d'habileté pour maîtriser jusqu'au bout les épreuves ? » se demande-t-il.

C'est un homme qui rejette toute complaisance.
À Philippe Barrès qui a fait son éloge dans un livre, il répond :
« Il est mauvais, aujourd'hui surtout, de se regarder dans la glace principalement quand cette glace avantage le personnage. »

Ce qui inquiète Moulin, ce ne sont donc pas les tendances autoritaires de De Gaulle, mais le comportement de nombreux résistants, créateurs de réseaux, hommes courageux mais qui – tel Henri Frenay – hésitent à abandonner leur autonomie, leurs projets, leurs pouvoirs aux mains du général de Gaulle.
Ils se rebellent contre ceux qui – tel Jean Moulin – parlent en son nom. Ils ne veulent pas être aux ordres d'un ancien préfet, fût-il valeureux. Ils se méfient des services de renseignements de la France Libre, qui deviennent le 17 janvier 1942 le Bureau central de renseignements et d'action militaire (BCRAM) et sont dirigés par le colonel Passy.

Pourquoi ne pas être directement en contact avec les Anglais ou les Américains ou même maintenir un lien avec les hommes de Vichy ? Frenay verra ainsi Pucheu, le ministre de l'Intérieur de Pétain, l'homme qui a « trié » les otages que les Allemands vont exécuter en représailles de l'assassinat d'officiers par des « terroristes » communistes.

Pucheu, le ministre détesté, le « collaborateur » indigne, qui a choisi les « communistes » comme otages.

Mais Frenay, qui le rencontre, dit de lui :

« Pucheu ? Indiscutablement un homme fort, son langage est viril, sa parole franche, rien en lui de trouble et de cauteleux. Il pense ce qu'il dit et il le dit avec force. »

Et Henri Frenay, l'un des premiers résistants, un patriote déterminé, le créateur du mouvement *Combat,* est fasciné, flatté aussi que Pucheu lui confie :

« Si j'ai accepté de vous rencontrer, c'est parce que je savais avoir affaire à un homme raisonnable. »

Mais comment, ainsi « distingué », Frenay accepterait-il d'emblée sans rechigner de rentrer dans le rang, de se soumettre au « préfet » Jean Moulin, et de dépendre de lui pour ses contacts avec Londres, pour les livraisons d'armes et les attributions de fonds ?

Tâche difficile que celle de Moulin qui, ce jeudi 1er janvier 1942, alors que le mistral cisèle comme à coups de burin les arêtes des Alpilles, hâte le pas.

Voilà des années qu'il vit dans l'urgence, Front populaire, guerre d'Espagne, débâcle : chaque fois il a fait face.

Le temps presse toujours si l'on veut échapper à la tyrannie.

Et si l'on veut l'unité de la Résistance, « tout ou presque reste à faire. Il faut tout organiser, c'est-à-dire créer de toutes pièces à l'aide de personnalités plus ou moins hésitantes, disciplinées ou désintéressées, des troupes et des services bien encadrés et chargés de tâches et de missions précises ».

Il faut repérer, créer des terrains d'atterrissage pour établir des liaisons régulières avec Londres. Il faut dresser la liste des zones de parachutage.

Il faut avec méthode essayer de mettre de l'ordre, réconcilier les chefs de réseau, jaloux de leur autorité, souvent rivaux, asseoir autour d'une même table Henri Frenay – *Combat* – et d'Astier de La Vigerie – *Libération*. Et pendant ce temps-là, la Gestapo arrête, torture, démantèle les réseaux.

Il faut lutter contre la lâcheté ou la trahison des attentistes, des collaborateurs ou des agents de l'ennemi.

Emmanuel d'Astier de la Vigerie.

Il faut surveiller les communistes qui ont leurs propres réseaux et préparent l'après-guerre, et dont on sait qu'ils sont en liaison avec les services secrets soviétiques, cet « Orchestre rouge » dont on soupçonne l'existence, mais dont on n'a pas percé les secrets.

Tâche immense et essentielle. Le sort de la France Libre s'y joue, et donc le sort de l'avenir de la souveraineté française.

« Jean Moulin, dit de Gaulle, emportait mon ordre de mission, l'instituant comme mon délégué, pour la zone non occupée, et le chargeant d'y assurer l'unité d'action des mouvements de résistance.

« C'est lui qui serait en France le centre de nos communications, d'abord avec la zone Sud et dès que possible avec la zone Nord. »

Tout remonte à Jean Moulin. Il est la clé de voûte de la Résistance. Il organise, contrôle, rassemble, ordonne, reçoit et distribue les fonds fournis par la France Libre.

Moulin rencontre les chefs, les fondateurs des réseaux : d'Astier de La Vigerie, Frenay, Chevance.

« Mon nom sera Charvet, dit Henri Frenay.

« Le mien Bertin, dit Chevance, l'adjoint de Frenay.

« Moi, ce sera Max », conclut Jean Moulin.

« Je le revois encore, raconte Chevance-Bertin, sortant de la poche de son gilet une toute petite note, un petit papier qui était caché dans une boîte d'allumettes, qu'il fallait regarder à la loupe et qui contenait la photographie des directives qu'il nous apportait pour l'Armée secrète.

« La grande question pour nous, poursuit-il, c'était de savoir si nous allions devenir gaullistes, c'est-à-dire si nous allions accepter les moyens financiers, les moyens de liaison, les directives.

« Après avoir pesé le pour et le contre, après avoir marché longuement dans la nuit, nous avons dit que nous étions d'accord et que nous acceptions. »

Mi-janvier 1942, Jean Moulin – Max – engrange un premier résultat.

Moulin, qui est arrivé de Londres avec 500 000 francs, en donne aussitôt la moitié à *Combat.*

Puis, pèlerin de la France Libre, il entreprend de rencontrer les autres responsables de mouvements de résistance. Son radio, Hervé Monjaret, installé à Caderousse, à 6 kilomètres d'Orange, dans le grenier d'un presbytère, commence ses émissions, à destination de Londres. Deux à trois fois par semaine, la liaison, est ainsi établie entre la Résistance intérieure et la France Libre.

De Gaulle sait jour après jour ce que Jean Moulin lui apporte.

3.

De Gaulle, en ce mois de janvier 1942, a d'autant plus besoin de Jean Moulin et du soutien des hommes de la Résistance que les critiques contre lui, dans le cœur même de la France Libre, se multiplient, attisées par les Américains et les Anglais.

On ne lui pardonne pas son action à Saint-Pierre-et-Miquelon, en décembre 1941. L'amiral Muselier, le chef des Forces navales Françaises Libres, qui a conduit l'opération, déclare début janvier qu'il regrette d'avoir exécuté les ordres de De Gaulle !

Muselier a cédé aux pressions du Premier Lord de l'Amirauté, Alexander, et des Américains.

Il a suffi de flatter Muselier qui se déjuge, affirme « l'impossibilité pour des hommes libres de se soumettre à la domination despotique d'un seul homme » !

Et des membres de l'état-major de Muselier se solidarisent avec lui.

De Gaulle est partagé entre le mépris et le dédain. Il a la tentation de quitter ses bureaux de la France Libre, à Carlton Gardens, d'abandonner cette fourmilière traversée de rivalités.

Ainsi il manifestera aux yeux de tous que le pouvoir lui importe peu et qu'il ne l'exerce, fermement, que par devoir ! Mais pense-t-il renoncer ? Les phrases qu'il a prononcées reviennent en lui :

« Penché sur le gouffre où la patrie a roulé, je suis son fils qui l'appelle, lui tient la lumière, lui montre le salut. »

Il restera à son poste. Il écrit à Muselier :

« Amiral,

« [...] Votre présence à Londres actuellement donne lieu dans le personnel à confusions et fausses interprétations dont la discipline risque de souffrir.

« Je dois en conséquence vous inviter à quitter Londres sans délai jusqu'à décision à intervenir.

« Veuillez croire, Amiral, à mes sentiments distingués. »

C'est ainsi.

Dans la grande tragédie qu'est cette guerre mondiale où les actes héroïques, les souffrances, l'abnégation sont immenses, où chaque jour des dizaines de milliers d'hommes, de l'Asie à la Libye, des neiges de Russie aux rues du ghetto de Vilna, sacrifient leur vie, il y a aussi le grouillement des intrigues, les sordides ambitions, et les implacables rivalités entre nations.

« Nous sommes en plein Munich, dit de Gaulle, la politique de Washington tend à nous arracher Saint-Pierre-et-Miquelon, comme jadis on arrachait les Sudètes aux Tchèques ! »

Il n'exagère pas.

Angleterre et États-Unis sont à la fois les grands alliés indispensables et les rivaux cyniques qui ne veulent pas que de Gaulle incarne le renouveau français, l'indépendance nationale recouvrée.

« Nos alliés, poursuit de Gaulle, cherchent à contester ce rassemblement de la France autour de nous. »

Au moment même où la police du gouvernement de Vichy arrête à Lyon, à Clermont-Ferrand, des animateurs du mouvement *Combat,* dont Chevance-Bertin, et Bertie Albrecht, la compagne d'Henri Frenay.

Elle les relâchera, mais la précarité, la fragilité des succès obtenus par Moulin sont évidentes.

Et de Gaulle a le sentiment que sur tous les fronts il en est de même.

On a cru un peu vite, en ce mois de janvier 1942 que l'Allemagne était à la veille d'être battue.

Or, dès là mi-janvier, la Wehrmacht ne recule plus en Russie. La contre-offensive russe, victorieuse, s'arrête après avoir repoussé les Allemands à 200 kilomètres de Moscou.

Succès majeur, mais les armées nazies ne sont pas brisées. Au sud du front, dans le Donbass, les Allemands attaquent. À l'extrême nord, ils n'ont pas fait plier Leningrad, mais la ville est toujours assiégée.

De Gaulle, le 20 janvier 1942, à la radio de Londres, peut bien saluer les succès de la Russie, célébrer avec « enthousiasme l'ascension du peuple russe », il sait que la victoire n'est encore qu'une perspective à peine esquissée.

Il faut cependant l'exalter, dire :

« La mort de chaque soldat allemand tué ou gelé en Russie, la destruction de chaque canon, de chaque avion, de chaque tank allemand, au grand large de Leningrad, de Moscou, de Sébastopol, donnent à la France une chance de plus de se redresser et de vaincre. »

Et de Gaulle commence à jouer de la force affirmée de la Russie pour conforter la position de la France Libre, face à Washington et à Londres.

« L'alliance franco-russe, dit-il, est une nécessité que l'on voit apparaître à chaque tournant de l'Histoire. »

Et il en sera ainsi dans l'Europe libérée, car « la Russie sera au premier rang des vainqueurs de demain ».

Mais ce n'est encore qu'une vision.

Pour l'heure les Allemands sont encore à Smolensk, et menacent de s'emparer de Sébastopol !

Il a d'ailleurs suffi de trois semaines en janvier 1942, pour que la réalité de la puissance allemande s'impose à nouveau.

Rommel, et son Afrikakorps, se préparent à l'offensive. Les sous-marins allemands détruisent chaque jour plus de bateaux que n'en peuvent construire les chantiers navals américains et britanniques.

Aux antipodes, la poussée japonaise s'amplifie, après Hong Kong, Manille, les îles de Guam et de Wake, la presqu'île de Malacca et Singapour sont conquises ou menacées.

Certes à l'horizon, la victoire des Alliés semble inéluctable, et le général américain Mac Arthur a raison de répéter « je reviendrai ».

L'US Air Force prépare un premier raid de bombardement sur Tokyo, pour bien montrer que le Japon n'est pas invulnérable, et que les États-Unis iront jusqu'au bout.

Mais la guerre sera longue et cruelle.

Il faudra serrer les dents, surtout quand on n'est pas à la tête d'un État, mais d'une France Libre qui n'est d'abord qu'une espérance et une volonté.

C'est le gouvernement de Vichy qui, bien que veule et soumis à l'occupant, est aux yeux de la majorité des Français l'autorité légitime.

C'est lui qui commande à l'armée de l'armistice et impose ses consignes à la censure.

Le 13 janvier 1942, le texte suivant est communiqué aux journaux :

« Évitez d'employer les mots Russie et Russe. La marge des synonymes entre Soviets et Rouges est assez étendue sans qu'il soit besoin de recourir aux anciennes dénominations. »

Et c'est au maréchal Pétain que, le 20 janvier 1942, la police prête serment !

C'est cela le visage « officiel » de la France !

Et parfois de Gaulle a le sentiment que tel Sisyphe il pousse un rocher qui retombera et tout sera à recommencer !

Alors, chaque signe de Jean Moulin, chaque Français qui se rallie à la France Libre lui apportent un réconfort, raffermissent sa volonté.

Ainsi de Gaulle a-t-il été ému par la lettre que lui adresse de New York, où il s'est réfugié, le philosophe Jacques Maritain. Le général a lu et relu ces lignes :

« Je pense, écrit Maritain, que la mission immense

que la Providence a dévolue au mouvement dont vous êtes le chef est de donner au peuple français... une chance de réconcilier enfin dans sa vie elle-même, le christianisme et la liberté. »

Le 7 janvier 1942, de Gaulle répond à Maritain :

« Mon cher Maître,

« Il est doux d'être aidé, il est réconfortant de l'être par un homme de votre qualité...

« Si, jusqu'à présent, j'ai dû m'appliquer... à dire que notre désastre n'avait été que militaire et à faire qu'il soit réparé, je crois comme vous qu'au fond de tout il y avait dans notre peuple une sorte d'affaissement moral...

« J'ai pensé que, pour remonter la pente de l'abîme, il fallait d'abord empêcher que l'on se résignât à l'infamie de l'esclavage.

« Nous devrons ensuite profiter du rassemblement national dans la fierté et la résistance pour entraîner la nation vers un nouvel idéal intérieur... »

Selon de Gaulle, cette guerre dans sa cruauté doit être le moyen d'un *redressement moral*. Et en ces premiers jours de janvier 1942, dans le salon du petit appartement de l'hôtel Connaught qu'il occupe chaque soir de la semaine, de Gaulle médite à cet après-guerre.

Il écrit à Jacques Maritain :

« Il n'y aura qu'une base de salut : le désintéressement, et pour le faire acclamer, les âmes sont maintenant préparées par le dégoût et la sainte misère... Chacun ne trouve sa part que dans le renoncement de chacun. Il nous fait un peuple en vareuse, travaillant dans la lumière et jouant en plein soleil.

« Tâchons de tirer cela de cette guerre-révolution.

« Je sais que tout ce qui est jeune le désire.

« N'attendons plus rien des académies.

« Je ne suis pas inquiet pour la démocratie. Elle n'a d'ennemis chez nous que des fantoches.

« Je ne crains rien pour la religion. Des évêques ont joué le mauvais jeu, mais de bons curés, de simples prêtres sont en train de tout sauver.

« Écrivez-moi quelquefois. Cela est utile. J'aimerais mieux encore vous voir.

« Ma lettre est longue mais rapide. Prenez-la dans sa sincérité.

« Croyez-moi, mon cher Maître, votre bien dévoué

« Charles de Gaulle. »

Mais Maritain qui, il y a un an, en janvier 1941, a publié un livre – *À travers le désastre* – pétri de l'esprit de résistance, ne rejoindra pas de Gaulle à Londres, préférant comme d'autres Français illustres (Alexis Leger/Saint-John Perse) rester à New York.

Maritain n'éprouve aucune hostilité envers de Gaulle, mais il craint le climat d'intrigues politiques qui sévit à Londres, et le glissement du Général vers l'autoritarisme qui le séparera du peuple.

De Gaulle souffre de ces réticences, de ces soupçons. Ce qu'il apprend de l'état d'esprit des « élites » restées en France et qui s'accommodent de la présence de l'occupant nazi, collaborent et se vautrent dans l'anti-sémitisme, le révolte.

Robert Brasillach.

L'attitude des écrivains – Céline, Brasillach, Rebatet, Drieu la Rochelle – l'indigne.

Il apprend qu'au cours d'une réception à l'ambassade d'Allemagne à Paris, Céline a interpellé l'écrivain allemand Ernst Jünger, qui a repris l'uniforme, lui l'ancien et héroïque combattant de la Première Guerre mondiale.

« Céline, a raconté Jünger, me dit combien il est surpris, stupéfait, que nous, soldats, nous ne fusillions pas, ne pendions pas, n'exterminions pas les Juifs. Il est stupéfait que quelqu'un disposant d'une baïonnette n'en fasse pas un usage illimité. »

Céline peut passer pour un « extravagant », un délirant, un provocateur.

Mais que dire du comportement du propriétaire d'une illustre et respectée maison d'édition ?

Il a fait une offre pour acquérir la maison d'édition Calmann-Lévy, qui appartenait à des Juifs[1].

Dans une lettre recommandée adressée à l'administrateur provisoire de Calmann-Lévy, avec une copie

---

1. Saul Friedländer, *Les Armées d'extermination, op. cit.*

au Commissariat général aux questions juives, l'éditeur écrit :

« Nous avons l'honneur de vous confirmer notre offre d'acquérir le fonds de commerce d'édition et de librairie connu sous le nom de Calmann-Lévy... Cette offre est faite moyennant le prix de deux millions cinq cent mille francs payables comptant. »

Il est dès à présent convenu que le nouvel éditeur n'absorbera pas la firme Calmann-Lévy « qui conservera son autonomie et qui aura un comité littéraire qui lui sera personnel, dont sans doute MM. Drieu la Rochelle et Paul Morand accepteront de faire partie ».

« Nous vous indiquons dès à présent que le nouvel éditeur est une maison aryenne à capitaux aryens. »

De Gaulle est révolté.

Cette capitulation de l'esprit, ce ralliement aux thèses les plus sinistres de l'ennemi, cet esprit de lucre qui efface toute valeur morale sont les causes majeures du succès nazi.

Comment s'étonner qu'un Goebbels puisse à Hambourg, en dépit des revers des armées allemandes, s'écrier le 16 janvier 1942 :

« Nous avons à peine besoin de faire appel à la foi dans notre destin pour prédire notre prochaine victoire comme certaine et irrévocable. »

« Maison aryenne à capitaux aryens », écrivait l'illustre éditeur, dans sa lettre recommandée datée du mardi 20 janvier 1942.

4.

En ce mois de janvier 1942, on peut imaginer que monsieur l'éditeur, après avoir relu la lettre recommandée dans laquelle il se porte acquéreur d'un bien juif dont le propriétaire a été dépossédé, s'apprête à partir déjeuner, en toute bonne conscience. Il respecte la loi et conserve dans le patrimoine français – aryen – ce bien culturel qu'est une maison d'édition aussi ancienne et prestigieuse que Calmann-Lévy. Et s'il n'avait pas fait cette offre, peut-être les Allemands l'auraient-ils achetée.

Monsieur l'éditeur va peut-être déjeuner avec l'un de ces écrivains dont il apprécie tant la compagnie, et il sait bien que certains d'entre eux s'affichent courageusement antinazis. D'autres sont furieusement antisémites et collaborationnistes.

Mais le propre d'une maison d'édition vouée à la littérature n'est-il pas de garder en son sein Aragon et Paulhan aux côtés de Drieu la Rochelle et Paul Morand ?

Il est midi, sur les rives du lac Wannsee, une paisible banlieue de Berlin, ce même mardi 20 janvier 1942.

Reinhard Heydrich.

L'Obergruppenführer SS Reinhard Heydrich, chef de l'Office central pour la Sécurité du Reich au sein de la SS (RSHA) – par ailleurs protecteur de la Bohême-Moravie –, déclare ouverte la Conférence sur la solution finale de la question juive.

Les quatorze participants, secrétaires d'État, officiers de la SS, et notamment l'Obersturmführer SS Eichmann qui doit rédiger le Protocole rendant compte des travaux et des décisions de la conférence, sont assis autour d'une grande table, dans une vaste pièce dont les baies vitrées donnent sur le lac.

La « villa » choisie pour siège de la conférence est l'hôtel de police de la Sécurité du Reich, elle est située au 56-58 Strasse Am Grossen Wannsee.

Les voitures officielles sont alignées le long de la rive du lac. Des SS entourent la demeure et interdisent d'approcher. Ce mardi 20 janvier 1942, cette banlieue berlinoise hiberne sous un ciel gris et bas de l'hiver.

Le lieu a été choisi, précisément, pour garder secrète cette conférence dont Reinhard Heydrich a assuré, à la demande du Reichsmarschall du Grand Reich Hermann Goering, l'organisation, et cela dès le mois de juillet 1941. La date en a été changée plusieurs fois à cause des circonstances – les développements de la guerre en Russie, l'attaque japonaise contre Pearl Harbor.

Mais à chaque changement de date, la détermination du Führer semble devenir de plus en plus forte. Comme si chaque obstacle avivait son impatience, son obsession.

« Les Juifs nous ont mis la guerre sur les bras et déclenché la destruction, dit Hitler. Il est naturel qu'ils soient les premiers à en supporter les conséquences. »

Goebbels recueille dans son journal les propos de plus en plus précis de Hitler.

« Concernant la question juive, le Führer a déblayé le terrain… La guerre mondiale est en cours, l'anéantissement de la juiverie doit en être la conséquence nécessaire.

« Cette question doit être envisagée sans aucune sentimentalité. Nous ne sommes pas là pour avoir pitié des Juifs, mais pour avoir pitié de notre peuple allemand. Maintenant que le peuple allemand a perdu 160 000 hommes de plus sur le front de l'Est, les instigateurs – les Juifs – de ce conflit sanglant vont devoir le payer de leur vie. »

L'Obergruppenführer SS Reinhard Heydrich parle d'une voix égale, glacée, sans qu'un seul des traits de son visage bouge. Les yeux sont fixes. Il ne regarde pas les feuillets qu'il a posés sur la table.

L'Obersturmführer SS Eichmann note dans le Protocole de la conférence, qui sera diffusé à seulement trente exemplaires et classé « secret du Reich » :

« Le chef de l'Office central pour la Sécurité du Reich au sein de la SS fit part en ouverture de la mission qui lui était confiée par le Reichmarshall du Grand Reich en vue de la préparation de la solution finale de la question juive en Europe et indiqua que l'objectif de cette conférence était de clarifier les questions de fond.

« Au cours de la solution de la question juive en Europe seront à prendre en considération environ 11 millions de Juifs. »

Il n'est donc plus seulement question de Juifs allemands, ou polonais, ou russes.

Ceux-là ont déjà été regroupés en ghettos puis massacrés pour laisser la place à des Juifs allemands déportés. Et désormais ce sont les Juifs de toute l'Europe qui doivent être « pris en compte ».

Heydrich énumère leur répartition par pays, de l'Angleterre à la Hongrie, de la Finlande à la France : soit donc 11 millions.

Heydrich n'emploie pas le mot « extermination », mais ces dirigeants nazis rassemblés autour de la table ont tous participé – directement ou en créant les conditions du meurtre – à des massacres de Juifs.

Adolf Eichmann.

Quatre d'entre eux ont ordonné ou dirigé des exécutions de masse perpétrées par les *Einsatzgruppen* SS.

Eichmann et Müller, tous deux SS et membres de l'Office central pour la Sécurité du Reich, ont appelé à fusiller tous les Juifs de Serbie. Chacun de ces hommes – SS, secrétaire d'État – comprend que « solution finale » signifie extermination.

« Au cours de l'exécution pratique de la solution finale, l'Europe sera passée au peigne fin d'ouest en est », dit Heydrich.

Il précise :

« Au cours de la solution finale, les Juifs de l'Est seront mobilisés pour le travail avec l'encadrement voulu. En grandes colonnes de travailleurs séparés par sexe, les Juifs aptes au travail seront amenés à construire des routes dans ces territoires, ce qui sans doute permettra une diminution substantielle de leur nombre. »

Chacun des hommes présents comprend le sens de ces derniers mots. Les inaptes au travail seront tués.

Les autres mourront à la tâche, ou massacrés au gré de l'humeur des gardiens.

« Pour finir, ajoute Heydrich, il faudra appliquer un traitement approprié à la totalité de ceux qui resteront car il s'agira évidemment des éléments les plus résistants, puisque issus d'une sélection naturelle, et qui seraient susceptibles d'être le germe d'une nouvelle souche juive pour peu qu'on les laisse en liberté (voir l'expérience pratique de l'Histoire). »

Il faut donc les tuer.

À Wannsee, après l'exposé de Heydrich, la discussion porte sur les couples mixtes, les questions de transport.

Le secrétaire d'État Doktor Bühler, représentant le Gouvernement général de Pologne, « indiqua qu'on saluerait, au Gouvernement général, le fait de commencer la solution finale dans le Gouvernement général, car le problème du transport ne se poserait pas, et que sur les deux millions et demi de Juifs, la majorité était inapte au travail ».

Donc voués à l'extermination immédiate.

« En conclusion, note Eichmann, il ressortit qu'on était d'avis qu'il fallait mener immédiatement dans les territoires en question les travaux préparatoires au déroulement de la solution finale, en évitant cependant de provoquer l'inquiétude de la population. »

En mettant un terme à la réunion, l'Obergruppen-führer Heydrich « demande aux participants de lui accorder tout leur soutien dans l'exécution des tâches décidées ».

On se lève, on quitte la table, on se congratule, on passe dans un salon, on bavarde debout devant la cheminée, où crépite un grand feu.

Des serveurs SS offrent eau-de-vie et cigares.

Heydrich est entouré. Il a montré qu'il était devenu l'un des personnages centraux du nazisme, imposant son autorité à Hans Frank qui est à la tête du Gouvernement général de Pologne. L'Obergruppenführer qu'aucun des participants n'a jamais vu boire ou fumer prend un cigare, boit un verre de cognac. Il se montre presque familier avec Eichmann.

Ce sont bien les SS qui ont avec Heydrich pris en main la « solution finale », qui devient le ressort central du régime nazi ; elle est dans l'esprit de Hitler l'essence même de la guerre, l'une et l'autre s'engendrant mutuellement.

Le 25 janvier 1942, Hitler dit à Himmler, le chef

des SS, et à Lammers, qui dirige la Chancellerie du Reich :

« Je suis colossalement humain. Au temps de la domination papale à Rome, les Juifs étaient maltraités. Tous les ans jusqu'en 1830, huit Juifs étaient traînés en parade à travers la ville par des ânes. Tout ce que je dis, c'est qu'ils doivent partir. Si l'opération entraîne leur mort, je ne peux rien y faire. Je n'envisage l'extermination totale que s'ils refusent de partir de leur plein gré. »

Hitler s'interrompt, dévisage Himmler et Lammers. Ces trois hommes savent qu'aucune issue n'est offerte aux Juifs.

Hitler hausse la voix, serre le poing, le brandit.

« Pourquoi devrais-je considérer le Juif comme différent d'un prisonnier russe ? Beaucoup meurent dans les camps de prisonniers parce que nous avons été réduits à cette situation par les Juifs. Mais que puis-je y faire ? Pourquoi les Juifs ont-ils déclenché la guerre ? »

Le 26 janvier, les trente exemplaires du Protocole classé « secret du Reich » sont expédiés.

Goebbels note dans son journal :

« Le Führer est déterminé à nettoyer les Juifs en Europe sans le moindre scrupule. Il est inadmissible d'éprouver des émotions sur ce point. Les Juifs ont mérité la catastrophe qu'ils vivent aujourd'hui. Tout comme nos ennemis sont anéantis, eux aussi connaîtront leur propre anéantissement. Nous devons accélérer le processus en nous montrant froids et inflexibles, nous rendons ainsi un service inestimable à une race humaine que la juiverie tourmente depuis des millénaires. »

À Paris, en cette fin janvier 1942, les conférences données à l'Institut allemand sur l'histoire du Reich et la construction d'un Ordre nouveau en Europe sont, comme les réceptions de l'ambassade d'Allemagne, très courues.

L'ambassadeur Otto Abetz, en uniforme, reçoit avec faste. Le Tout-Paris mondain, artistique et littéraire côtoie dans les salons de l'ambassade des personnalités allemandes en visite à Paris, officiers de la Wehrmacht – Ernst Jünger est un familier des lieux –, diplomates et dignitaires SS.

Il s'y murmure que l'Obergruppenführer Reinhard Heydrich, dont on dit qu'il compte de plus en plus à Berlin, pourrait dans les semaines à venir se rendre à Paris.

On a hâte de rencontrer cet homme puissant et énigmatique, l'un de ceux qui façonnent le visage de la nouvelle Europe, et donc de la France.

5.

Ces mondanités parisiennes, diplomatiques et culturelles, grisent l'ambassadeur Otto Abetz.

Il voudrait jouer un grand rôle dans cet ordre nouveau européen qui se met en place. Dès l'avant-guerre, il a noué des relations suivies avec des « amis de l'Allemagne ». Il connaît bien l'essayiste Benoist-Méchin, qui rêve lui aussi d'être l'un des inspirateurs de cette entente franco-allemande, dont la défaite, l'occupation et la collaboration peuvent enfin favoriser l'avènement.

Abetz a rencontré, au début du mois de janvier 1942 à Berlin, Hitler et Ribbentrop, le ministre des Affaires étrangères du Reich.

Il a laissé entendre que le vice-président du Conseil du gouvernement de Vichy,

**Jacques
Benoist-Méchin.**

53

l'amiral Darlan, et son secrétaire d'État, Benoist-Méchin, sont prêts à engager des négociations, avec le Führer, qui pourraient conduire à l'entrée en guerre de la France aux côtés de l'Allemagne, contre l'Angleterre et les États-Unis.

Hitler et Ribbentrop silencieux ont laissé Abetz s'engager, explorer cette voie, qui pourrait permettre à l'Allemagne de s'approprier la flotte française et des points d'appui dans l'Empire colonial, en Tunisie, ce qui aiderait l'Afrikakorps de Rommel.

De retour à Paris, Abetz s'entretient avec Benoist-Méchin. Chacun veut duper l'autre.

Abetz prête à Hitler des propos que le Führer n'a pas tenus.

« La France est-elle disposée à marcher avec moi jusqu'au terme du conflit d'où sortira un monde nouveau ? » aurait dit Hitler.

« Le Führer, précise Abetz, n'exige pas une réponse catégorique qui vous lie : c'est un sondage. J'ai besoin de rapporter à Berlin une réponse de principe. »

Benoist-Méchin se rend à Vichy, voit Darlan, le maréchal Pétain.

« On ne peut répondre négativement à Hitler, plaide-t-il. Le Führer nommerait à Paris un Gauleiter et c'en serait fini de la zone libre, du gouvernement de Vichy. Laissons croire à Hitler… »

Pétain interrompt Benoist-Méchin :

« J'ai sorti la France de la guerre, dit-il, ce n'est pas pour l'y faire rentrer aux côtés de l'Allemagne. Il faut faire porter le "oui" à Hitler essentiellement sur l'ouverture des pourparlers, mais bien entendu ne rien préciser en ce qui concerne les obligations nouvelles de la France. »

Alors que tombent chaque jour des milliers d'hommes, en Russie, aux Philippines, en Indonésie, en Pologne, en Ukraine, qu'on massacre les Juifs par dizaines de milliers, que la Royal Air Force commence à bombarder les usines françaises, provoquant des centaines de morts, que les Allemands fusillent des otages, déportent des résistants, les hommes de Vichy imaginent duper les nazis. Négocier avec eux sans entrer dans la guerre à leurs côtés.

Otto Abetz, dans son désir d'être le maître d'œuvre d'une grande politique, câble à Berlin cette information surprenante.

« Le 11 janvier 1942 a eu lieu à Vichy une délibération des ministres Darlan, Henri Moysset, Romier, Bouthillier, Pucheu et Benoist-Méchin, avec le maréchal Pétain.

« Cette délibération qui a revêtu un caractère solennel aboutit à l'unanimité dans la décision de déclarer la guerre à l'Angleterre et aux États-Unis, après clarification des questions préliminaires que j'avais mentionnées à Benoist-Méchin, et de mener cette guerre aux côtés de l'Allemagne sans réserve jusqu'à la victoire.

« Le Maréchal, l'amiral, ainsi que les ministres considèrent cette déclaration de principe comme une conséquence logique de la politique de collaboration souhaitée par eux et offerte à Montoire le 24 octobre 1940 par le gouvernement du Reich.

« Les personnes qui prirent part à cette délibération s'engagèrent mutuellement à garder le secret le plus absolu. »

Cette délibération secrète a-t-elle eu lieu ?

Benoist-Méchin a-t-il trompé Abetz, en l'imaginant ?

Abetz se laisse-t-il ainsi berner, ou bien la réunion s'est-elle tenue ?

Mais peut-être la « délibération secrète » n'est-elle qu'un moyen « d'attendre et de voir » l'évolution de la situation militaire qui, en ce mois de janvier 1942, est périlleuse pour les Allemands. On leur promet une rentrée en guerre, et on les fait patienter avec des pourparlers « préliminaires ».

Quant à Pétain, il veille à préserver son image, et donc sa popularité.

Il se place au-dessus des factions. Dans son discours radiodiffusé du 31 décembre 1941, n'a-t-il pas dit, s'en prenant aux « gaullistes » de Londres et aux « collaborationnistes extrémistes » de Paris :

« J'ai le devoir d'appeler déserteurs tous ceux qui, dans la presse comme dans la radio, à Londres comme à Paris, se livrent à d'abjectes besognes de désunion…

« Dans l'exil partiel auquel je suis astreint, dans la demi-liberté qui m'est laissée, j'essaie de faire tout mon devoir.

« Chaque jour je tente d'arracher ce pays à l'asphyxie qui le menace, aux troubles qui le guettent.

« Aidez-moi ! »

Les lettres et messages de soutien affluent à Vichy. L'ambassadeur américain, l'amiral Leahy, toujours en poste auprès du Maréchal, se félicite.

« Jamais les relations des États-Unis avec le gouvernement de Vichy n'ont été meilleures », commente-t-il.

À Paris, les partisans d'un engagement total aux côtés de l'Allemagne – Marcel Déat, Jacques Doriot – s'indignent. Ils contrôlent la presse – financée par les Allemands. On lit dans le journal *L'Œuvre* :

« La France va courir un danger probablement plus grand qu'au moment de l'armistice. Nos attentistes sont en proie à une véritable démence et les propos de l'amiral Leahy, l'homme de Roosevelt, sont désormais l'évangile quotidien de Vichy. »

Double, triple, quadruple jeu !

Mais Vichy continue de verser aux Allemands la fabuleuse indemnité d'occupation qui ruine le pays, plonge la population dans la misère et la faim.

Mais les Allemands exigent le départ de 150 000 travailleurs volontaires pour le Reich.

Joseph Goebbels.

Vichy tergiverse, mais les Allemands raflent les jeunes gens ainsi « recrutés » de force. Et les pelotons d'exécution de la Wehrmacht continuent de fusiller. Et la Gestapo, de torturer.

Le 23 janvier 1942, Goebbels écrit dans son journal : « À mon avis, notre politique à l'égard de la France est un quasi-échec... J'ignore si demain ou après-demain nous ne serons pas de nouveau en guerre ouverte... »

6.

La « guerre ouverte » contre l'Allemagne nazie, des Français la livrent depuis le mois de juin 1940.

Les Forces Françaises Libres sont présentes dans les armées britanniques qui combattent l'Afrikakorps en Cyrénaïque et en Libye.

Ils sont sur les océans avec les navires des Forces navales Françaises Libres.

Et de Gaulle a pris la décision d'envoyer sur le front russe l'escadrille de chasse, *Normandie,* qui combattra aux côtés de l'armée Rouge.

« Il n'est pas un bon Français qui n'acclame la victoire de la Russie » devant Moscou, a-t-il lancé le 20 janvier 1942.

Mais il a suffi de quelques semaines pour que les Allemands et leurs alliés remportent des succès.

Le 29 janvier 1942, Rommel à la tête de l'Afrikakorps mène l'assaut contre Benghazi, et la ville tombe.

Pire encore, le 15 février est pour Londres un « dimanche noir » : la garnison britannique de Singapour, commandée par le général Perceval, forte de

73 000 hommes dont 27 000 Anglais, capitule face aux Japonais. Et commence pour les prisonniers anglais un long calvaire fait de privations, de brimades et d'humiliations, et même de tortures.

Est-ce, en cette mi-février, un nouveau tournant de la guerre, favorable à l'Allemagne et au Japon ?

Le 27 février dans la mer de Java, la flotte japonaise inflige de lourdes pertes à la Royal Navy.

« La guerre mondiale est à son point culminant », analyse de Gaulle le 4 mars 1942. Il ne dissimule rien.

« Aujourd'hui, dit-il, l'ennemi – car le Japon, l'Allemagne, l'Italie ne font qu'un – tient dans le Pacifique un avantage certain. Il a enlevé Singapour, envahi les Indes néerlandaises, submergé les Philippines, pénétré en Birmanie. Il a pu se rétablir en Cyrénaïque. Il se cramponne énergiquement à ses positions en Russie. Les mers foisonnent de ses sous-marins. On sent approcher le suprême effort de Hitler. »

Mais de Gaulle refuse le « fatalisme passif qui est, à la guerre, le pire danger ».

C'est ainsi qu'on s'est cru à l'abri derrière la ligne Maginot.

C'est ainsi qu'on a signé avec Hitler et Mussolini les accords de Munich en 1938. Et l'armistice en juin 1940 a été l'abdication suprême.

De Gaulle veut en finir avec l'absurde esprit de défensive, de concession au mal.

Il faut un esprit d'attaque et d'intransigeance sans lequel toute guerre est perdue !

C'est cette résolution combative qui, selon de Gaulle, se manifeste en France.

« Chez nous, dit-il, l'ennemi et ses amis écoutent chaque jour grandir la haine et la menace. »

Pétain a voulu que soient jugés devant la cour de Riom Daladier, Blum, le général Gamelin, accusés d'avoir décidé et conduit la guerre.

Et voici que Daladier et Blum, le radical et le socialiste, se rebellent.

Daladier le bras tendu vers ses juges, se fait accusateur, évoque la guerre de 1870, le patriote Gambetta et le maréchal Bazaine qui a capitulé devant les Prussiens.

« On pourrait se demander, conclut Daladier, si dans les circonstances présentes Gambetta ne serait pas emprisonné et si Bazaine ne serait pas au gouvernement. »

Pétain-Bazaine !

À Vichy on commence à regretter d'avoir voulu ce procès de Riom.

Hitler d'ailleurs proteste contre les propos tenus par les accusés de Riom, et exige qu'on interrompe les débats, favorables aux accusés. Ce sera fait, le 15 avril 1942.

Le gouvernement de Vichy sent que l'opinion française lui échappe.

Dans la zone occupée par les Allemands, la presse financée par l'occupant l'accuse d'« attentisme », de complicité avec les États-Unis, voire avec les « gaullistes ».

Pétain avait espéré que son choix de la collaboration conduirait les Allemands à des concessions.

Il a sollicité plusieurs fois l'autorisation d'installer

son gouvernement à Paris. Les Allemands n'ont même pas répondu. Et les « ministres » doivent une fois par semaine utiliser un autorail spécial qui relie Paris à Vichy !

En zone libre – à peine les deux cinquièmes du territoire français –, si les foules rassemblées sur les places lors des voyages du Maréchal continuent de l'acclamer, de chanter « Maréchal, nous voilà », les réseaux de résistance se multiplient. Et la police « vichyste » le constate.

Pucheu, le ministre de l'Intérieur, voudrait convaincre les « résistants » qui ne sont pas communistes de l'utilité de la collaboration, seule voie raisonnable.

La police arrête, relâche, disloque ces « résistants ».

Pucheu reçoit Henri Frenay, le fondateur de *Combat,* qui a accepté cet entretien afin d'obtenir la libération des résistants arrêtés.

« Nous vous connaissons, Frenay, lui dit Pucheu. Nous savons d'où vous venez et qui vous êtes. Un officier. Nous sommes bien étonnés qu'un homme comme vous soit à la tête d'une organisation clandestine. Je voudrais après ces explications vous demander de réfléchir, pour savoir si votre comportement ne risque pas de se retourner contre le pays. »

Frenay sera critiqué pour avoir accepté de rencontrer le « traître Pucheu ». D'Astier de La Vigerie, chef du mouvement *Libération,* sera un procureur impitoyable.

Mais Jean Moulin continuera son « œuvre d'unificateur » de la Résistance.

La tâche est difficile, le chemin semé d'embûches,

mais la logique de la guerre, de chaque côté de la ligne de démarcation, en zone occupée comme en zone libre, l'emporte.

Les résistants mènent contre l'occupant une guerre à la fois « ouverte » et « couverte ».

Ils sont « les yeux et les oreilles » des services de renseignements anglais. Ils sont en contact avec les agents de l'Intelligence Service, parachutés en France. Les liens s'entrecroisent, forment une trame serrée, complexe.

À Vichy, un officier décidé à poursuivre la lutte contre les Allemands, le commandant Aumeran, est en contact avec l'ambassadeur de Roosevelt, l'amiral Leahy.

Il gagne les États-Unis, puis séjourne à Londres, rencontre le général de Gaulle, retourne à Washington, et assiste le 11 janvier 1942, à l'École de guerre, à la première réunion destinée à étudier l'éventualité d'un débarquement en Afrique du Nord avant la fin de cette année 1942. Aumeran gagne Alger et commence à préparer l'intervention américaine, en regroupant autour de lui des patriotes.

Cette coopération fructueuse entre « services » français et alliés devient quotidienne.

En France, dans la nuit du 27 au 28 février 1942, un commando britannique, en liaison avec la Résistance, débarque à Bruneval, aux environs du Havre, et détruit la station de repérage allemande.

« Allons, le pire va finir, le meilleur est en marche, s'écrie de Gaulle.

« Voici l'heure de Clemenceau ! »

Elle sonne d'abord le glas.

Les résistants du réseau du *Musée de l'Homme,* dénoncés par un traître, sont jugés à partir du 6 janvier 1942.

Sept d'entre eux – sur dix-neuf inculpés – seront condamnés à mort le 25 février 1942 et conduits le jour même de la prison de Fresnes au mont Valérien.

Comme il n'y a pas assez de poteaux pour les fusiller tous les sept ensemble, trois d'entre eux – qu'on retienne leurs noms : Vildé, Lewitsky et Walter – revendiquent comme un honneur de mourir les derniers.

Ce réseau du *Musée de l'Homme* a été constitué dès les premiers jours de l'occupation.

Il est composé d'universitaires, d'écrivains, de poètes, de jeunes savants.

Il incarne la résistance des intellectuels français, et démontre que les artistes, les écrivains qui se ruent à la servitude dans les salons de l'ambassade l'Allemagne et font leur cour à Otto Abetz et aux autres dignitaires nazis ne sont qu'une écume, composée d'ambitieux, d'arrivistes et de vrais sympathisants du fascisme, du franquisme et du nazisme, désireux d'en finir avec la République, et de bâtir en Europe un « ordre nouveau », antibolchevique.

L'antisémitisme est le ciment qui les unit.

C'est le 20 de ce mois de février 1942, durant lequel tombent les résistants du *Musée de l'Homme,* qu'est achevé d'imprimer le premier ouvrage clandestin, intitulé *Le Silence de la mer,* dont l'auteur, le graveur Jean Bruller, a choisi comme pseudonyme Vercors.

Le livre, tiré dans une petite imprimerie du boulevard de l'Hôpital à Paris, face à l'hôpital de la Pitié – devenu hôpital allemand –, sera présenté comme édité par Les Éditions de Minuit, dont Vercors vient d'inventer le nom.

Vercors.

Le Silence de la mer raconte le face-à-face entre un officier allemand nourri de culture française et un père et sa fille propriétaires de la maison dans laquelle l'officier a été logé.

Ces Français opposent le « silence de la mer » aux déclarations d'amour pour la France de l'officier.

Communication impossible entre l'occupant et les vaincus, quelles que soient les qualités humaines et les intentions du vainqueur. Car l'Allemand représente, en dépit de ce qu'il est, le nazisme et la barbarie.

Le 19 de ce mois de février 1942, trois universitaires communistes, Jacques Decour, Georges Politzer et Jacques Solomon, sont arrêtés par la Gestapo alors qu'ils préparent la sortie d'une feuille clandestine *Les Lettres françaises*.

Tous trois seront fusillés en mai au mont Valérien.

Leur intention était de regrouper dans un Comité national des écrivains, des auteurs patriotes qui, malgré leurs divergences politiques se rassemblent pour témoigner de leur résistance à l'occupant, de leur patriotisme.

Jean Paulhan, François Mauriac, Pierre de Lescure, Jean Blanzat ont remis des textes à Jacques Decour.

La mort de Jacques Decour – jeune professeur d'allemand au lycée Rollin – retarde de quelques mois la parution des *Lettres françaises,* dont le premier numéro paraîtra en septembre 1942.

Sur la terre de France, en ce début d'année 1942, c'est bien l'heure de la guerre. Et le glas ne sonne pas que pour les résistants.

En janvier, en février 1942, il ne se passe pas de jours que des attentats ne frappent des hommes de la Wehrmacht, officiers ou simples sentinelles.

Plusieurs groupes communistes des « Bataillons de la Jeunesse » attaquent à la bombe ou à la grenade des foyers et des cantines de la Wehrmacht.

Le 1er février 1942, un « bordel de la Wehrmacht » au 106, rue de Suffren est détruit par l'explosion d'une bombe.

Les 11 et 12 février, des engins explosifs à retardement sont placés dans les filets des wagons d'un train partant de la gare de l'Est et emportant des permissionnaires de la Wehrmacht vers l'Allemagne.

Le 13 février, des camions sont dynamités rue Rachel.

Au Havre, place de l'Arsenal, un instituteur, Michel Muzard – des Bataillons de la Jeunesse –, attaque avec son groupe, à la grenade, un détachement allemand.

Et les sabotages se multiplient.

Ce sont les communistes qui mènent ces actions, dont le but est de faire de la France une terre d'insécurité, de guerre pour la Wehrmacht, et ainsi non seulement ils luttent pour la libération de la France, mais ils aident la « patrie du communisme », l'URSS.

Ils veulent ouvrir – comme le réclame Staline – un second front, pour affaiblir la pression allemande sur le front russe.

Mais ces actions se paient d'un lourd tribut : au mont Valérien, dans la clairière du fort, des otages sont fusillés par dizaines : 70 le 15 décembre 1941, 88 le 11 août 1942, et 118 le 10 septembre 1942.

N'est-ce pas un prix trop élevé ?

Ne faudrait-il pas se contenter de « renseigner » les Alliés, de préparer ainsi leurs attaques aériennes, leurs actions de commando ?

Tuer – « assassiner », disent certains – des soldats allemands provoque des représailles sanglantes, dans lesquelles sont conduits au poteau des otages innocents.

Mais en ce début d'année 1942, ces débats sont tranchés dans les faits : on tue, on est torturé, déporté, fusillé.

Et les Allemands ne sont pas seuls à se livrer à la traque, à la chasse aux terroristes.

Politiciens « français », gendarmes « français » débusquent, arrêtent, livrent aux Allemands des « communistes », des « judéo-bolcheviks » « apatrides ».

Dans le Nord, le préfet promet aux gendarmes de verser une prime de 100 000 francs à celui qui parviendra à tuer le « terroriste » Eusebio Ferrari.

Le but est atteint.

Pourtant, en ce début de l'année 1942, en France, ce n'est encore ni la « guerre civile » ni la « guerre totale ».

La France reste, pour les hommes de la Wehrmacht, en dépit des attentats et des sabotages, une terre où la mort ne les harcèle pas.

Ils peuvent y vivre des amours.

Ils peuvent s'asseoir à la terrasse d'un café, fréquenter les music-halls et les bordels, boire du champagne, acheter de la « lingerie fine », visiter les musées, les jardins de Versailles, et se souvenir du livre de Friedrich Sieburg intitulé *Dieu est-il français ?*

On peut même oublier parfois que l'on est en guerre, qu'on occupe ce pays, qui continue cependant de vivre, d'aimer, de rire, de chanter « Ça, c'est Paris ! ».

On voudrait nouer des amitiés avec ce père et sa fille propriétaires de la maison où l'on a pris ses quartiers.

On leur parle.

**Soldats allemands assistant à un spectacle
de french cancan, à Paris en 1942.**

On voudrait qu'ils s'étonnent de la maîtrise du français que l'on manifeste, de l'admiration pour la France qu'on affirme.

Mais ils se taisent, vous ignorent.
C'est Le *Silence de la mer,*
Et tout à coup une explosion. La centrale électrique voisine vient de sauter. Sabotage.
On reçoit une lettre de dénonciation et on arrête treize jeunes communistes, des Français et des Italiens, qui seront jugés et fusillés.

La guerre est là.
On reçoit son ordre d'affectation. On part pour le front de l'Est.
On sait que là-bas, en Russie, la mort règne en souveraine.
On fait ses adieux aux Français, à ce père et à cette fille qui vous ont ignoré.
On devine leur émotion !

On quitte la France comme si l'on venait d'apprendre qu'on est condamné à mort.
On part pour la Russie.

7.

Le train roule vers Paris, vers le « front de l'Est » !

Pas de chants dans les wagons des convois de troupes. Quelquefois les notes métalliques, aiguës d'un harmonica.

On ne regarde même pas ces étendues illimitées, couvertes d'une neige grise, qui se confond avec le ciel bas.

On essaie de ne pas penser à ces 2 millions d'hommes qui sont là-bas et survivent en combattant. On refuse d'imaginer ces vagues d'assaut, des « sous-hommes » qui grouillent comme des poux, qui ont déjà tué, en quelque six mois, plus de 500 000 des « nôtres ».

On massacre ces *Untermenschen*. On brûle leurs isbas. On éventre leurs mères, leurs sœurs, leurs épouses. On tue leurs enfants, mais ces poux sont innombrables. Ils se battent comme des fous et tout à coup ils jettent leurs fusils, et ils se rendent. On les entasse par millions dans des camps de prisonniers où on les laisse mourir de faim, crever de froid.

Ciano, le ministre des Affaires étrangères de Mussolini, a même écrit dans son journal, dans les premiers jours du mois de janvier 1942 après avoir dîné avec le Reichsmarschall Goering :

« Goering était impressionnant quand il a parlé des Russes qui se mangent entre eux et qui ont même dévoré une sentinelle allemande dans un camp de prisonniers. Il racontait cela avec l'indifférence la plus absolue. »

On refuse de penser, d'imaginer.

On ferme les yeux pour mieux se souvenir des quelques jours de permission passés en Allemagne.

« Oh oui, nous étions vraiment des héros ! Rien n'était assez beau ni assez bon pour nous au pays, et les journaux ne tarissaient pas des exploits de nos camarades que nous allions rejoindre. Le front de l'Est ! Ces mots avaient une résonance particulière… Quand vous disiez aux gens que vous y partiez, tout se passait comme si vous ne deviez jamais en revenir. Chacun devenait plus amical, faisait preuve d'une sorte de cordialité un peu forcée, avec cette curiosité animale et ce regard spécial que l'on porte sur une chose condamnée.

« En notre for intérieur, nous étions nombreux à le croire. Nous parlions de notre "fin". Quelque tireur d'élite, l'un de ces salopards, de ces snipers mongols aux yeux fendus, guetterait bien chacun de nous. Une chose nous tracassait beaucoup : nos corps seraient-ils renvoyés au pays, dans ce Reich pour lequel nous allions mourir, afin que nos enfants, nos épouses et nos mères puissent venir sur nos tombes ? »

Nous entrions en Russie, peu après avoir franchi la frontière allemande à Poznań.

Les trains stationnent là, parfois plusieurs dizaines d'heures, les uns près des autres, dans cette zone de triage. On entend les plaintes des blessés, nos « camarades », entassés dans un train sanitaire.

Et l'on raconte que l'un de ces trains-infirmerie aux wagons plombés, sans marques sur les wagons – pour ne pas attirer l'attention des partisans russes –, est resté plusieurs jours immobilisé sans que les cheminots osent ouvrir les portes, faute d'ordre. Et 200 blessés allemands sont morts.

On entend aussi les plaintes provenant de ces autres wagons plombés, pleins de prisonniers russes, qui crèvent, entassés. On distingue des cris de femmes et d'enfants, on sait bien qu'il y a aussi des convois de Juifs de tous âges, qu'on dirige vers…

On refuse de penser au-delà.

On est des soldats.

Les *Untermenschen,* les judéo-bolcheviques n'ont aucune pitié pour nos camarades blessés. Ils ne respectent aucune convention. Alors, *Befehl ist befehl,* un ordre est un ordre.

On fusillera à la mitrailleuse des hommes, des femmes et des enfants, on les poussera à coups de crosse dans des wagons où ils vont mourir. Ils sont des *Untermenschen,* de la graine de partisans.

Befehl ist befehl.

Et tout refus d'obéissance est puni de mort.

On ne veut pas voir plus loin que les isbas situées

de l'autre côté de la rue du village et dans lesquelles sont retranchés les Russes.

On attaque, on les chasse. Ils reviennent. On s'accroche. Notre artillerie les écrase. Et nous n'exultons même pas. On se bat avec désespoir et fatalisme.

On murmure qu'il y a des querelles entre généraux. On n'ose évoquer l'opposition de certains d'entre eux aux projets du Führer.

Le 29 janvier 1942, Ciano écrit dans son journal à l'occasion de la visite de Goering à Rome :

« Le Duce s'est entretenu hier pendant près de trois heures avec Goering... Celui-ci est très amer du fait des événements de Russie et il s'en prend aux généraux de l'armée qui sont des nazis tièdes ou ne sont pas nazis du tout. Il pense que les difficultés dureront encore tout l'hiver, mais reste malgré tout convaincu que la Russie sera battue en 1942 et que l'Angleterre devra déposer les armes en 1943. »

Goering séjourne à Rome pour convaincre Mussolini d'envoyer plusieurs divisions italiennes en Russie, car le Führer prépare une grande offensive pour l'été 1942. Il a besoin de troupes de ses alliés pour couvrir les flancs des divisions allemandes qui seront le fer de lance de cette offensive. Italiens, Roumains, Hongrois sont ainsi sollicités.

Hitler n'admet pas que ses généraux discutent le plan qu'il leur présente. L'offensive déclenchée au début de l'été 1942 se déploiera selon trois axes.

Au nord – première flèche –, on attaquera Leningrad, qui devra tomber, et au centre on maintiendra la pression sur Moscou.

Le deuxième axe, à partir de Kharkov, visera le Don et au-delà, sur la Volga, tout proche de la bouche du Don, Stalingrad. De là, une fois la ville tombée, on pourra prendre à revers Moscou.

Enfin tout au sud on pénétrera dans le Caucase, terre à blé, au sous-sol réserve de minerais rares, et sur les rives de la mer Noire et de la mer Caspienne riche de pétrole.

Les généraux (Reichenau, qui mourra bientôt d'une crise cardiaque, Manstein, Model, Paulus, Halder) rappellent que les troupes sont épuisées, que les Panzerdivisionen ont vu leur nombre de chars réduit, que les Italiens, les Roumains, les Hongrois ne disposent ni d'artillerie ni de chars, que ces divisions alliées n'ont pas l'expérience de la guerre à l'Est, de sa sauvagerie.

Si ces alliés cèdent, les divisions allemandes seront vulnérables sur leurs flancs.

Et les Russes disposent de leurs T34, puissants, et des Katioucha, ces lance-fusées à tubes multiples. Le général Halder indique que selon le service de renseignements allemand, les usines soviétiques de l'Oural produisent chaque mois 600 à 700 chars.

Hitler furibond frappe du poing sur la table, hurle qu'un tel taux de production est impossible. Puis il hausse les épaules, revient à ses projets d'offensive, comme s'il avait déjà oublié l'information que vient de lui communiquer Halder. Il est à nouveau enfoui dans ses certitudes.

Ce qui compte d'abord, dit-il, c'est Stalingrad, ce nœud de communication, situé sur la rive droite de la Volga, et dominant le pont de terre qui s'étend jusqu'à la boucle du Don. Et puis il y a le Caucase.

Il l'a dit, il le répète, comme s'il ne pouvait échapper à ses obsessions : Stalingrad, le Caucase.

Et l'offensive sera confiée aux divisions allemandes. Les Alliés tiendront la ligne du Don et celle de la Volga.

Ces fleuves eux-mêmes les protégeront.

À Rome, Goering parade.

Le 4 février, jour de son départ, il paraît ne pas entendre les questions précises que Ciano lui pose sur l'engagement des troupes italiennes sur le front de l'Est.

Pendant tout le repas, à l'Excelsior, Goering « parle » surtout des bijoux qu'il possède. Il a effectivement aux doigts des bagues d'une beauté exceptionnelle. Il a expliqué qu'il les a achetées en Hollande pour des sommes faibles – relativement faibles – après que les objets précieux eurent été séquestrés.

« On m'a raconté, poursuit Ciano, que Goering joue avec les pierres précieuses comme un petit enfant avec des billes.

« Lorsqu'il est nerveux, ses adjudants lui apportent un petit sac plein de diamants ; il les verse sur la table, les compte, les aligne, les mélange, et ainsi il redevient heureux.

« Un officier de grade élevé disait de lui hier soir : "Il a deux amours, les belles choses et la guerre." Ce sont tous deux des plaisirs coûteux.

« Pour se rendre à la gare, le Reichsmarschall obèse, constellé d'une panoplie de décorations, endosse une ample pelisse de zibeline et ainsi ressemble à quelque chose entre un chauffeur de 1906 et une cocotte à l'Opéra. Si l'un de nous s'habillait de cette façon, il se ferait lapider. »

Mussolini recevant Goering.

Et que diraient les soldats du front, s'ils voyaient leur Reichsmarschall dans cet accoutrement, soucieux plus de ses diamants que de leur sort ?

Sans doute continueraient-ils à se battre, parce que l'ennemi est en face, impitoyable, et qu'il n'y a pas d'autre issue que de s'accrocher au sol gelé, de rester avec ses camarades.

« Le plus terrible, c'est quand ils rampent », raconte

le colonel Zinoviev au correspondant de guerre Vassili Grossman.

C'est le mois de janvier 1942, à une quarantaine de kilomètres de Kharkov.

Ces Allemands appartiennent à la VIe armée du général Friedrich Paulus.

« Tu leur tires dessus, à la mitrailleuse, continue le colonel Zinoviev – un paysan qui en 1927 a rejoint l'armée Rouge –, tu leur tires dessus au mortier, avec l'artillerie, tu les écrases et eux ils rampent, ils rampent, ils rampent ! Moi, désormais, je demande la même chose à mes soldats : "Rampez !" »

Grossman participe aux attaques avec la division du colonel Zinoviev.

« Gel mordant, neige qui crisse. L'air glacé coupe la respiration. Les narines deviennent collantes, les dents font mal.

« Sur les axes de notre avance gisent les Allemands gelés. Les corps sont absolument intacts. Ce n'est pas nous qui les avons tués, c'est le froid.

« Des petits malins redressent les Allemands gelés sur leurs jambes ou à quatre pattes, ils créent de savants groupes sculptés, fantastiques. Les corps gelés sont debout, les poings levés, les doigts écartés, certains ont l'air de courir en rentrant la tête dans les épaules. Ils portent des chaussures et de petites capotes toutes minces, en papier, des tricots qui ne gardent pas la chaleur.

« La nuit, avec la lune qui brille, les champs enneigés paraissent bleu foncé, et dans la neige bleue se dressent, installés çà et là par les petits malins, les corps sombres des soldats allemands gelés. »

Corps gelés de soldats allemands en 1942.

On avance.

Encore des Allemands debout. L'un d'eux en sous-vêtements dans un maillot de papier.

« Dans un village qui vient tout juste d'être libéré, sur la place, gisent les cadavres de cinq Allemands et d'un soldat de l'armée Rouge.

« La place est déserte, personne à interroger, mais sans rien demander, on peut lire le drame qui s'est produit. L'un des Allemands a été tué d'un coup de baïonnette, un deuxième d'un coup de crosse, un troisième à la baïonnette et les deux autres par balles.

« Et le soldat de l'armée Rouge qui les a tués a reçu une balle dans le dos. »

C'est cela, le front de l'Est.

Les pilotes russes, qui sont abattus après quelques sorties, disent à Grossman :

« Notre vie est comme une chemisette de petit enfant ; très courte et pleine de merde. »

Et les Allemands utilisent la même formule, et peut-être l'ont-ils inventée !

Il y a dans les deux armées le même fatalisme, la même sauvagerie, la même barbarie pour imposer la discipline. Les Russes ont leurs bataillons « pénitentiaires » et on appelle les soldats qui en font partie des *smertniki,* les « hommes morts » !

Parmi eux, certains constituent des « détachements d'extermination » dont la mission est de tuer les Allemands qui occupent les maisons d'un village.

Le lieutenant qui les commande dit des « exterminateurs » :

« Mes soldats sont tous des bandits et la guerre dans ces maisons est une guerre de bandits. Il arrive qu'ils étranglent les Allemands de leurs mains. »

La fin de l'hiver 1942 approche.

« En fait, confie à Grossman le capitaine Kozlov, qui commande un bataillon de fusiliers motorisés affectés à une brigade de chars, je me suis dit : de toute façon tu es mort, et quelle importance que cela arrive aujourd'hui ou demain. Un homme qui commande un bataillon de fusiliers motorisés doit être tué. Il ne peut pas survivre. Et après en avoir décidé ainsi je vis facilement, j'ai l'âme parfaitement sereine, je vais au combat sans peur aucune. »

Et cependant il avoue à Grossman :

« J'ai très peur du printemps, ça va se réchauffer et les Allemands vont recommencer à nous pourchasser. »

Le capitaine Kozlov voit juste.

Dès la fin de février 1942, puis en mars et avril, les forces allemandes se préparent à l'offensive voulue par Hitler. Les généraux s'adressent à leurs troupes.

Le général Model, commandant suprême de la IXe armée, écrit dans un ordre du jour du 25 février 1942 :

« Ce que le soldat allemand a accompli au cours de cette incessante bataille en plein hiver contre un adversaire plusieurs fois supérieur en hommes et en matériel va entrer dans l'histoire allemande. »

Enfin Hitler parle au peuple allemand, au mois de mars 1942. Il fait l'éloge des soldats du front de l'Est.

Il n'évoque pas les 1 167 835 Allemands tués et blessés depuis l'attaque contre la Russie le 22 juin 1941.

« Aujourd'hui je peux vous dire que nous avons derrière nous un hiver comme l'humanité n'en a pas vécu depuis cent quarante ans, commence-t-il.

« Pendant quatre mois, nos soldats ont été cruellement éprouvés par la division Providence, éprouvés dans leur vraie valeur intérieure. Ils ont surmonté l'épreuve.

« Personne n'a le droit de mettre en doute notre certitude que tout ce que le destin nous réserve encore à l'avenir n'aura plus rien à voir avec ce que nous avons vécu…

« Les hordes bolcheviques qui n'ont pas pu venir à bout du soldat allemand pendant cet hiver vont être complètement écrasées au cours de l'été qui est devant nous.

« Le colosse communiste que nous avons pu connaître maintenant dans toute sa cruauté ne doit jamais toucher aux contrées élyséennes de l'Europe, mais en être contenu à une très grande distance et y trouver sa frontière définitive. »

En ce printemps 1942, c'est sur le front de l'Est que, une fois encore, Hitler joue son va-tout.

8.

Hitler noue ses mains, les presse comme s'il voulait écraser entre ses paumes les réticences qu'il devine chez ses généraux.

Il va et vient dans sa « tanière du loup », son Grand Quartier Général situé à Rastenburg, au cœur de la forêt de Prusse-Orientale, non loin de la frontière avec ce qui fut la Pologne et qui n'est plus que le Gouvernement général à la tête duquel se trouve Hans Frank, dont l'obsession est de parvenir à la « solution finale » de la question juive.

Mais, en cette fin du mois de mars 1942, Hitler est d'abord obsédé par son projet d'offensive d'été en Russie.

« Si je ne m'empare pas du pétrole du Caucase, des puits de Maïkop et de Grozny avant l'offensive d'été, dit-il au général Paulus commandant de la VIᵉ armée, autant en rester là tout de suite. »

Mais tous ses propos, son attitude fébrile montrent qu'il est décidé à lancer ses armées d'assaut.

Il veut croire qu'il va enfin en finir avec ces *Untermenschen,* ces barbares slaves, ces judéo-bolcheviques.

Puis tout à coup il se voûte, comme s'il était épuisé.

Ciano, qui le voit à Salzbourg les 29 et 30 avril, à l'occasion d'une rencontre voulue par Hitler, entre le Führer et le Duce, confie :

« Le Führer m'a paru las, vieilli, ses cheveux grisonnent. L'hiver russe l'a profondément marqué. »

Goebbels note dans son journal :

« Ses cheveux sont devenus tout gris. Il m'a avoué souffrir de vertiges. Son état m'inquiète sérieusement. Il manifeste une véritable phobie de la neige et du froid. La Russie est encore ensevelie sous la neige, cela le tourmente énormément. »

Hitler veut penser que l'hiver exceptionnellement rude a été son principal adversaire, le grand allié des Russes. Il a même créé et décerné une nouvelle décoration, la « médaille de l'hiver ».

Mais elle fait ricaner les *Frontsoldaten.*

« Nous la baptisons dédaigneusement *Gefrierfleisch-Orden,* la "médaille de la viande congelée", dit August von Kageneck, officier de panzers.

« Nous découvrons une explication réaliste des couleurs noir-blanc-rouge qui composent la petite bande qu'on nous fixe à la boutonnière : le mince fil noir au milieu, c'est nous, le blanc à droite et à gauche, la neige, et le rouge tout autour, les Russes. »

Hitler ne cherche pas à connaître les sentiments et l'opinion des soldats du front. À son Grand Quartier Général, il veut convaincre ses généraux et les alliés du Reich.

À Salzbourg, les 29 et 30 avril 1942, dans le palais baroque de Klessheim, qui fut la résidence des princes-

Mussolini et Hitler en 1942.

évêques et qui est décoré de meubles, tapis, tapisseries, tableaux pillés en France, il balaie les inquiétudes de Mussolini.

Hitler a besoin des divisions italiennes. Il doit persuader le Duce que la victoire totale sera acquise avec l'offensive d'été.

Il laisse d'abord parler Ribbentrop.

« L'imminente offensive dirigée contre le Caucase nous livrera ses gigantesques champs de pétrole, assure le ministre des Affaires étrangères du Reich. Quand les stocks soviétiques de pétrole seront épuisés, nous aurons la Russie à notre merci. Ensuite ce sera le tour de la Grande-Bretagne qui courbera l'échine afin de sauver les vestiges de son empire émietté. Quant à l'Amérique ! Ce n'est qu'un énorme bluff. »

Mussolini écoute, accablé.

Des douleurs gastriques le tourmentent depuis qu'il a engagé l'Italie dans la guerre.

Le Duce sait bien ce qu'il faut penser de la puissance américaine – tant d'Italiens sont citoyens des États-Unis – et de Churchill, qu'il a autrefois rencontré et dont il connaît l'obstination.

Mais comment peut-il se dégager de cette alliance avec le Reich ?

Comment échapper à ce Führer, capable de tout, et impitoyable avec ceux qui l'abandonnent ?

« Comme toujours, note Ciano, Hitler parle, parle, parle ! Mussolini souffre et rage en silence. Habituellement, c'est lui qui pérore et il supporte mal le renversement des rôles. Le second jour après déjeuner, alors que tout avait été dit, le Führer reprend la parole pendant une heure quarante sans interruption ! Tout y passe, la guerre, la paix, la religion, la philosophie, l'art et l'histoire. Mussolini consulte machinalement sa montre… Pauvres Allemands qui ont à subir cette épreuve tous les jours, alors qu'ils connaissent par cœur chaque mot, chaque geste, chaque pause. Après une lutte épique, le général Jodl finit par s'endormir sur un canapé. Le général Keitel dodeline du chef, mais réussit à garder les yeux ouverts. Il est placé trop près de Hitler pour se permettre de succomber au sommeil. »

Mussolini cède aux pressions de Hitler : il y aura neuf divisions italiennes engagées sur le front russe.

Et les « alliés » du Reich fournissent cette chair d'homme, dont la guerre est grande consommatrice !

Aux divisions italiennes s'ajoutent vingt-sept divisions roumaines, treize hongroises, deux tchécoslovaques et une espagnole.

Les généraux allemands ne s'illusionnent pas sur les vertus guerrières, l'entraînement, l'armement de ces cinquante-deux divisions étrangères. Mais la Wehrmacht manque d'hommes.

Les Russes le savent.

Staline, qui passe ses nuits dans l'abri souterrain aménagé au-dessous du Kremlin en compagnie des généraux, et de ses proches qui constituent le Conseil supérieur – l'état-major –, la *Stavka,* veut prendre de vitesse les armées allemandes afin de briser cette offensive d'été que Hitler a annoncée.

L'armée allemande, estime Staline, sort exsangue, épuisée par les combats de l'hiver. Il faut la frapper avant qu'elle reconstitue ses forces.

Les divisions « sibériennes » sont lancées à l'assaut sur le Volkhov, un fleuve qui, franchi, permettrait de desserrer l'étau allemand qui enferme Leningrad.

Le général Vlassov qui les commande réussit la percée, mais très vite il est attaqué sur les flancs par des forces allemandes vigoureuses, combatives.

Il demande l'autorisation de reculer. Refus. Ordre de poursuivre l'offensive.

Mais après cinq jours de combats acharnés, les Allemands l'ont encerclé et commencent à anéantir les divisions russes.

Vlassov est désespéré, révolté. Il refuse de quitter la poche grâce à l'avion qu'on lui a envoyé. Il sera fait prisonnier avec tout son état-major.

C'était l'un des généraux russes les plus énergiques. Devant les Allemands qui l'interrogent, il qualifie Staline de « despote incapable ».

La « deuxième offensive Staline » du printemps 1942 vise à libérer la presqu'île de Kertch en Crimée, à rompre l'encerclement de Sébastopol.

D'abord elle remporte des succès. Les Allemands sont chassés de Kertch.

Et les Russes découvrent, sommairement enfouis dans des fossés, des milliers de Juifs assassinés par les *Einsatzgruppen* de Himmler. Mais comment le Feldmarschall von Manstein et les soldats de la XIe armée allemande auraient-ils pu ignorer ce crime de masse ?

Manstein reçoit des renforts – panzers, unités de grenadiers, appui de la VIIe armée aérienne de Richthofen.

Il contre-attaque, le 8 mai 1942, et reconquiert le terrain perdu. Les Russes sont contraints d'évacuer la presqu'île de Kertch et les Allemands s'emparent de tout le matériel militaire qu'ils vont utiliser contre les défenseurs de Sébastopol.

Désastre militaire. Des dizaines de milliers de morts, au moins 100 000 prisonniers !

Staline destitue des dizaines d'officiers, le général commandant le groupe d'armées, et même le commissaire politique en chef, Mekhlis, qui dans les années 1937-1938 avait organisé les « purges » et les « procès » de milliers d'officiers. Au nom de Staline. Mekhlis était haï par les rescapés de cette hécatombe.

Mais les jeunes généraux savent que la responsabilité des purges et de l'échec de l'offensive incombe à Staline.

Et Sébastopol, après les succès de von Manstein, est condamnée. Elle est l'un des symboles de la grandeur de la Russie.

La Wehrmacht est donc, contrairement aux informations et aux espérances des Russes, encore puissante, plus efficace que l'armée Rouge.

Mais Staline refuse, même après la chute de Kertch le 16 mai, de modifier ses plans. L'offensive encore et toujours.

Le maréchal Timochenko, dans un ordre du jour du 12 mai – le désastre de Crimée est déjà manifeste, comme celui du général Vlassov dans la région de Leningrad –, déclare, appliquant les consignes de Staline : « J'ordonne aux troupes de commencer l'offensive décisive. »

Elle doit encercler Kharkov, puis libérer la ville. Mais après quelques jours, la contre-attaque allemande se déploie, implacable.

Membre du Comité de guerre pour le front de Kharkov, Nikita Khrouchtchev essaie d'obtenir de Staline la possibilité de « changer nos plans opérationnels ».

Khrouchtchev raconte :

« Contre tout bon sens, Staline rejette notre proposition et ordonne que l'opération contre Kharkov soit poursuivie, et pourtant plusieurs unités de notre armée sont déjà menacées d'encerclement et d'extermination.

« Je téléphone au chef d'état-major – Vassilevsky –

et je le supplie d'expliquer la situation au camarade Staline. Mais Vassilevsky répond que le camarade Staline ne veut plus en entendre davantage. Alors je téléphone à Staline à sa villa. Malenkov répond. Je dis vouloir parler personnellement à Staline. Et Staline me fait dire que je peux en parler à Malenkov. Une fois encore je réclame Staline lui-même. Il continue à dire "non" alors qu'il se trouve à quelques pas seulement du téléphone. Après avoir "écouté" de la sorte notre requête, Staline déclare : "Laisse les choses comme elles sont." »

En ce printemps de l'été 1942, l'offensive russe vers Kharkov est un nouveau désastre sanglant.

Combien de morts ? Qui peut croire aux chiffres avancés par l'état-major russe, 5 000 morts, 70 000 disparus et... 300 chars détruits ?

Puis tombe le rideau noir de la censure.

Mais chaque Russe imagine ce qu'il en est : des dizaines de milliers de morts ! Auxquels les Allemands ajoutent 240 000 prisonniers. Et 1 200 chars hors de combat.

Où trouver, après ces hécatombes, du nord au sud du front, de Leningrad à la Crimée, les réserves, le matériel pour résister à l'offensive d'été que prépare Hitler ?

Le Führer rayonnant pérore dans sa tanière du loup.

« Les Russes sont finis », répète-t-il.

Il a eu raison d'imposer à ses généraux de résister sur place durant l'hiver.

Qui oserait contester maintenant, après ce printemps

victorieux, qu'il est l'homme du destin, le visionnaire, qui a eu raison en mai 1940, en juin 1941 et maintenant en avril-mai 1942 ?

L'été va venir, il sera éclatant !

Ces jours-là, du printemps 1942, le correspondant de guerre russe Vassili Grossman publie son premier roman dans *L'Étoile rouge,* le journal de l'armée.

Composé à partir de ce qu'il a vécu, en première ligne, c'est un hommage à l'héroïsme, aux sacrifices, au patriotisme du soldat russe.

Grossman a intitulé son roman : *Le peuple est immortel.*

9.

Les nouvelles du front de l'Est, le général Erwin Rommel qui commande l'Afrikakorps les écoute chaque jour, le plus souvent dans le *command-car* qui lui sert de quartier général mobile.

Il parcourt le front qui serpente de la Méditerranée au désert de Cyrénaïque.

« Je circule du matin au soir pour m'assurer que tout est en ordre parmi les troupes. C'est très nécessaire », écrit-il à sa femme, sa « très chère Lu ».

Souvent il fait arrêter le *command-car*.

Les commentaires du haut état-major sur les exploits des troupes engagées en Russie que diffuse la radio, et le silence sur les combats de l'Afrikakorps l'irritent.

Il se calme en marchant le long de la piste qui se déroule entre les dunes du désert de Cyrénaïque.

Il vient d'effectuer – dans les derniers jours de décembre 1941, et les premiers jours de janvier 1942 – une retraite difficile, réussissant à échapper à des forces britanniques disposant d'hommes, de tanks, d'artillerie et d'un soutien aérien incomparablement plus nombreux, plus puissants que ceux de l'Afrikakorps.

Qui parle de cet exploit ?

« Quand on pense que nous avons ramené nos forces de 500 kilomètres en arrière sur une bonne position, sans souffrir de trop graves dommages, et bien que la majeure partie ne soit pas motorisée, écrit Rommel. Je ne suis pas surpris que nos généraux "sans emploi" ronchonnent, la critique est facile. »

Il y a plus grave, explique Rommel.

« Le haut commandement allemand sous l'autorité duquel je me trouve placé persévère à ne pas reconnaître l'importance du théâtre d'opérations africain. On ne comprend pas qu'avec relativement peu de moyens, on peut remporter dans le Proche-Orient des victoires qui, du point de vue économique et stratégique, comptent beaucoup plus que la prise de la boucle du Don.

« Mais l'Afrique reste une "cause perdue" et l'acheminement à destination de ce théâtre d'opérations de quantités importantes de matériel ou d'effectifs nombreux n'est pas regardé comme "rentable".

« Vue de myope, tragiquement erronée ! »

Pourtant, Rommel ne met pas en cause Hitler. Au contraire.

« Le Führer semble approuver tout ce que j'ai fait et a été plein de louanges et d'admiration », dit-il.

Rommel ne renonce donc pas à agir. Ignorant les résistances, les ordres, il veut lancer une contre-offensive, reprendre le terrain perdu, s'emparer de

Benghazi et de Tobrouk. Il rêve même au Caire, au Nil, l'artère vitale de l'Empire britannique. Il est euphorique, sûr de lui, comme si ce soleil déjà chaud à midi, « comme par une belle journée de printemps chez nous », était un signe de la Providence.

« J'ai, écrit-il, la foi la plus complète que Dieu étend sur nous Sa main protectrice et qu'Il nous accordera la victoire. »

Mais il ne confie pas ses projets.

« On me croirait fou, écrit-il à sa femme. Je ne le suis pas, je vois simplement un peu plus loin qu'eux. Mais vous me connaissez. Je combine mes plans au début de chaque matinée et combien de fois l'an dernier, en 1941, et en France en 1940, ont-ils été mis à exécution en l'espace de quelques heures ! C'est ainsi que cela doit être et que ce sera à l'avenir… »

Il lance sa contre-attaque le 21 janvier 1942.

« Après avoir soigneusement pesé le pour et le contre, j'ai décidé de courir le risque. »

Il est d'autant plus déterminé qu'un convoi de cinq cargos a réussi à traverser la Méditerranée sans subir les attaques de la Royal Air Force et de la Royal Navy.

« Cela vaut une victoire ! » s'exclame Rommel.

Des navires, on décharge 55 chars et 20 autos blindées.

L'Afrikakorps va pouvoir aligner 111 chars en première ligne, 28 à l'arrière, et de leur côté les Italiens disposent de 89 chars.

**Rommel dirigeant les opérations
sur le front de Libye.**

Rommel sait bien que, comparée aux centaines de chars et aux centaines de milliers d'hommes qui s'affrontent sur le front russe, « sa » guerre apparaît comme le jeu fair-play de combattants chevaleresques.

D'ailleurs Rommel rend hommage aux Britanniques :

« Je serais fier de commander de tels soldats », dit-il en voyant passer un groupe de prisonniers.

Et les Anglais écrivent sur la porte d'une maison

qu'ils occupaient à Benghazi – la ville est reconquise par Rommel : « Gardez-la propre, nous reviendrons bientôt. »

Rommel méprise davantage ses « alliés » italiens, et même certains généraux du haut commandement allemand, que ses adversaires !

« J'ai gardé le secret sur l'attaque du groupe blindé, dit-il.

« Je n'en ai parlé au préalable ni aux Italiens ni au haut commandement allemand. Nous savons par expérience que le quartier général italien ne sait rien garder pour lui et que tout ce qu'il télégraphie à Rome parvient aux oreilles anglaises. »

C'est ainsi une guerre « singulière » que se livrent, en ce premier mois de 1942, l'armée britannique et l'Afrikakorps.

Dans ce désert vide d'hommes, à l'exception de quelques tribus de nomades, dans l'immensité de la Cyrénaïque, ce sont des allers et retours de quelques centaines de chars.

Et une fois Benghazi repris aux Anglais, Rommel continue sa course vers le Nil.

« Nos adversaires se sauvent comme s'ils avaient été piqués par la tarentule », dit-il.

« Avec nos douze pièces antichars, nous bondissons d'une position de tir à une autre pendant que nos panzers, à l'arrêt et dissimulés jusqu'à la tourelle si possible, nous couvrent de leur feu, explique un officier de l'état-major de Rommel. Puis nous nous installons de manière à pouvoir les couvrir à notre tour tandis qu'ils avancent de nouveau. Cette tactique est efficace et malgré l'intensité de leur tir, les chars ennemis ne peuvent pas contenir notre progression. Ils subissent des pertes constantes et doivent sans cesse céder du terrain. »

Guerre « propre » si on la compare à l'acharnement sauvage des combattants – Russes et Allemands – du front de l'Est ?

Ici un officier allemand note, après avoir insisté sur les qualités du canon de 88 mm employé par l'Afrikakorps aussi bien contre les chars que contre les avions :

« Ce canon, me disent des prisonniers britanniques, est une arme *déloyale* contre les chars ! »

Ce mot, s'il était connu, ferait ricaner de mépris les soldats de l'Est, qui souvent se battent au corps à corps, achèvent les blessés, laissent crever de faim les prisonniers russes.

Et complices détournent la tête quand les *Einsatzgruppen* de Himmler massacrent des dizaines de milliers de Juifs.

L'Afrikakorps n'extermine pas les populations clairsemées qui nomadisent dans le désert.

Il n'abat pas les prisonniers britanniques.

Il avance de plusieurs centaines de kilomètres et au printemps de 1942, il a besoin de reprendre son souffle, de réviser son matériel. Il s'arrête. Le paysage a changé.

« Tout est vert maintenant en Cyrénaïque, écrit Rommel, même des endroits habituellement désertiques disparaissent sous un tapis verdoyant. Il fait délicieusement chaud au niveau de la mer bien qu'il y ait aussi beaucoup de vent.

« À 750 mètres d'altitude, là où nous nous trouvons, il fait maintenant froid. Mais l'aube prend une beauté fantastique dans ce pays de montagnes aux sommets plats… »

Les généraux allemands et italiens – Kesselring, Cavallero, Bastico, l'amiral Weichhold – lui rendent visite.

On le sermonne, on lui intime la prudence. Il n'aura pas de renforts. La grande partie va se jouer sur le front de l'Est dans l'été 1942. Le Führer a conçu de vastes offensives qui détruiront les Russes. Et l'Angleterre capitulera.

Rommel écoute. Mais il forge ses plans pour une nouvelle offensive, à compter du mois de mai 1942. Il se sent porté par le destin, protégé par Dieu.

« Un éclat d'obus est entré tout dernièrement par la fenêtre, écrit-il. Il est venu terminer sa course contre mon estomac après avoir traversé mon manteau et ma veste. Il ne m'a laissé qu'une contusion multicolore, de la grandeur d'une assiette. C'est mon pantalon qui l'a finalement arrêté. Une chance du diable ! »

Le général italien Bastico vient lui remettre une nouvelle décoration italienne.

« Je ne peux pas dire que j'en éprouve une joie délirante. J'aimerais mieux un peu plus de soldats ! »

Le 12 mai 1942, il écrit à sa femme :
« De la chaleur et une quantité de poussière…

« Une certaine animation se manifeste sur notre front. Les Anglais nous attendent et nous les attendons. Les deux armées vont un jour prochain mesurer leur force.

« Vous ne tarderez pas à en entendre parler par les journaux.

« Nous espérons tous que nous pourrons provoquer la fin de la guerre cette année.

« Cela va faire bientôt trois années entières... »

10.

Rommel, qui rêve de provoquer « la fin de la guerre » en cette année 1942, ne se souvient plus du discours que le Führer a prononcé, le 30 janvier 1942 au Sportpalast de Berlin.

C'est une cérémonie rituelle qui commémore chaque année l'arrivée au pouvoir de Hitler, le 30 janvier 1933.

Dans la salle du Sportpalast, les hommes en uniforme qui composent l'assistance applaudissent longuement chacune des phrases que Hitler prononce d'une voix saccadée, les poings souvent brandis à hauteur de son visage.

Et comme Rommel il évoque la fin de la guerre, mais la perspective est différente !

« Nul ne devrait douter, martèle Hitler, déchaînant l'enthousiasme, que cette guerre ne peut finir que par l'extermination des peuples aryens ou la disparition de la juiverie d'Europe.

« Pour la première fois va désormais s'appliquer l'antique règle juive : "Œil pour œil, dent pour dent !"

« La juiverie mondiale devrait savoir que plus la

guerre s'étend, plus l'antisémitisme se répandra également. Il va grandir dans chaque camp de prisonniers de guerre, dans chaque famille qui comprendra les raisons pour lesquelles elle doit, au fond, faire ces sacrifices. »

La voix de Hitler s'amplifie, prophétique.

« Et l'heure sonnera où le plus vieil ennemi de tous les temps aura fini son rôle pour au moins un millénaire. »

Ce discours est l'écho des résolutions de la conférence de Wannsee, du 20 janvier 1942, qui organisait la « solution finale ».

« Les Juifs sont traités de manière beaucoup trop humaine », estiment les Allemands, en pensant au sort des soldats du front de l'Est.

« La chose à faire serait d'exterminer toute cette engeance ! »

À Varsovie, Chaim Kaplan, qui dirige une école hébraïque, note :

« Pour nous le discours de Hitler est la preuve que ce que nous tenions pour des rumeurs sont des faits réels. Il confirme la nouvelle orientation de la politique nazie envers les Juifs des territoires conquis ; la mort par extermination de toutes les communautés juives. »

Kaplan a sous les yeux les Juifs du ghetto de Varsovie. Ils meurent de faim, de froid, de maladie.

On signale même un cas de cannibalisme : une mère a découpé un « morceau de fesse » de son fils de douze ans mort la veille.

« Sur les trottoirs, rapporte Kaplan, le jour où le

froid est si rude qu'il en est insupportable, des familles entières emmitouflées dans leurs haillons errent, non pas pour mendier, mais en geignant simplement d'une voix déchirante. Un père et une mère emplissent les rues du bruit de leurs sanglots. Nul ne se tourne vers eux, personne ne leur offre un sou parce que le nombre des mendiants a durci leurs cœurs. »

La Gestapo massacre ceux qu'elle soupçonne d'organiser la résistance, la révolte, ou qui rédigent et diffusent une presse clandestine.

En janvier 1942, 5 123 habitants meurent dans le ghetto de Varsovie.

Les plus lucides des Juifs du ghetto pressentent que tous sont promis à la mort, comme les Juifs des autres ghettos de Pologne, comme les Juifs d'Ukraine, de Serbie, des pays baltes, d'Allemagne, de toute l'Europe.

On murmure des noms de lieux, jadis presque inconnus : Belzec, Chelmno, Sobibor, Treblinka, Auschwitz, Birkenau, tant d'autres.

Là on extermine, au gaz, dans des camions conçus à cet effet, dans des chambres à gaz. On commence à utiliser un gaz (Zyklon B) fabriqué par l'IG Farben. Dans les territoires russes occupés par la Wehrmacht, on massacre les Juifs par dizaines de milliers, qui deviendront bientôt des centaines de milliers.

Mais le Reich veut, avant de tuer, exploiter comme des esclaves les Juifs valides.

On comptera, en 1942, 2,7 millions de travailleurs forcés. Hitler a nommé son « architecte Albert Speer, responsable de la production d'armement », après la mort dans un accident d'avion de Fritz Todt.

Un Gauleiter, Fritz Sauckel, est chargé d'organiser les déportations de « travailleurs ».

Himmler crée au sein de la SS un Office central d'administration économique (WVHA), chargé aussi de l'inspection des camps de concentration. Ces camps sont à la fois des camps de travail forcé et des camps d'extermination.

Eichmann, le 6 mars 1942, a réuni les délégués de la Gestapo de l'ensemble du Reich, pour fixer le nombre de Juifs à déporter dans les premiers convois : 55 000 pour l'Allemagne et le protectorat de Bohême-Moravie, 20 000 pour Prague, 18 000 pour Vienne. Le 27 mars 1942, le premier convoi de 1 000 Juifs détenus à Compiègne quitte la France pour Auschwitz.

Les autorités de Vichy proposent qu'un nouveau lot de 5 000 Juifs « étrangers » ou apatrides soient déportés.

Louis Darquier de Pellepoix.

À cette occasion, les autorités allemandes constatent la collaboration efficace des responsables français.

Louis Darquier de Pellepoix, antisémite fanatique, remplace au Commissariat général aux questions juives Xavier Vallat, jugé trop « patriote ».

René Bousquet, secrétaire général de la police, est un ambitieux cynique prêt à tout.

Pierre Laval a suggéré de son propre chef la déportation des enfants de moins de seize ans de la zone non occupée. Quant aux enfants de la zone occupée, Laval déclare que leur sort ne l'intéresse pas.

Bousquet a indiqué :

« Tant le maréchal Pétain, chef de l'État, que le président Laval, au cours du récent Conseil des ministres, ont exprimé leur accord pour l'évacuation dans un premier temps de tous les Juifs apatrides séjournant en zone occupée et en zone non occupée. »

La police française se chargeant d'arrêter les Juifs dans les deux zones.

Ce même 27 mars 1942, Joseph Goebbels note dans son journal ce qu'il a appris du sort des Juifs de Pologne, déportés vers l'est.

Et c'est ce destin qui attend tous les Juifs, et donc ceux de France déportés à Auschwitz ce 27 mars 1942.

« Une procédure vraiment barbare est appliquée ici, qui ne saurait être décrite plus en détail, et il ne reste pas grand-chose des Juifs eux-mêmes, constate Goebbels.

« En général on peut conclure que 60 % d'entre eux doivent être liquidés alors que seuls 40 % peuvent être mis au travail. L'ancien Gauleiter de Vienne, Globocnik, qui est chargé de la réalisation de cette action, est très prudent et a recours à une procédure qui n'est pas trop voyante.

« Les Juifs sont punis de manière barbare, assurément, mais ils l'ont pleinement mérité.

« La prophétie que le Führer a adressée au départ, concernant le cas où ils déclencheraient une nouvelle guerre mondiale, commence à s'accomplir de la manière la plus terrible qui soit.

« On doit interdire à toute sentimentalité de prendre le dessus dans ces questions. Si nous ne nous défendons pas contre eux, les Juifs nous anéantiront.

« Il s'agit d'une lutte à la vie à la mort entre la race aryenne et le bacille juif. Aucun autre gouvernement ni aucun autre régime ne pourrait rassembler la force nécessaire à une solution générale de cette question. Là aussi le Führer est l'infatigable pionnier et porte-parole d'une solution radicale qui est imposée par les circonstances et semble donc inévitable.

« Grâce à Dieu, au cours de la guerre, nous avons maintenant toute une gamme de possibilités dont nous étions privés en temps de paix : nous devons les exploiter. Les ghettos du Gouvernement général de Pologne qui sont libérés vont être maintenant remplis de Juifs déportés du Reich et, après un certain temps, le même processus se reproduira.

« La juiverie n'a pas de quoi rire et le fait que ses représentants d'Angleterre et d'Amérique organisent et propagent la guerre contre l'Allemagne, ses représentants en Europe doivent le payer très cher, là encore, c'est justifié. »

Inlassablement, obsessionnellement, Hitler reprend ce thème : les Juifs ont voulu la guerre mondiale, ils doivent payer !

À l'opéra Kroll, le Führer, le 26 avril 1942, réunit le « Reichstag grand allemand ».

Il dénonce la « juiverie fléau mondial », le bolchevisme, la dictature du prolétariat n'étant que le « produit visible de l'infection juive ».

Il décrit un grand complot qui vise à la décomposition des États, à l'extermination des élites nationales, à la « liquidation de toutes les créations culturelles qui au fil des millénaires ont façonné les traditions de ces peuples »…

C'est contre ce « processus » que la nouvelle Europe qui se réveille a déclaré la guerre.

Ces mots sont assassins.

**Déportation d'enfants du ghetto
de Lodz vers Chelmno.**

Une semaine après ce discours, le 4 mai 1942, 10 000 Juifs du Reich et du protectorat de Bohême-Moravie sont transportés du ghetto de Lodz jusqu'à Chelmno. Là, entassés dans des camions, ils sont gazés.

Le 28 mai 1942, le port de l'étoile de David, jaune, avec le mot JUIF en lettres gothiques noires, est rendu obligatoire en France, en zone occupée.

Les tueurs marquent leurs proies.

11.

Au printemps de 1942, la « solution finale » est ainsi à l'œuvre. Mais on perçoit chez ses organisateurs la crainte de la révolte de leurs victimes.

Elles sont des millions en Europe et si elles se soulevaient les nazis seraient réduits à l'impuissance.

Alors il leur faut terroriser, isoler les Juifs en les marquant de cette étoile jaune, jouer sur la peur, la lâcheté, la cruauté de la population qu'il faut à la fois fasciner, menacer, et rendre complice du massacre. Mais l'inquiétude des nazis est toujours présente. On la perçoit même chez le Führer.

Quand le 18 mai 1942, à Berlin, une bombe incendiaire explose sur le site de l'exposition « Le Paradis soviétique », Hitler fébrile hurle, comme enragé.

Il réunit le 23 mai les Reichsleiter et les Gauleiter, à la Chancellerie du Reich.

On a déjà arrêté les auteurs de l'attentat : un groupe de communistes dirigés par un homme jeune, Herbert Baum, qui, torturé, se donnera la mort.

« Il est caractéristique que cinq membres de ce

groupe soient juifs, expose Goebbels, que trois soient demi-juifs, et quatre aryens. »

Hitler est hors de lui, « extraordinairement révolté, dit Goebbels. Il m'ordonne de veiller à ce que les Juifs de Berlin soient évacués dès que possible ».

« Les Juifs, déclare Hitler aux dignitaires nazis réunis à la Chancellerie, sont décidés à remporter la victoire dans cette guerre, à tout prix, car ils savent que la défaite signifierait leur liquidation personnelle. Nous voyons désormais clairement ce que Staline, homme de paille des Juifs, avait préparé pour cette guerre contre le Reich. »

La démesure des propos accompagne l'ampleur de la répression : 250 Juifs sont exécutés au camp de Sachsenhausen, et des centaines d'autres y sont déportés.

En fait, les dirigeants nazis, quel que soit leur rang, ont peur. Quand un officier SS inspecte un camp de concentration, il dit en ricanant, face aux déportés figés depuis des heures au garde-à-vous, immobiles sous peine de mort :

« Maintenant que vous êtes *im Dreck* – dans la merde –, voyons de quoi vous êtes capables, vous les Juifs. »

Phrase méprisante, et cependant le défi qui est lancé révèle l'incertitude, l'angoisse même.

Et lorsque la dizaine de Juifs à Berlin font exploser un engin artisanal qui ne cause que de légers dégâts, Goebbels avoue qu'il « n'a aucune envie d'être abattu par un "*Ost Jude*" de vingt-deux ans ».

« Je représente au Führer mon projet d'évacuation complète des Juifs de Berlin, poursuit-il. Que 40 000 Juifs qui n'ont rien à perdre puissent encore écumer librement dans Berlin représente un grand danger. C'est un défi et une invitation aux assassinats. Si cela commence, plus personne ne sera en sécurité ; même des Orientaux de vingt-deux ans ont participé au dernier attentat à la bombe incendiaire ; cela en dit long. Je prône une fois de plus une politique radicale contre les Juifs et le Führer m'approuve sans réserve. »

Hitler insiste sur la brutalité des Juifs et leur soif de vengeance.

« Le Führer pense que pour nous, personnellement, le danger augmentera si la situation militaire devient plus critique. »

L'attentat de Berlin – dérisoire, comparé aux effets de la guerre, à la puissance du Reich, à la « solution finale » – est reçu comme un avertissement : il faut achever l'extermination des Juifs au plus vite.

Or le 27 mai 1942 – neuf jours à peine après l'attentat de Berlin –, l'Obergruppenführer SS Reinhard Heydrich, chef de l'Office central pour la Sécurité du Reich au sein de la SS, protecteur de la Bohême et de la Moravie, maître d'œuvre de la conférence de Wannsee sur la « solution finale », celui qu'on appelle le « boucher de Prague » et dans la SS la « bête blonde », est tué dans un attentat.

Il n'est pas l'œuvre de Juifs.

C'est le gouvernement tchèque en exil à Londres qui l'a organisé.

Heydrich en effet, cynique et habile, après avoir

exterminé la résistance tchèque, fusillant, déportant, a accordé des avantages matériels aux ouvriers tchèques qui travaillent dans les usines d'armement, les séparant ainsi de l'élite patriote.

Abattre Heydrich, personnage qui incarne l'ordre nazi, c'est, selon les Tchèques de Londres, déclencher la répression, et donc raviver la résistance.

Deux Tchèques, de l'Armée libre tchécoslovaque, formés en Angleterre, Jean Kubis et Jozef Gabeck, sont parachutés à proximité de Prague.

L'attentat est facile à exécuter.

Heydrich circule sans escorte, empruntant tous les jours le même itinéraire, souvent en Mercedes décapotable.

Il se rend de sa maison, à une vingtaine de kilomètres de Prague, au château de Hradcany.

Kubis et Gabeck lancent, le 27 mai 1942, une bombe qui blesse mortellement Heydrich. Ils réussissent à fuir, à se réfugier dans l'église Saints-Cyrille-et-Méthode à Prague.

Dénoncés par un agent anglais du SOE (Spécial Opérations Exécutive), ils repoussent avec un groupe de résistants et d'agents du SOE durant plusieurs heures l'assaut des SS, puis ils se suicident.

Le nazisme est frappé à la tête.

Heydrich représentait les SS, le symbole même du Reich de Hitler. Et le Führer veut pour Heydrich des funérailles grandioses, même s'il a pesté contre l'Obergruppenführer admiré, jalousé, accusé même d'avoir une ascendance juive – ce qui est faux.

Pour Hitler, Heydrich a fait preuve « de bêtise et de stupidité » en circulant sans escorte, en se laissant aller à des « gestes héroïques ».

Au vrai, Heydrich, au visage énigmatique, est un personnage singulier qui désarçonne par sa « logique », implacable.

« Vous… vous, avec votre logique, a un jour hurlé Himmler, tout ce que je propose vous le démolissez avec votre logique, vos froides critiques raisonneuses. »

L'homme, glacial, est ému seulement lorsqu'il joue du violon.

Himmler l'accuse d'être « totalement divisé » parce qu'il a une ascendance juive.

Heydrich, un soir d'ivresse, aurait tiré sur le miroir qui lui renvoyait son image, en criant : « Je te tiens enfin, canaille. »

Il faut une répression à la mesure de l'importance de Heydrich.

Mille trois cent trente et un Tchèques, dont 201 femmes, sont exécutés sur-le-champ. On tue 3 000 Juifs enfermés dans le camp de Theresienstadt – un « ghetto » privilégié, le décor où l'on promène les envoyés de la Croix-Rouge.

On découvre sur le cadavre d'un agent du SOE le nom du village de Lidice, une bourgade située non loin de Prague.

Dix camions chargés d'hommes de la police de sécurité allemande encerclent Lidice, le matin du 9 juin 1942.

Les hommes sont fusillés, les femmes déportées au camp de Ravensbrück.

Restent les enfants orphelins : 88 d'entre eux sont jugés racialement inférieurs, déportés et tués. Dix-sept sont envoyés en Allemagne et adoptés par des familles du Reich.

Lidice est incendié, les ruines dynamitées et le terrain nivelé. Cinq mille Tchèques ont payé de leur vie la mort de l'Obergruppenführer SS Reinhardh Heydrich, « boucher de Prague » et « bête blonde ».

Des victimes du massacre de Lidice.

12.

On connaissait l'Obergruppenführer SS Reinhard Heydrich en France. On avait espéré sa visite.

Il était arrivé à Paris le 7 mai 1942 – vingt jours avant l'attentat qui devait lui coûter la vie – en compagnie de plusieurs officiers SS, et parmi eux le général SS Karl Oberg, nommé par Hitler responsable des SS et de la police en zone occupée.

Heydrich avait, détachant chaque mot, desserrant à peine les lèvres comme s'il n'avait pas eu besoin d'ouvrir la bouche pour parler, répété que la situation en France n'était pas satisfaisante.

Les terroristes judéo-bolcheviques multipliaient les attaques contre les forces allemandes. Et les représailles, les exécutions d'otages ne les dissuadaient pas.

On venait heureusement de remplacer le commandant en chef, le général Otto von Stülpnagel, un homme velléitaire, accommodant, par son cousin Karl Heinrich von Stülpnagel, qui arrivait du front de l'Est et avait montré qu'il n'était en rien un « sentimental ». Quant au général Karl Oberg, il arrivait de Pologne et avait mis en œuvre, sans hésitation, la « solution finale ».

En examinant les dernières mesures prises par Otto von Stülpnagel, Heydrich avait constaté que sur 95 otages exécutés il n'y avait que 58 Juifs. Il fallait augmenter ces deux chiffres, et ne pas craindre la haine que ces mesures susciteraient ! En Bohême-Moravie, Heydrich avait écrasé la résistance. On l'avait appelé le « boucher de Prague », mais l'ordre régnait, et les Juifs partaient en rangs silencieux vers l'est !

Heydrich a dit cela à René Bousquet, le secrétaire général de la police, un homme déterminé qui a demandé – « une nouvelle fois », a-t-il précisé – que l'on déportât vers l'est 5 000 Juifs retenus au camp de Drancy.

Heydrich l'a promis, puis, dans une atmosphère d'amicale compréhension, il a longuement bavardé avec René Bousquet.

Les trois mois qui viennent de s'écouler – de février à avril 1942 – ont changé le climat politique français, a expliqué Bousquet. L'heure n'est plus aux hésitations.

Les flammes de la guerre embrasent aussi la France. La Royal Air Force bombarde les usines de la région parisienne.

Le 3 mars, à Boulogne-Billancourt, en visant Renault, elle a tué 623 personnes et en a blessé plus de 1 500 !

Dans la nuit du 28 mars, trois destroyers et dix-huit vedettes rapides britanniques transportant un commando de 268 hommes débarquent, après une violente préparation d'artillerie, à Saint-Nazaire, la base des sous-marins allemands.

Il s'agit de détruire les installations de cale sèche, qui permettent les réparations des navires.

Opération réussie, mais au prix de lourdes pertes chez les Britanniques, et aussi parmi les habitants de Saint-Nazaire qui ont spontanément participé, aux côtés des Anglais, aux combats.

Car c'est ainsi, en dépit des bombardements meurtriers de la Royal Air Force, des destructions et des pertes humaines que les actions britanniques provoquent, non seulement les Français ne manifestent aucune hostilité, mais ils aident les Anglais, recueillent des pilotes ou des membres des commandos et tentent de les cacher.

Ces actes courageux, punis de mort, sont le fait d'une minorité, mais l'attitude à l'égard des Allemands a changé.

On ne condamne pas les attentats contre les forces d'occupation, et on est révolté par les exécutions d'otages.

L'attitude des personnalités qui soutiennent le maréchal Pétain et son gouvernement – présidé par l'amiral Darlan – se modifie. On doute de la victoire allemande, alors on se retire ou l'on se tient sur la réserve, ou même l'on refuse de suivre les directives allemandes.

Xavier Vallat, qui préside le Commissariat aux questions juives, écrit le 7 février 1942, à l'amiral Darlan :

« Je n'ai pas l'intention d'aller plus loin dans les concessions au point de vue allemand, car, si l'harmonisation – des mesures antisémites – devait se traduire par un simple alignement sur la position allemande, je ne pourrais pas personnellement en assurer la responsabilité politique et morale. »

Xavier Vallat s'oppose à l'institution en zone libre de l'étoile jaune et du couvre-feu spécial qui sont ordonnés en zone occupée.

Il alerte les Juifs parisiens de la date à laquelle il sait que les nazis prévoient les rafles.

Les Allemands, le 20 février 1942, lui refusent tout laissez-passer (*Ausweis*) pour se rendre en zone occupée.

C'est à cette occasion que Vallat démissionne, aussitôt remplacé à la tête du Commissariat aux questions juives par Darquier de Pellepoix, dont on connaît le fanatisme antisémite.

Car si des « pétainistes » commencent une retraite prudente dictée par le rejet des méthodes nazies et par la lucidité qui les fait s'éloigner du camp allemand dont ils jugent l'avenir incertain, d'autres au contraire s'enfoncent plus avant dans la collaboration qu'ils veulent totale.

Ceux-ci misent tout sur l'Allemagne.

Ils souhaitent le retour au pouvoir de Pierre Laval, qui en a été chassé par Pétain le 13 décembre 1940. Ils exigent que le gouvernement de Vichy s'engage dans la construction d'un nouvel Ordre français, non plus seulement conservateur, mais « révolutionnaire », sur le modèle fasciste et nazi. Pour eux, il faut que la France de Pétain mène aux côtés de l'Allemagne de Hitler la « croisade contre le judéo-bolchevisme ». C'est ce que font sur le front de l'Est les hommes engagés dans la Légion des volontaires français.

Ce combat, il faut aussi le conduire en France.

Pucheu, ministre de l'Intérieur de Pétain, décide ainsi de recruter au sein de la Légion – qui regroupe les anciens combattants de 14-18 – une minorité, qui constituera le Service d'ordre légionnaire (SOL).

Il sera commandé par Joseph Darnand, l'ancien combattant de 14-18 et de 39-40, célébré comme un héros.

Darnand est aussi un ancien « cagoulard », membre de cette ligue d'extrême droite, le Comité secret d'action révolutionnaire (CSAR) qui, pour le compte de Mussolini, a, en 1937, assassiné les deux frères Rosselli, des antifascistes italiens.

Les 21 et 22 février 1942, à Nice – « sa » ville –, Joseph Darnand préside à l'investiture publique des candidats au SOL.

Veillée, face à la mer, dans le monument aux morts creusé dans le roc, puis défilé, en uniforme et torche au poing, dans les rues de la ville, durant la nuit du 21 février.

Le lendemain, dans les arènes romaines, aux cris de *Maréchal* et de *France,* les SOL écoutent Darnand, emphatique, célébrer le « Chef » – Pétain – et les interroger :

« Êtes-vous prêts à tout moment et en tous lieux à obéir au Chef sans discussion et sans réserve ? »

À chaque question, les 2 000 SOL répondent – hurlent – un oui « viril ».

« Jurez-vous d'être, scande Darnand :

« Contre la dissidence gaulliste pour l'unité française,

« Contre le bolchevisme pour le nationalisme,

Joseph Darnand.

« Contre la lèpre juive pour la pureté française,

« Contre la franc-maçonnerie païenne pour la civilisation chrétienne ?

« Accomplissant un geste rituel, poursuit Darnand,
vous allez placer genou en terre en signe d'humilité
et de dévotion envers le maréchal en qui la France
s'incarne.

« À genoux !... »

Les SOL écoutent le serment lu par Darnand.

« Je m'engage sur l'honneur à servir la France et
le maréchal Pétain, chef de la Légion...

« SOL, debout ! »

La cérémonie, pâle copie, dérisoire imitation des rituels nazis et fascistes, manifeste cependant la volonté de l'aile extrême de la collaboration de se doter d'une force – une *Milice* – qui jouerait le rôle des SS.

« J'ai choisi, explique Joseph Darnand, ou plutôt j'ai invité ceux qui étaient de véritables révolutionnaires, ceux qui pensaient sur le plan social qu'une véritable révolution devait se faire, qu'il fallait qu'on change complètement de régime, j'ai invité tous ces hommes à se joindre. C'est ainsi qu'on a fait le SOL. On a dit deux mille hommes. En réalité, ce sont des milliers d'hommes. »

Que faire d'eux ? Darnand sent bien que le chef du gouvernement, l'amiral Darlan, est un « attentiste » qui, comme tant d'autres, proches de Pétain, n'est plus persuadé que l'Allemagne gagnera la guerre.

Il faut « nettoyer » Vichy de ces hommes-là.

Certains membres du SOL envisagent de « marcher sur Vichy », comme jadis, en octobre 1922, Mussolini a « marché sur Rome » et pris le pouvoir.

Mais Darnand n'est pas l'homme des coups d'État.

Il suit Pierre Laval qui espère, avec l'appui des Allemands, revenir au pouvoir.

Le 20 mars, au Quai d'Orsay, dans le bureau ministériel que Laval a occupé avant la guerre, Goering, plus obèse que jamais, reçoit l'ancien ministre.

Le Reichsmarschall parle, au bord de l'essoufflement, haletant.

« Nous nous sommes trompés, dit Goering. Nous

avions cru que nous pouvions rechercher avec votre pays une collaboration sincère. Nous avons révisé notre politique et, désormais, nous traiterons la France en fonction des sentiments d'hostilité qu'elle ne cesse de nous manifester. »

Les officiers SS – le général Oberg, et son adjoint le colonel Knochen – vont mettre en œuvre cette politique. Ils ont servi en Pologne.

Goering, en raccompagnant Laval, lui confie même :

« Si le maréchal Pétain vous offre de revenir au pouvoir, refusez. Ce serait pour vous beaucoup trop tard ou beaucoup trop tôt. Vous avez été pour nous un ennemi honnête. Nous nous retrouverons peut-être un jour après la guerre quand la paix sera signée et alors vous pourrez défendre les intérêts de votre pays. »

Mais Laval ne renonce pas. Il obtient de rencontrer secrètement Pétain, dans la forêt de Randam proche de Vichy. Il veut affoler le Maréchal.

Goering, dit-il, à cause de la politique de Darlan, attentiste, proaméricaine, lui a annoncé que Hitler voulait nommer un Gauleiter, qui traitera les Français comme les Polonais.

« Je suis le seul à pouvoir éviter cela », répète Laval.

C'est le temps des manœuvres, des pressions et des rumeurs qui commence, comme si Laval avait enfoui sa canne dans la fourmilière vichyssoise, où chacun veut rester au pouvoir.

Averti de la rencontre Pétain-Laval et des intentions de ce dernier d'être nommé à la tête du gouvernement, l'ambassadeur des États-Unis auprès de Pétain transmet au Maréchal un ultimatum de Roosevelt : si Laval revient au pouvoir, les États-Unis rompront les relations diplomatiques avec la France.

Pétain rassure l'amiral Leahy : il ne laissera plus jamais Laval jouer un rôle politique.

Peu après, l'ambassadeur allemand à Vichy, Krug von Nida, averti des propos de Pétain, notifie à l'amiral Darlan que le Führer a déclaré :

« Selon que le Maréchal chargera ou non Laval de former le gouvernement, je jugerai si la France préfère l'amitié des États-Unis à celle de l'Allemagne. »

Le piège s'est refermé sur Pétain.

Le docteur Ménétrel, l'un de ses intimes, vient de passer deux jours à Paris. Il a vu l'ambassadeur Abetz, et Laval.

« Ou je reviens au pouvoir ou un Gauleiter est nommé », a dit Laval, et Otto Abetz a confirmé.

Brinon – ambassadeur de Vichy à… Paris – prévient le Maréchal que « les Allemands se refuseront à toute conversation tant que Laval ne sera pas chef du gouvernement ».

Le 15 avril 1942, Pétain murmure :

— Si j'envisage son retour, c'est afin d'éviter aux Français des malheurs et des souffrances.

Il soupire, ajoute :

— Mais je me demande ce qu'il y a de véridique dans les menaces proférées…

Les ministres, Darlan, la plupart des proches s'efforcent de démontrer à Pétain que « les Allemands ne peuvent rien ».

« À la veille de la campagne de printemps et d'été en Russie, il est exclu que le commandement allemand immobilise en France les dix à douze divisions supplémentaires nécessaires à l'occupation de la zone libre », répète Darlan.

Le ministre d'État Henri Moysset ajoute :

« Voilà pourquoi le génie politique pour le Maréchal est de gagner la fin de cette année 1942 sans modifier quoi que ce soit de position. »

Face à face avec Pétain, Moysset ajoute, parlant lentement et plus fort pour que le Maréchal l'entende, le comprenne :

« L'Allemagne a perdu la guerre. Elle entraînera dans son gouffre tous ceux qui auront marché ou semblé marcher dans son sillage. Prenez garde, monsieur le maréchal, de ne pas survivre à votre gloire. »

Mais Paul Marion, chargé de l'Information, est un ardent partisan de Laval.

Il présente Laval comme le « sauveur, la mesure de protection ultime pour éviter le pire... barrer la route aux entreprises de Goering, à la polonisation, au massacre des otages ».

Le jeudi 16 avril, Pétain reçoit Laval et capitule. Laval sera chef du gouvernement.

Le vendredi 17 avril 1942, au pavillon Sévigné, se tient le dernier Conseil des ministres du gouvernement Darlan.

« Messieurs, j'agis sous la contrainte », dit le Maréchal en faisant circuler la lettre collective de démission.

Le lundi 20 avril 1942, recevant quelques-uns des déjà anciens ministres, Pétain leur dira, et certains ont eu l'impression qu'il allait pleurer :

« Plaignez-moi, car, vous savez, maintenant je ne suis plus qu'un homme à la dérive. »

13.

Pour le maréchal Pétain, qui vient ce 17 avril 1942 de capituler à nouveau, d'abandonner le pouvoir à Laval, c'est-à-dire aux nazis, mais qui implore aussi la compassion, de Gaulle est impitoyable.

Il se rend le 18 avril au siège de la BBC.

Chaque jour, il mesure l'écho de plus en plus grand des émissions de la France Libre. Des millions de citoyens sur le territoire national, en Afrique du Nord, écoutent « Les Français parlent aux Français », cette émission qui sape la propagande vichyste, allemande.

« Radio-Paris ment, Radio-Paris est allemand », chantonne l'humoriste Pierre Dac. Et Maurice Schumann, de sa voix brûlante, exalte les patriotes, dénonce les collaborateurs, stigmatise l'ennemi, ces bourreaux qui fusillent les otages par dizaines.

Les affiches noir et jaune apposées sur les murs, signées du général Schaumburg, commandant du *Gross Paris,* annoncent que, à la suite du meurtre d'un soldat allemand, « vingt communistes et Juifs, appartenant aux mêmes milieux que les auteurs de l'attentat, seront fusillés et que vingt autres seront passés par les armes, si les coupables ne sont pas découverts ». Les Allemands ont transformé la grande salle de la présidence de la Chambre des députés en tribunal, décoré de croix gammées. Von Stülpnagel et son état-major viennent assister aux audiences. Parfois, c'est la grande salle de la Maison de la chimie qui devient siège du tribunal, avec, tapissant les murs, les croix gammées noires sur fond blanc et rouge.

On juge 27 accusés le 15 avril, pour meurtres et sabotages. Le 16 avril, 23 d'entre eux sont condamnés à mort.

Ils seront exécutés, le 17 avril 1942, au mont Valérien.

Ce jour-là, à Vichy, c'est la passation des pouvoirs de l'amiral Darlan à Pierre Laval.

Ce même jour, les instructions du Führer sont transmises au général von Stülpnagel :

« Pour chaque attentat, vingt exécutions, dont cinq immédiatement et quinze, cinq jours plus tard, si les auteurs ne sont pas arrêtés. En outre, cinq cents otages sont à déporter pour chaque attentat. »

« Plaignez-moi », a dit Pétain, de sa voix implorante de vieillard prêt à toutes les capitulations pour conserver les apparences du pouvoir.

De Gaulle, quand il commence à parler devant le micro de la BBC, ce 18 avril 1942, se souvient de ces noms des fusillés que les réseaux de résistance transmettent à Londres.

Il salue cette « France qui combat », il fustige « les traîtres de Vichy », il analyse le choix de Hitler.

Le Führer, dans « sa volonté de pervertir la France pour mieux l'asservir et l'exploiter, délègue l'exercice de l'oppression à des gens plus spécialement habiles dans l'art de corrompre et de terroriser... contre le monde et contre la France, il se sert de l'infamie et de la trahison ».

De Gaulle n'a pas de compassion pour Pétain, ni d'« illusions dérisoires sur le redressement possible de chefs prosternés dans la boue ». Qui pourrait croire que « ceux qui sont allés sur le sol frémissant de la patrie martyrisée, mettre leur main dans la main de Hitler, sortiraient jamais du déshonneur » ?

Une seule issue pour les Français : la lutte « contre l'ennemi et contre les gens de Vichy qui sont les complices de l'ennemi ». Et de Gaulle, ce 18 avril 1942, va plus loin qu'il n'a jamais été en déclarant : « La libération nationale ne peut être séparée de l'insurrection nationale. »

Pour de Gaulle il n'y a pas d'autre issue que de parler haut et fort, à la fois pour imposer la souveraineté et l'indépendance de la France aux Américains et aux Anglais, et pour faire entendre la voix de la Résistance.

De Gaulle n'est dupe ni des intentions des Alliés à l'égard de la France Libre, ni des arrière-pensées des chefs de la Résistance qui le soupçonnent de ne pas être aussi républicain qu'ils le souhaiteraient.

Les Anglais et les Américains, eux, agissent brutalement aux Antilles, en Nouvelle-Calédonie, en Orient, à Madagascar. Les Américains traitent avec les représentants de Vichy !

Et pendant ce temps, l'Allemand, grâce, reconnaît-il, « à la qualité de sa collaboration avec la police française », arrête, condamne, fusille plus d'une centaine d'otages à Paris, 55 à Lille, 40 à Caen.

La répression, dirigée maintenant par le général SS Karl Oberg, est efficace. Oberg, *Hoherer SS und Polizei Führer,* s'est installé dans de vastes locaux, 57, boulevard Lannes.

Il prend conscience de la gravité de la situation. Chaque jour, en ce printemps 1942, il y a une action violente – meurtre, attentat, sabotage, manifestation de rue ; ainsi rue de Buci à Paris – contre la Wehrmacht.

Oberg organise une coopération quotidienne avec René Bousquet, qui met les sections « anticommunistes » de la police au service de l'occupant, en même temps que la préfecture de police dresse le fichier complet, tenu à jour, des Juifs français et étrangers.

Face à cette répression, la résistance s'organise.

Jean Moulin parcourt la France : il est Max, Rex, Régis, prépare l'ouverture d'une galerie de peinture, à Nice, couverture commode pour un ancien préfet « limogé » par Vichy, et qui semble ainsi se vouer à des activités de marchand d'art.

Peu à peu, il contrôle les communications radio de la

Pierre Brossolette.

Résistance avec Londres, il recense et équipe les aires d'atterrissage et de parachutage, et il tient ainsi sous contrôle les livraisons d'armes en même temps qu'il dispose des fonds à attribuer.

Son but est d'unir la Résistance autour du général de Gaulle. Il crée un Bureau d'information et de propagande qui diffuse les thèmes élaborés à Londres, répartit le matériel de propagande et transmet à Londres les informations obtenues par les mouvements de résistance. En même temps, Moulin organise le départ – puis le retour – des chefs de la Résistance vers Londres.

Rémy, Pierre Brossolette, des hommes politiques souvent socialistes (Christian Pineau, Félix Gouin) font ainsi l'aller et retour entre la France occupée et la « France Libre ».

De Gaulle peut donc « prendre le pouls » de la Résistance, en même temps que les préjugés antigaullistes tombent.

Ces voyages sont périlleux. L'avion – un Lysander – atterrit sur un terrain sommairement balisé. Il dépose des « passagers », en embarque sans s'arrêter plus de quelques minutes.

La voie maritime est plus longue.

D'Astier de La Vigerie monte à bord d'un sous-marin britannique au large d'Antibes. Il rejoint ainsi Gibraltar, après de nombreuses arabesques, et gagne enfin, en avion, Londres. Le voyage aura duré une vingtaine de jours…

Cette rencontre de Gaulle-Résistance (dans quelques mois, on dira entre les Forces Françaises Libres

– FFL – et les Forces Françaises de l'Intérieur – FFI)
renforce de Gaulle, au moment où les divergences sont
nombreuses entre France Libre et Alliés.

Washington et Londres recherchent peut-être l'affaissement de la France, afin de s'emparer de son
Empire et d'installer leur domination en Europe, une
fois l'Allemagne vaincue.

De Gaulle sent bien qu'on lui suscite des rivaux, hier
l'amiral Muselier, aujourd'hui le général Henri Giraud
qui vient de s'évader de la forteresse de Königstein où
il était retenu, après avoir été fait prisonnier. Giraud
refuse de se rendre à Londres, écrit une lettre à Pétain,
respectueuse, se déclare candidat à la conduite de la
résistance aux Allemands dans toute l'Europe.

Contre ce rival, de Gaulle n'a que la ressource de
s'appuyer sur la résistance intérieure, et le rôle de Jean
Moulin l'unificateur est donc décisif.

Mais les tensions sont vives.

De Gaulle s'exclame devant les officiers de son
état-major :

« J'ai signé des accords avec les Britanniques, ils
ne les respectent pas, à Madagascar, au Levant…
Engagez-vous dans l'armée canadienne, messieurs,
au moins vous vous battrez contre les Allemands. La
France Libre, c'est fini ! Messieurs, je vous salue. »

Il écrit à « ses compagnons au service de la France »,
les généraux Leclerc, Larminat, Catroux :

« Si mes soupçons se réalisaient, je n'accepterais pas
de rester associé aux puissances anglo-saxonnes… Il
faudrait avertir le peuple français et l'opinion mondiale

par tous les moyens en notre pouvoir et notamment par radio des raisons de notre attitude… »

Il sait que les ministres anglais sont inquiets, car l'opinion britannique est favorable à de Gaulle et à la France Libre.

Anthony Éden, le ministre des Affaires étrangères, rencontre de Gaulle qui ne cache pas son amertume.

« Vous ne nous soutenez qu'à moitié, dit de Gaulle. Les Américains font tout ce qu'ils peuvent pour nous nuire. Si les conditions actuelles durent, un jour ou l'autre nous nous disloquerons. Si c'est ce que vous cherchez, il vaut mieux le dire, mais rendez-vous compte des conséquences. Avec nous, c'est la France elle-même qui se disloquera… »

Churchill, Eden entendront d'autant mieux ce message que la résistance intérieure, patriotique, se renforce. Les communistes (Francs-Tireurs et Partisans français – FTP –, Main-d'Œuvre Immigrée – MOI) multiplient, en dépit de leurs pertes, les attentats et les sabotages. De Gaulle apparaît comme le seul capable de les « contrôler », parce que, portée par la BBC, la voix de la France Libre se fait entendre et que l'opinion se mobilise contre l'occupant. Et ce, des deux côtés de la ligne de démarcation, en zone occupée comme en zone libre.

À Lyon, vraie capitale de la zone libre, quand l'Orchestre philharmonique de Berlin, dirigé par Krauss, l'un de ses chefs les plus prestigieux, donne un concert dans la salle Rameau, des centaines de manifestants – dont de nombreux Alsaciens-Lorrains – se rassemblent devant la salle, défilent en chantant *La Marseillaise,* et se heurtent à la police.

Quelques semaines plus tard, le chef d'orchestre Paul Paray vient diriger dans la même salle un concert « expiatoire » où l'on ne joue que des œuvres de compositeurs français, et qui se termine par une *Marseillaise,* chantée à pleine voix par toute l'assistance.

À Perpignan, une charge explosive détruit le bureau de recrutement de la Légion des volontaires français contre le bolchevisme.

Ce printemps 1942 révèle que la population de la zone libre est entrée en dissidence, que le retour de Laval identifie le gouvernement de Vichy à la collaboration sans retenue avec les nazis.

De Gaulle, à la radio de Londres, donne à ce changement, par la force de son verbe, l'écho puissant qui à son tour amplifie l'évolution de l'opinion.

« Hitler en sera pour sa rage et Vichy pour son infamie, dit de Gaulle. La France a choisi son camp, et c'est le camp des vainqueurs. »

Le 30 avril 1942, il appelle à célébrer « le 1er mai, fête nationale, parce que, dans les pires drames de notre Histoire, c'est du peuple laborieux que se levèrent toujours les grandes vagues profondes dont la patrie sortit sauvée, libérée, renouvelée ».

Il sait que les syndicalistes, les socialistes, les communistes engagés dans la Résistance attendent cet appel à manifester.

« Demain 1er mai, à partir de 18 h 30, tous les Français, toutes les Françaises passeront silencieusement et individuellement devant les statues de la République et devant les mairies de nos villes et de nos villages. »

En zone occupée, ce 1er mai 1942, des trains de permissionnaires allemands déraillent à Caen, des attentats ont lieu. La population s'en va fleurir les tombes d'aviateurs anglais abattus.

En zone libre, on évalue à 100 000 le nombre des manifestants à Marseille. Il y a foule à Lyon, à Saint-Étienne, à Nice, à Clermont. Pas une ville qui ne connaisse son rassemblement. On chante *La Marseillaise, L'Internationale.* On crie « Vive de Gaulle ! ».

Jean Moulin, lorsqu'il envoie son rapport quelques jours plus tard, souligne que les mouvements de résistance – *Libération, Combat, Le Franc Tireur* –, les syndicats, les partis politiques ont manifesté de concert.

« Tous ont revendiqué de Gaulle comme chef et symbole, écrit Jean Moulin. La manifestation a eu un effet considérable sur les militants, qui sentent pour la première fois le synchronisme entre Londres et les chefs locaux... »

Ici et là, le Service d'ordre légionnaire a tenté de réagir, s'en prenant à telle ou telle personnalité connue pour son rejet de Vichy. Ces violences physiques montrent l'isolement des hommes de Joseph Darnand, mais aussi leur rage de voir la population leur échapper.

« C'est la fin des jours glorieux et de la tyrannie omnipotente exercée par la Légion », note un témoin.

De Gaulle, le 10 mai 1942, peut célébrer la fête de Jeanne d'Arc :

« Le présent est pour la patrie au moins aussi terrible que l'était la situation au moment où parut Jeanne », dit-il. Nous sommes « dans la phase la plus dure de cette guerre gigantesque et dans le plus grave moment de l'existence nationale ». Mais « nous ne voulons rassembler nos esprits et nos cœurs que dans la confiance inébranlable en la destinée de la France éternelle ».

14.

La fête de Jeanne d'Arc, en ce mois de mai 1942, le général Pierre Kœnig qui commande avec le général de Larminat les 5 000 hommes de la 1ère Division légère française libre (la 1ère DFL) la célèbre à sa manière, dans le désert de Libye.

Il tient avec ses hommes le site de Bir Hakeim, à l'extrémité sud de la ligne de défense anglaise. À l'autre bout, au nord-est, le port de Tobrouk que l'Afrikakorps de Rommel n'a pas réussi à reconquérir.

Les *Free French* jouent donc un rôle essentiel dans le dispositif de la 8e armée anglaise.

Kœnig sait, en ancien combattant de la Première Guerre mondiale, fortifier la position de la 1re DFL.

Il dit à ses Sénégalais, Malgaches, Nord-Africains, originaires des îles du Pacifique, Antillais, Vietnamiens, Cambodgiens, Syriens, Libanais, Indiens, Français de toutes les régions de France et étrangers de la 13e demi-brigade de la Légion étrangère qui la composent : « Tout soldat dans un trou est un seigneur. »

Chaque soldat doit creuser son trou individuel.

Kœnig dispose ses hommes, dans ce désert de pier-
raille parsemé de touffes desséchées.

L'état-major anglais a demandé à Kœnig de tenir
contre les panzers de Rommel et ceux de la division
italienne Ariete. La 1re DFL sera encerclée par Rommel
mais, répètent les Anglais au commandant du *Free
French Group,* il est interdit de céder.

Cette phase défensive de la bataille durera dix
jours. Alors les Français verront arriver les divisions
anglaises chassant les débris de l'Afrikakorps.

Les Français devront être prêts à ce moment-là à
engager la poursuite.

Mais dans l'attente de cette bataille, comment survivre dans ce lieu aride, Bir Hakeim, qui signifie
« Puits du chef » ? Les Français y ont découvert trois
citernes romaines enterrées qui ont résisté aux siècles.
Mais elles sont asséchées.

Or il faut prévoir, avec des températures de plus
de 40 °C, six litres d'eau par homme et par véhicule.

Les hommes de Kœnig récupèrent des citernes de
3 000 litres dans des dépôts de matériel italien et allemand abandonnés.

On les enterre comme on enterre les postes de
secours pour les blessés.

Et il faut créer un « désert dans le désert », préparer des champs de mines qui seront les défenses
infranchissables de Bir Hakeim. Les sapeurs poseront
130 000 mines !

Puis attendre, explorer le désert.

Kœnig, comme le capitaine Simon et le lieutenant Messmer qui ont gagné en juin 1940, ensemble, Londres, organise les patrouilles – des *Jock colonnes* motorisées – qui sillonnent le désert durant trois ou quatre jours avant de « rentrer » à Bir Hakeim.

Elles « reconnaissent » l'ennemi, le harcèlent, font des prisonniers, puis « décrochent ».

En ces jours de mai, la chaleur est accablante et les nuits sont glaciales. L'eau est rare, tiède, fétide. Mais le vin que les *Free French* ont exigé – on ne prive pas un légionnaire de vin : les Anglais l'ont compris – est imbuvable. Il faudra donc se contenter de thé.

À partir de la deuxième quinzaine de mai, l'aviation allemande commence à harceler Bir Hakeim ; c'est le prélude de l'attaque de Rommel.

Enfin, les panzers s'ébranlent, approchent en formations importantes des champs de mines, ce 26 mai 1942, la bataille de Bir Kakeim est commencée.

« Pendant plus d'une heure, raconte Pierre Messmer, nous voyons les chars, à peine cachés par la poussière qu'ils soulèvent, évoluer, tirer, sauter sur nos mines, s'embraser sous les coups de nos canons antichars, s'approcher et même pénétrer dans le point d'appui, avant de se replier en abandonnant trente-cinq épaves sur le terrain. »

« Dans sa justice, le Dieu des batailles offre aux soldats de la France Libre un grand combat et une grande gloire », écrira de Gaulle.

Quant à Kœnig, décidé à remplir et au-delà la mission que les Anglais ont confiée aux Français Libres, il va d'un point d'appui à l'autre, encourage les soldats recroquevillés dans leur trou individuel.

Un char allemand brûle après avoir été atteint par un char américain *(à gauche)* **en Afrique du Nord.**

Tous, quelle que soit leur origine, tous volontaires, expriment sans avoir à parler leur certitude de la victoire.

Kœnig se souvient – en ce mois de mai, le mois de Jeanne d'Arc – des vers de Péguy dans *Le Mystère des saints Innocents.*

Il lui semble que le poète, tué d'une balle en plein front lors des premiers combats de l'été 1914, a dressé, par avance, le portrait d'un *Français Libre.*

« Peuple soldat, dit Dieu, rien ne vaut les Français dans la bataille (Et ainsi rien ne vaut les Français dans la Croisade).

« Ils ne demandent pas toujours des ordres et ils ne demandent pas toujours des explications sur ce qu'il faut faire et sur ce qui va se passer.

« Ils trouvent tout d'eux-mêmes, ils inventent tout d'eux-mêmes, à mesure qu'il faut.

« Ils savent tout, tout seuls. On n'a pas besoin de leur envoyer des ordres à chaque instant.

« Ils se débrouillent tout seuls. Ils comprennent tout seuls. En pleine bataille ils suivent l'événement.

« Ils se retournent, ils savent toujours ce qu'il faut faire sans aller demander au général.

« Sans déranger le général. Or il y a toujours la bataille, dit Dieu.

« Il y a toujours la Croisade.

« Et on est toujours loin du général. »

15.

Le général Kœnig, ce 27 mai 1942, est au milieu de ses soldats.

Ils bondissent hors de leurs trous individuels, attaquent les chars italiens de la division Ariete à la grenade, au revolver, et font prisonniers les équipages.

Légionnaires des FFL à la bataille de Bir Hakeim.

Ces 91 hommes capturés sont tous blessés, le corps couvert de brûlures. Les chars se sont aventurés dans les champs de mines, et, leurs chenilles détruites, immobilisées, ils ont été des cibles pour les canons des légionnaires de la 2e brigade.

Kœnig s'approche de l'un des prisonniers, le colonel Prestisimone.

L'Italien s'est conduit avec bravoure, changeant de char dès que celui qu'il conduisait était en flammes. Il est loquace malgré ses brûlures, sa souffrance, raconte qu'en 1918 il combattait aux côtés des chasseurs alpins français. Il a été blessé par les « Tedeschi », ces Allemands dont il est aujourd'hui l'allié, mais c'est entre Italiens et Français « une guerre fratricide ».

Kœnig consulte les plans d'attaque, les cartes que le colonel italien n'a pas eu le temps de détruire.

Rommel a prévu un horaire d'assaut, plein d'assurance. Il a écrit : « 9 h-9 h 15, destruction de la division gaulliste par la 2e brigade Ariete. »

Quel mépris, mais aussi quelle méprise !

On va « harceler » Rommel, qui s'imagine sans doute que les Italiens l'ont emporté sur ces « satanés Français ».

Kœnig donne l'ordre aux *brenn-carriers* – ces voitures blindées – de partir en reconnaissance et d'attaquer l'ennemi.

Rommel est surpris par la résistance de ce point d'appui de Bir Hakeim qu'il comptait détruire en une quinzaine de minutes, et qui ne pouvait retarder son offensive. Il a écrit, ce 27 mai 1942, à sa « très chère Lu » : « Au moment où vous recevrez cette lettre, les communiqués de la Wehrmacht vous auront depuis longtemps mise au courant de ce qui s'est passé ici. Nous lançons aujourd'hui une attaque décisive. Ce sera dur, mais je suis persuadé que mes hommes vaincront. Ils savent tous ce qui est en jeu. Je n'ai pas besoin de vous dire comment j'y participerai. Je compte bien exiger autant de moi-même que de mes officiers et de mes soldats. Mes pensées volent souvent vers vous, surtout en ces heures capitales. »

Les champs de mines, les pièges ralentissent la progression de Rommel. D'une hauteur au sommet de laquelle Rommel a fait arrêter son *command-car,* il aperçoit l'Afrikakorps, qui se déploie dans le désert.

« Des nuages noirs roulent dans le ciel, donnant au paysage une étrange et sinistre beauté », écrit Rommel.

Mais il ne peut contempler longtemps ce panorama. Heure après heure, jour après jour, les combats deviennent acharnés.

Dans la nuit du 1er au 2 juin, la XCe division légère allemande et la division italienne Trieste achèvent d'encercler Bir Hakeim.

Les « gaullistes » refusent de se rendre.

« J'assumai moi-même, à plusieurs reprises, le commandement des troupes assaillantes, précise Rommel. Sur le théâtre d'opérations africain, j'ai rarement vu combat plus acharné. Les Français disposaient de positions remarquablement aménagées, ils utilisaient des trous individuels, des blockhaus, des emplacements de mitrailleuses et de canons antichars ; toutes étaient entourées d'une large ceinture de mines. »

16.

Bir Hakeim n'est investi que le 10 juin, mais dans la nuit Kœnig et la plupart des hommes valides réussissent à quitter le camp retranché, à rejoindre les lignes anglaises. Mission accomplie : la résistance du point d'appui de Bir Hakeim a duré plus de quinze jours.

Le général anglais Norrie adresse ses « félicitations à la 1re brigade des Forces Françaises Libres pour son magnifique succès, sa résistance opiniâtre, son action offensive et ses patrouilles. Merci de grand cœur ».

Dans la matinée du 11 juin, Rommel visite Bir Hakeim.

« Nous avions attendu sa chute avec impatience. Cinq cents Français, la plupart blessés, tombèrent entre nos mains… »

Le 15 juin, il écrit à son épouse :

« La bataille est gagnée et l'ennemi s'effondre. Nous liquidons maintenant les restes encerclés de son armée. Je n'ai pas besoin de vous dire ma joie… Ma santé s'est maintenue excellente. J'ai vécu dans ma voiture pendant des jours entiers et, le soir, je n'avais pas le temps de quitter le champ de bataille. Peut-être nous reverrons-nous en juillet. »

Durant toute la durée de la bataille, de Gaulle a voulu être informé, heure après heure.

Il ne quitte plus son bureau de Carlton Gardens. Il sait qu'à Bir Hakeim, dans ce polygone de 16 kilomètres carrés, « un paysage lunaire où campe une troupe de nomades », se joue un épisode décisif.

« Dans les entreprises où l'on risque tout, écrit-il, un moment arrive d'ordinaire où celui qui mène la partie sent que le destin se fixe. »

La presse anglaise accorde de plus en plus de place aux combats de Bir Hakeim.

« L'opinion s'apprête à juger. Il s'agit de savoir si la gloire peut encore aimer nos soldats », murmure de Gaulle.

Lorsque, le 10 juin 1942, à 17 h 30, de Gaulle rencontre Churchill, celui-ci s'avance, souriant.

« Je vous félicite pour la magnifique conduite des troupes françaises de Bir Hakeim, c'est l'un des plus beaux faits d'armes de cette guerre », dit le Premier ministre.

À la fin de l'après-midi du 11 juin, de Gaulle reçoit un message de l'état-major britannique : « Le général Kœnig et une partie de ses troupes sont parvenus à El-Gobi hors de l'atteinte de l'ennemi. »

Les FFL, après avoir assumé leur mission, bien au-delà de ce qu'on espérait d'eux, ont donc brisé l'encerclement, échappé à la destruction ou à la reddition.

De Gaulle, qui attendait dans son bureau en compagnie de Maurice Schumann, le porte-parole de la France Libre, reconduit Schumann, puis s'enferme.

« Je suis seul. Cœur battant d'émotion, sanglots d'orgueil, larmes de joie. »

Ce même 11 juin 1942, Rommel visite ce qu'il appelle « la forteresse de Bir Hakeim ».

« J'avais attendu sa chute avec impatience », dit-il.

Il passe parmi les « cinq cents Français tombés » entre les mains des Allemands de la XC^e division légère.

La plupart sont blessés. Aucun d'eux ne baisse les yeux. Ils se sont battus avec détermination, et ils se sont accrochés aux 1 200 emplacements de combat qu'ils avaient aménagés.

« Une fois de plus, écrit Rommel, la preuve est faite qu'un chef décidé à ne pas jeter le fusil après la mire, à la première occasion, peut réaliser des miracles même si la situation est apparemment désespérée. »

Mais Rommel ne s'attarde pas. Il vient de s'emparer du point d'appui de Bir Hakeim. Il doit, à l'autre extrémité de la ligne de défense anglaise, conquérir le port de Tobrouk.

Une action rapide s'impose.

Il roule donc vers la forteresse anglaise assiégée.

Les traces de la défaite britannique sont partout visibles sur la route et sur les bas-côtés. D'énormes quantités de matériel ont été abandonnées par les Anglais. Des véhicules incendiés, des carcasses vides et noircies par les flammes jalonnent le désert.

Rommel fait arrêter son *command-car*.

Il marche le long de ces colonnes entières de véhicules tout-terrain intacts laissés par les Anglais. Les Allemands s'affairent à les remettre en route. Bras croisés, Rommel les observe, répond à leur salut.

« J'estime quant à moi, explique-t-il, que les obligations du commandant en chef ne sont pas limitées au travail qu'il accomplit dans son état-major. Il doit se montrer fréquemment sur le front pour s'assurer personnellement, en détail, de l'exécution de ses ordres... Le commandant en chef doit être l'élément moteur de la bataille et il faut que chacun se sache constamment soumis à son contrôle... Le chef doit garder un contact étroit avec sa troupe. Il doit sentir et penser comme elle. La confiance est à ce prix. »

Mais cette volonté de Rommel de se trouver au plus près des combattants comporte des risques.

Lorsque Rommel constate que la division italienne Ariete a perdu le contact avec les unités de l'Afrikakorps, il part à sa recherche.

« Mais je me trouvai bientôt pris dans un combat de chars. Les obus sifflaient de toutes parts et je fus heureux de pouvoir fuir ce séjour guère enviable ! »

Il s'éloigne, mais « lorsque je revins à mon poste de combat, une batterie britannique me prit pour cible.

« Finalement, en ayant assez, je transférai mon poste de commandement dans le fortin d'El-Hatian qui avait hébergé l'état-major du 30ᵉ corps d'armée britannique. »

De ce lieu, il conduira l'attaque contre Tobrouk, défendu par des unités anglaises, indiennes, sud-africaines.

À la jumelle, il regarde les fortifications de ce port assiégé depuis des mois et qui résiste : « Certains secteurs de la ceinture extérieure de fortifications étaient littéralement arrosés de sang : chaque mètre carré avait fait l'enjeu de combats acharnés… »

Le 20 juin 1942, Rommel écrit à sa « très chère Lu ».

« Deux heures de sommeil seulement la nuit dernière. C'est vraiment la journée décisive. J'espère que ma chance tient. Très fatigué. Autrement, tout va bien. »

Avant l'aube, plusieurs centaines de bombardiers de la Luftwaffe pilonnent l'endroit choisi pour l'assaut, dans le secteur sud-est de la forteresse.

« J'observai personnellement, écrit Rommel, les effets considérables de cette attaque. D'immenses colonnes de poussière s'élevaient au-dessus des retranchements occupés par les Indiens et les expulsions projetaient dans les airs les obstacles et les armes. »

Puis c'est l'assaut, les combats sont acharnés.

« À 5 heures, le 21 juin 1942, j'entrai dans la ville de Tobrouk. Elle offrait un spectacle lugubre. À peu près toutes les maisons étaient rasées ou ne formaient qu'un monceau de gravats… »

À 9 h 40, Rommel reçoit la capitulation de la forteresse de Tobrouk, des mains du général Klopper, commandant la forteresse et la 2e division sud-africaine.

L'entretien est courtois.

« Je chargeai le général sud-africain de faire régner l'ordre parmi les prisonniers et d'assurer leur subsistance sur les stocks capturés. »

Cette guerre-là, aucun de ceux qui la mènent ne

conçoit d'appliquer la barbarie qui accompagne les combats sur le front de l'Est : blessés achevés, prisonniers abattus, laissés sans nourriture, civils massacrés, centaines de milliers de Juifs assassinés, leurs corps s'entassant dans des fosses communes.

Ces faits, les hommes de l'Afrikakorps et le général Rommel ne veulent pas les connaître, mais ils imaginent – parfois un officier arrivé de l'Est révèle un détail qui permet de reconstituer l'ensemble – les conditions des combats, et la manière dont la Wehrmacht les livre face aux Russes.

L'Afrikakorps mène sa guerre.

« Très chère Lu, écrit Rommel le 21 juin 1942.

« Tobrouk ! Ce fut une bataille merveilleuse. Grande activité dans le secteur de la forteresse. Il me faut prendre quelques heures de sommeil après tous ces événements. Combien je pense à vous ! »

« Pour tous mes "Africains", confie Rommel, le 21 juin 1942, la prise de Tobrouk est le point culminant de la campagne en Afrique du Nord. »

Ce 21 juin, Rommel leur adresse un ordre du jour.

La Marmarique, cette portion du désert de Cyrénaïque qui longe la frontière avec l'Égypte et la côte méditerranéenne, est entre les mains allemandes.

« Soldats !

« La grande bataille de Marmarique a eu pour conséquence votre rapide conquête de Tobrouk. Nous avons fait au total 45 000 prisonniers et détruit ou capturé plus de 1 000 véhicules blindés et environ 400 pièces d'artillerie. Au cours de l'âpre lutte des quatre dernières semaines, votre vaillance et votre endurance nous ont permis d'assener de terribles coups à l'adversaire. Grâce à vous, l'ennemi a perdu le noyau de son armée qui s'apprêtait à passer à l'offensive… Pour ce magnifique exploit, j'adresse aux officiers et aux soldats l'expression de ma reconnaissance particulière.

« Soldats de l'armée blindée d'Afrique, il s'agit maintenant d'anéantir l'adversaire. Nous ne nous arrêterons pas avant d'avoir écrasé les dernières unités de la 8e armée britannique. Au cours des prochains jours, je vous demanderai un grand effort final.

« Rommel. »

Le lendemain, 22 juin 1942, Rommel reçut un message radio du quartier général du Führer. À quarante-neuf ans, il était promu Feldmarschall en récompense de sa victoire.

Au dîner, il célébra cette promotion avec ses officiers.

Puis, resté seul, il écrivit à sa « très chère Lu » :

« Hitler m'a nommé Feldmarschall, j'aurais mieux aimé recevoir une nouvelle division. »

DEUXIÈME PARTIE

mai-juin

—

juillet-août 1942

« Nos troupes vivent un enfer, et elles vivront beaucoup d'enfers encore avant le terme de cette guerre. Et dans un enfer comme celui-là, la seule pensée qu'un geste de reddition suffirait à vous valoir un bon lit et un petit déjeuner – comme en ont les prisonniers de guerre britanniques – pourrait être mauvaise pour le moral. Tous les hommes de notre armée ne sont pas taillés dans l'étoffe d'un héros. Alors, laissons-les mourir plutôt que de se rendre... Écoutez : c'est une guerre terrible, plus terrible qu'on n'en a jamais vu. C'est une torture que de penser que nos prisonniers sont affamés à mort par les Allemands. Mais sur le plan politique, les Allemands font une bévue colossale. Si les Allemands traitaient bien nos prisonniers, cela se saurait bientôt. Et c'est horrible à dire mais en maltraitant, en affamant, en faisant mourir nos prisonniers de faim, les Allemands nous aident. »

Un colonel russe
au journaliste anglais du *Sunday Times*,
Alexander Werth, juillet 1942.

17.

Hitler, d'un brusque mouvement de la main plein d'exaspération, intime le silence à l'officier qui a commencé à lui lire un message de Rommel.

Le Führer fait quelques pas dans la grande salle des cartes de la tanière du loup, son quartier général de campagne situé à Rastenburg, au cœur de la forêt de Prusse-Orientale.

D'une voix lasse, il dicte une réponse au Feldmarschall Rommel. Qu'on le félicite une nouvelle fois pour sa victoire de Tobrouk, qu'on l'incite à prolonger son offensive vers Le Caire, le canal de Suez, comme il dit en avoir l'intention.

S'il réussit, la jonction sera faite entre les combats du Reich et les victoires du Japon.

La veine jugulaire de l'Empire britannique, le canal de Suez, serait tranchée. On s'avancerait dans l'empire des Indes, les populations se soulèveraient, ce serait la mise en place d'un nouvel ordre du monde.

Tout à coup, Hitler s'interrompt, a un geste las. Mais, continue-t-il, le Feldmarschall Rommel ne peut pas compter sur le renforcement de son Afrikakorps !

Pas de renforts, pas de divisions nouvelles pour cette offensive dans le désert.

Hitler serre les poings. Le destin du Reich, donc du monde, se joue en Russie, dans cette campagne de l'été 1942 qui s'annonce plus grandiose encore que celle du printemps 1940 en France, et que celle de l'été 1941, il y a moins d'un an, en Russie.

Puis l'hiver implacable est venu. Et, face à des températures de -50 °C, jamais aussi rigoureuses depuis cent quarante ans, lui seul, le Führer, a imposé aux généraux de ne pas reculer. Il refusait d'être le Führer d'une armée s'effilochant comme la Grande Armée napoléonienne.

Haltbefehl, a-t-il dit, et, maintenant que le printemps est venu, l'offensive décisive va se déployer.

La Wehrmacht va atteindre le pétrole du Caucase, conquérir enfin cette ville de Sébastopol, puisque les contre-offensives russes, en Crimée, ont été arrêtées.

On s'enfoncera dans le cœur russe, on marchera vers le Don et vers la Volga, on s'emparera de Stalingrad. Et on n'oubliera pas, au nord, Leningrad. Et les deux villes symboliques de la Révolution réduites en cendres, Moscou tombera.

Et cela va se réaliser.

Le Führer donne des ordres. Il veut que l'on déplace vers l'est son quartier général Qu'on l'installe en Ukraine. La marche vers l'est a commencé, et rien, aucun hiver, ne viendra l'arrêter.

« Les Russes sont finis », lance-t-il.

Il écarte les généraux qui, une fois encore, hésitent. Il faut qu'ils acceptent son pouvoir absolu tel que, dès le 26 avril 1942, il a été défini. Le Reichstag a voté et promulgué la loi qui confère au Führer le droit de vie et de mort sur n'importe quel citoyen allemand.

Dans le conflit actuel, dont l'enjeu est l'existence ou l'anéantissement du peuple allemand, le Führer doit posséder tous les droits qu'il requiert en vue de poursuivre la lutte et de parachever la victoire.

« En conséquence, affranchi de l'observation des lois et des règlements en vigueur jusqu'ici, et en sa qualité de chef unique de la nation, chef du Parti national-socialiste, chef suprême des forces armées, maître du pouvoir exécutif, ministre souverain de la Justice, le Führer est en droit de contraindre, le cas échéant, et par tous les moyens dont il dispose, n'importe quel citoyen allemand, officier ou simple soldat, haut-fonctionnaire ou employé subalterne, juge et magistrat, ouvrier et employé, à l'accomplissement de son devoir.

« En cas de violation de ce devoir, le Führer est habilité, après un consciencieux examen de chaque cas, sans égard à de prétendus droits, à destituer le coupable de son rang, de son poste ou de ses fonctions et à décréter son châtiment sans avoir recours à une procédure préalable. »

Jamais – sinon aux temps barbares – un pouvoir personnel ne fut à ce point discriminatoire. Le Führer l'applique.

L'ingénieur Todt, ministre de l'Armement, disparaît-il dans un accident d'avion, peu après son décollage de l'aérodrome du quartier général du Führer à Rastenburg, que le Führer le remplace aussitôt par « son » architecte, Albert Speer.

Albert Speer.

Et Goering, qui s'est précipité à Rastenburg pour obtenir le poste, est écarté par le propos catégorique du Führer : « J'ai déjà nommé le successeur de Todt. Le ministre du Reich, Speer, ici présent, vient de reprendre toutes les fonctions du docteur Todt avec effet immédiat. »

Le Führer préfère des « amateurs » dévoués et fidèles à des dignitaires soucieux désormais de jouir des avantages du pouvoir. Goering est de ceux-ci.

« Il semble avoir pratiquement perdu tout intérêt pour les grands événements militaires. Beaucoup attribuent cela à une dépendance morphinique accentuée, tandis que d'autres y voient les effets de la jouissance croissante et de plus en plus morbide d'une vie de luxe absolu. » Le Reichsmarschall obèse va d'une résidence somptueuse à l'autre, de Carinhall à l'Obersalzberg, de Paris à Rome...

Et c'est Speer, Sauckel – un proche de Himmler – qui réorganisent l'industrie de l'armement en ce printemps 1942. Sauckel puise dans les camps de concentration, dans les pays occupés, la main-d'œuvre dont les usines ont besoin.

En 1942, on comptera près de 5 millions de travailleurs étrangers en Allemagne. Des camps surgissent pour accueillir ces travailleurs forcés, des « volontaires »… raflés, ces prisonniers de guerre contraints au travail.

Tous sont affamés, épuisés avant même d'avoir travaillé, surveillés, battus, exécutés.

Il y a dans les camps près de 3,5 millions de Russes faits prisonniers, mais seulement 5 % d'entre eux sont en état de travailler. Les autres meurent de faim et d'épuisement.

Ceux qui travaillent – et ce sera souvent une agonie – « se procureront leur propre nourriture (chats, chevaux) », écrivait Goering quand il était chargé de l'économie du Reich.

« L'ouvrier allemand est par principe toujours le patron du Russe. » Ce dernier est surveillé par des membres des forces armées, l'ouvrier allemand agissant à titre de police auxiliaire… Éventail des sanctions : de la réduction des rations alimentaires au peloton d'exécution : en général, rien entre les deux.

Les Polonais connaissent un sort aussi barbare.

Tous ces étrangers, des « sous-hommes », battus, humiliés – les femmes violées –, sont voués à la mort.

Tel est le Reich en ce printemps 1942.

Les Allemands y sont entourés d'une foule d'« esclaves », alors que les jeunes Allemands – par le jeu de l'abaissement de l'âge de la conscription – et les adultes âgés – par le relèvement de cet âge – partent pour le front de l'Est. Où chaque mois, en cette année 1942, 60 000 hommes de la Wehrmacht sont mis hors de combat – tués, blessés, prisonniers !

Et dans les villes allemandes, aux périphéries desquelles les travailleurs étrangers s'entassent dans des camps, la population est frappée par les attaques aériennes devenues presque quotidiennes de la Royal Air Force et de l'US Air Force.

Il s'agit pour les Anglais – le chef du Bomber Command, le général Arthur Harris – de frapper les villes allemandes afin de remonter le moral des Britanniques qui, en ce printemps 1942, est mis à mal par les victoires de l'Afrikakorps de Rommel.

Les bombardiers *Wellington, Lancaster, Stirling* – et bientôt *Forteresse volante* et *Liberator* – écrasent sous leurs bombes Hambourg, Lübeck – ville sans aucun intérêt industriel ni stratégique, détruite dans la nuit du 28 au 29 mars 1942 –, Rostock, Berlin, Essen, Nuremberg, Dortmund, Duisburg et toutes les villes de la Ruhr.

La population allemande subit avec fatalisme.

« Nous n'avons plus le contrôle de notre destin, nous sommes forcés de nous laisser emporter par lui et de prendre ce qui vient sans confiance ni espoir », écrit dans son journal une Allemande.

« Nous nous trouvons dans une situation d'infériorité impuissante, confie Goebbels, et il nous faut encaisser les coups des Anglais et des Américains avec rage et opiniâtreté. »

Les raids de représailles sur les villes anglaises voulus par le Führer ont peu d'effet. Et cet insuccès – dans la défense aérienne de l'Allemagne et dans la riposte sur l'Angleterre – affaiblit encore l'autorité de Goering, Reichsmarschall à la tête de la Luftwaffe.

Quand, dans la nuit du 30 au 31 mai 1942, Cologne est écrasé sous les bombes larguées par 1 046 appareils de la RAF, Goering ne peut admettre cette réalité.

Albert Speer, qui est convoqué le matin suivant au château de Veldenstein, en Franconie, où se trouve Goering, raconte.

« Goering est de mauvaise humeur, refusant de croire les rapports sur le bombardement de Cologne : "Impossible, on ne peut pas larguer autant de bombes en une seule nuit, gronde-t-il en s'adressant à son aide de camp.

« "Passe-moi le Gauleiter de Cologne !"

« Nous avons ensuite été les témoins d'une conversation téléphonique absurde :

« "Le rapport de votre commissaire de police est un foutu mensonge !"

« Le Gauleiter semblait vouloir contredire Goering.

« "Je vous dis moi en tant que Reichsmarschall que les chiffres cités sont trop élevés. Comment osez-vous raconter de telles affabulations au Führer ?" »

Goering craint les réactions du Führer, sa remise en cause.

Et c'est ce qui a lieu.

Hitler, à son quartier général de Rastenburg, écoute les rapports des officiers de la Kriegsmarine et de la Wehrmacht sur la situation militaire. Puis il interroge :

« La Luftwaffe ? »

Ce général porte-parole de la Luftwaffe évoque le bombardement de Cologne d'une voix hésitante :

« Nous estimons, dit-il, que deux cents avions ennemis ont pénétré nos défenses. Les dégâts sont importants… »

Hitler l'interrompt, s'emporte, vocifère, hurle :

« La Luftwaffe était probablement endormie la nuit

dernière… moi pas ! Je reste éveillé quand une de mes villes est en feu ! »

Il gesticule, s'approche, menaçant, de l'officier de la Luftwaffe.

« Je remercie le Tout-Puissant de pouvoir compter sur mon Gauleiter quand ma Luftwaffe me trompe ! Laissez-moi vous dire ce que m'a rapporté le Gauleiter Grohe. Écoutez, écoutez bien. Il y avait mille avions anglais ou plus ! Vous entendez *mille,* mille deux cents avions, peut-être plus ! »

Hitler, hors d'haleine, ajoute d'une voix sourde, méprisante, haineuse :

« Évidemment, Herr Goering n'est pas là… évidemment ! »

Le général Bodenschatz, aide de camp du Führer, sort de la pièce, téléphone à Goering sur la ligne privée du Führer :

« Vous devriez venir, ça va mal… »

Goering se met en route et, après plusieurs heures, arrive au QG de Hitler.

« La suite a été lamentable », se souvient le général Bodenschatz. Goering tend la main à Hitler qui l'ignore. Goering est humilié devant des subalternes. Il bégaye, déconcerté, perdu parmi ces officiers du QG où il compte peu d'amis.

Le Führer le rend responsable de n'avoir su empêcher ni briser l'attaque anglaise sur Cologne.

L'aide de camp de Hitler, le général von Below, qui rentre de Libye, note dans son journal :

« Quand j'ai rapporté au Führer mes impressions sur la situation en Afrique du Nord, il a répondu en déplorant amèrement l'attaque de Cologne… C'était la première fois que je l'entendais critiquer Goering. Hitler n'a jamais retrouvé une confiance absolue dans le Reichsmarschall. »

Les jours passent. Hitler peu à peu se calme.

Il s'est installé dans son nouveau quartier général, dans la région ukrainienne de Vinnytsia. Il sera ainsi plus proche du front, de ces offensives qu'il veut décisives.

La forêt dense et sombre entoure les maisons en rondins et les bunkers de béton du QG.

Hitler ne se promène pas sous les grands arbres. Il fait quelques pas, passant d'une maison à l'autre. Le soir, il se fait projeter les films tournés par les opérateurs du ministère de la Propagande.

Adolf Hitler et sa chienne sur le terrain de son futur quartier général près de Vinnytsia.

Goebbels veut garder une « trace » pour l'éducation des générations futures.

On voit dans ces films des Juifs, attablés dans un restaurant du ghetto. Ils se « gavent de poisson, d'oie, et boivent des liqueurs et du vin ».

Il ne s'agit que d'une mise en scène, on filme même le plus beau corbillard de la communauté juive qui s'avance dans les rues du ghetto, entouré des dix chantres de Varsovie.

Hitler semble fasciné. Il félicite Goebbels.

Qui pourra croire, ayant vu ces images d'une vie joyeuse et opulente, d'une mort dans la dignité, de grandes funérailles, qu'en même temps s'achève la construction du deuxième camp d'extermination à Treblinka et que ces images sont un paravent qui masque les fosses ?

La radio et la presse anglaises ont cependant, en mai 1942, fait état d'un rapport, rédigé par des adhérents du parti polonais Bund, signalant le massacre d'un millier de Juifs par jour dans les fourgons à gaz de Chelmno et estimant à 700 000 le nombre de Juifs polonais assassinés.

Mais le *New York Times* s'est contenté – lui qui fait autorité – de publier un court article évoquant ces chiffres en page 5 du quotidien.

On pouvait donc mettre en œuvre la « solution finale ».

Personne ne viendrait accuser le Reich de l'extermination des Juifs, que le Reich fût victorieux ou défait, ces millions de vies seraient devenues cendres et fumée.

Mais, Hitler en est sûr, le Reich sera victorieux, et chaque jour en ce printemps 1942 voit fleurir de nouvelles victoires.

Les villes de Kharkov, Sébastopol, Voronej, Rostov sont conquises ou encerclées, les Russes sont chassés de Crimée, le Don est atteint, bientôt ce seront la Volga et Stalingrad.

« Le Russe est fini », répète Hitler.

18.

Hitler méprise trop les Russes, ces *Untermenschen,* pour connaître et comprendre ces « sous-hommes ».

Dans son nouveau quartier général de Vinnytsia, il va et vient, frottant ses mains, voûté, le regard fixe, modifiant ses plans au gré de ses visions et des victoires qui s'accumulent, des retraites des Russes, des centaines de milliers de prisonniers que ses troupes de la Wehrmacht laissent mourir de faim, s'entre-dévorer.

Le Führer croit à l'imminence de la chute de la Russie. Elle va se décomposer.

Les armées du Reich sont à 130 kilomètres de Moscou, et Hitler décide de partager ses troupes.

Les unes s'enfonceront dans le Caucase, vers le pétrole.

Qu'elles plantent le drapeau à croix gammée au sommet du mont Elbrouz, à plus de 4 000 mètres d'altitude.

Qu'elles marchent vers la Volga, vers Stalingrad !

Qu'elles occupent les terres du Donbass.

Et que les autres, au nord, prennent Leningrad !
Qu'elles terrorisent aussi !

En entrant dans chaque village, elles brisent les portes des maisons, elles entraînent une dizaine d'hommes, les pendent et laissent leurs corps se balancer dans le vent, durant plusieurs jours.

Elles exigent qu'on leur livre les « communistes », elles désignent des « starostas », des maires, afin qu'ils collaborent, dénoncent. Et s'ils ne le font pas, ils seront eux aussi pendus.

« C'est une guerre terrible, plus terrible qu'on n'en a jamais vu », confie en cet été 1942 un colonel russe à l'envoyé spécial du *Sunday Times,* Alexander Werth.

« C'est horrible à dire, poursuit l'officier, mais en maltraitant, en affamant, en faisant mourir nos prisonniers de faim, les Allemands nous aident. »

Hitler n'imagine pas la haine que suscitent ces exactions, cette barbarie et la force du patriotisme russe qui jaillit spontanément et que, habilement, Staline entretient et exalte.

La poétesse Anna Akhmatova écrit :
« L'heure du courage a sonné à l'horloge
Et le courage ne nous abandonnera pas.
Il n'est point effrayant de tomber sous les balles ennemies,
Il n'est pas amer d'être sans toit.
Mais nous te préserverons, langue russe.
Notre grand mot : Russie
Nous te porterons jusqu'à la fin, libres et purs

Et nous te transmettrons libres d'entraves à nos petits-enfants

Pour toujours. »

On joue à Moscou – toujours menacé de bombardements aériens – la première de la *Symphonie de Leningrad* composée par Chostakovitch.

Les écrivains – Ehrenbourg, Simonov, Cholokov, Fadeev, Alexis Tolstoï, Grossman, Surkov – conjuguent, dans la diversité de leurs talents et de leurs sensibilités, *Je hais, je tue l'Allemand*.

Ehrenbourg écrit :

« On peut tout souffrir, la peste, la faim, la mort. Mais on ne peut pas supporter les Allemands. On ne peut pas supporter que des soudards aux yeux de poisson crachent leur mépris à la face de tout citoyen russe. Les Allemands ne sont pas des hommes. Ne parlons pas. Ne nous indignons pas. Tuons. Si vous ne tuez pas l'Allemand, l'Allemand vous tuera. Il emmènera votre famille et la torturera dans son ignoble Allemagne… Si vous avez tué un Allemand, tuez-en un autre. Rien n'est plus délicieux qu'un cadavre allemand. »

Ilya Grigorievitch Ehrenbourg.

Les correspondants de guerre exaltent l'héroïsme des combattants, des paysans, de tous ceux qui, de Sebastopol à Leningrad, résistent à la nouvelle offensive allemande, à cette Wehrmacht dont on avait cru que l'hiver 1941-1942 et les contre-attaques russes avaient brisé les os !

« L'armée allemande de 1942, avait écrit le Bureau d'information soviétique, n'est plus ce qu'elle était il y a un an. Dans l'ensemble, l'élite de l'armée allemande a été détruite. Les forces allemandes ne peuvent plus lancer d'opérations de l'envergure de celles de l'année dernière. » Or, dès le printemps et le début de l'été 1942, la Russie vit un monstrueux cauchemar.

Les divisions de Hitler progressent partout et la presse ne peut le dissimuler.

Il faut faire appel au patriotisme russe, à la *sainte Russie,* et non plus seulement à l'amour pour la patrie de Lénine et le pays des Soviets !

Le 11 juillet 1942, la *Pravda* intitule son éditorial : *Haine de l'ennemi.*

« Notre pays vit des jours critiques. Les chiens nazis essaient frénétiquement de se frayer un chemin jusqu'à nos centres vitaux. Les vastes steppes du Don s'étendent devant leurs regards voraces.

« Chers camarades du front ! Votre pays croit en vous. Il sait que dans vos veines coule le même sang que celui des héros de Sébastopol… Puisse une sainte haine vous guider, vous inspirer. Cette haine se nourrit d'un brûlant amour pour votre pays, de l'anxiété pour votre famille et vos enfants et d'une inébranlable volonté de vaincre… Nous avons toutes les chances de remporter la victoire. L'ennemi doit se hâter : il veut obtenir des résultats lui permettant de battre de vitesse le second front. Mais il n'échappera pas à ce danger.

L'opiniâtreté du peuple soviétique a déjà anéanti plus d'un plan de l'ennemi. »

Le second front que les alliés anglais, américains pourraient ouvrir en débarquant sur les côtes françaises est l'espérance des Russes, au moment où la Crimée, Kharkov tombent aux mains des Allemands, où les marins qui défendent Sébastopol se précipitent sur les chars allemands en faisant exploser les quelques grenades qui leur restent.

« Russie, mon pays, ma terre natale, écrit l'un d'eux qui va se suicider en détruisant un char ennemi. Cher camarade Staline ! Je suis un marin de la mer Noire, un fils du Komsomol Lénine, et je me suis battu comme mon père m'a dit de me battre. Tant que mon cœur a battu dans ma poitrine, j'ai frappé ces bêtes sauvages. Maintenant, je meurs, mais je sais que nous vaincrons. Marins de la mer Noire ! Battez-vous plus durement encore ; tuez ces chiens enragés fascistes ! J'ai été fidèle à mon serment de soldat. »

Ces sacrifices héroïques, tels que la propagande les magnifie, masquant les défaillances de nombreuses unités, qui se rendent ou fuient, suffiront-ils à briser les offensives allemandes ?

Molotov, le ministre des Affaires étrangères de Staline, s'est rendu à Londres puis à Washington, et, avec son obstination déjà légendaire, il réclame l'ouverture d'un second front. Roosevelt, plus ouvert à cette exigence que Churchill, paraphe avec Molotov un texte qui déclare :

« Au cours de leurs entretiens, les représentants des deux pays se sont mis d'accord sur la nécessité urgente de créer un second front en Europe, en novembre 1942. »

Mais aussitôt, Churchill présente à Molotov un *aide-mémoire* qui précise :

« Il est impossible de dire à l'avance si la situation permettra le moment venu de réaliser une telle opération. Nous ne pouvons donc rien promettre dans ce domaine. Toutefois, si de solides raisons apparaissent de mettre nos plans à exécution, alors nous n'hésiterons pas ! »

Les dirigeants russes veulent croire – et faire croire à leur peuple – que les Alliés vont débarquer sur le continent européen en août ou septembre 1942, et que 40 divisions allemandes au moins seront retirées du front russe.

Le 18 juin 1942, une semaine après le retour de Molotov à Moscou, le Soviet suprême se réunit, rassemblant près d'un millier de députés, pour célébrer la signature d'un traité anglo-russe paraphé à Londres par Molotov et Éden, le ministre anglais.

« Jamais, au cours de l'Histoire, nos deux pays n'ont été aussi fortement associés », a déclaré Anthony Éden, et Molotov reprend ces propos, évoque sous les applaudissements frénétiques « le second front qui causerait d'irrémédiables difficultés aux armées hitlériennes de notre front russe ».

Staline n'est, si l'on s'en tient aux apparences, que l'un des membres du Comité national de défense. Mais il a été salué par plusieurs minutes d'ovation et de cris : « Staline ! Staline ! Staline ! »

Il porte une simple tunique d'été kaki clair, sans décoration, et s'assied en même temps que ses camarades. Il a le port modeste et humble.

Mais cette mise en scène ne trompe aucun des membres du Soviet suprême.

Et quand Molotov lance : « Sous le grand étendard de Lénine et de Staline, nous mènerons cette lutte jusqu'à la victoire totale, jusqu'au triomphe complet de notre cause et de celles de toutes les nations éprises de liberté », c'est le nom de Staline qu'on crie durant plusieurs minutes.

Mais quelques semaines plus tard, la ville de Rostov tombe aux mains des Allemands.

On devine derrière le paravent des communiqués officiels la panique qui a saisi les troupes russes. Et c'est Staline qu'on invoque et qui intervient.

Les journaux martèlent à sa suite qu'il faut une « discipline de fer ». « Ressaisissez-vous », lance-t-on « aux lâches et aux paniquards ». On ne cache plus qu'on a fusillé des généraux et de nombreux officiers, comme des dizaines de soldats.

Le 30 juillet 1942, l'ordre du jour de Staline est lu dans toutes les unités : « Plus un pas en arrière ! »

La *Pravda* le reproduit et le commente :

« Une discipline de fer, des nerfs d'acier sont les conditions de notre victoire : soldats soviétiques, plus un pas en arrière. Voilà la devise de notre pays !

« L'ennemi n'est pas aussi puissant que l'imaginent certains paniquards terrifiés… Chaque soldat doit être prêt à mourir de la mort d'un héros plutôt que de négliger son devoir envers son pays… Ou bien nous aurons une armée d'une discipline rigoureuse, ou bien nous périrons. Aujourd'hui, l'ordre d'un officier est une loi d'airain ! »

19.

La loi d'airain, telle que Staline l'a formulée dans son ordre du jour du 30 juillet 1942 – le décret n° 227 –, a un article unique : « Plus un pas en arrière. » Quiconque recule sans ordre de le faire ou qui se rend doit être traité comme un traître à la patrie, un déserteur, et être fusillé.

Des « articles patriotiques », publiés dans *L'Étoile rouge,* mettent désormais en scène non seulement les actes héroïques, mais aussi la malfaisance des déserteurs, tel ce soldat qui, fuyant le front, entre dans une maison et y tue trois petits enfants.

Et face à ces criminels se dresse le *héros russe.*

« Nous sommes assis dans une tranchée sous un feu d'enfer, écrit un correspondant de guerre. Nous nous retrouvons encerclés ; je me désigne de ma propre initiative comme commissaire d'un groupe de dix-huit hommes ; plus tard, nous sommes couchés dans les blés, arrivent des Allemands à cheval. Un type roux crie avec un fort accent : "Russes, mains en l'air !" Nous tirons une rafale de pistolets-mitrailleurs et désarçonnons quatre Allemands. Nous nous enfonçons dans cette brèche et nous tirons… Il y avait vingt-cinq Allemands. Des dix-huit que nous étions, seize s'en tirent.

« La nuit, nous marchons dans les blés. Ils sont plus que mûrs et crissent. Les Allemands nous attaquent à la mitrailleuse. Bientôt, nous ne sommes plus que six. Ensuite, je rassemble encore une fois seize hommes. […] Nous passons la nuit sur la rive haute du Don. Nous tressons des cordes avec des bâches pour faire traverser les blessés, mais on n'en a pas assez. Je propose de traverser à la nage avec tous les papiers sous le calot et le barda dans un sac. Au milieu du fleuve, je n'en peux plus, je me débarrasse du sac dans l'eau, et je garde mes carnets dans mon calot. »

On ne se rend plus, non pas seulement parce qu'on craint d'être fusillé comme déserteur si l'on est surpris à lever les bras, mais parce que, avec le Don et la Volga qu'atteignent les armées de la Wehrmacht, on est au cœur de la Russie.

Ou bien on les arrête là, sur ces fleuves, ou bien il ne reste plus de lignes de défense, et les portes de la profonde et immense Russie sont grandes ouvertes.

Mais la reprise en main est difficile.

Le général Tchouikov, qui parcourt le front, « tombe sur deux états-majors de division… si l'on pouvait appeler ainsi des groupes d'officiers se déplaçant dans quatre ou cinq camions surchargés de fûts et de bidons d'essence. Je leur demandai où étaient les Allemands et ce qu'on savait de leurs mouvements sans pouvoir recueillir de réponse valable… J'appréciai très modérément ce manque de fermeté dans la résistance, ce peu d'ardeur au combat. On avait l'impression que chacun à l'intérieur de ce PC, depuis le général commandant l'armée jusqu'aux plantons, se tenait constamment prêt à... échapper à la poursuite ».

Tchouikov rencontre le général Gorlov – qui sera destitué.

« Ses cheveux avaient viré au gris ; ses yeux fatigués donnaient l'impression de ne rien voir, et leur regard froid semblait dire : "Inutile de me parler de la situation, je la connais, mais étant donné les événements, j'estime que je ne peux rien faire." »

Et les Allemands sont là, à l'offensive.

« La guerre reprend son souffle », écrit le lieutenant de panzers August von Kageneck.

Il est debout dans la tourelle de son char.

Le premier objectif à atteindre, c'est le Don, puis, en second, Stalingrad, sur la Volga.

Telle est la directive n° 45 du Führer, son « plan bleu », aussi ambitieux que le plan Barbarossa de juin 1941.

Kageneck constate :

« Très peu de résistance dans les villages. En dépit des bombardements de la Luftwaffe sur les positions russes, pas de cadavres. Les "Ivans" ont-ils eu connaissance de notre offensive ? »

« Mais où sont-ils, les chars russes ?, s'interroge Kageneck. Nous scrutons les *balkas* (crevasses remplies de l'eau de la fonte des neiges), les petits bois perdus de l'immense steppe, les lisières des villages qui disparaissent dans les hautes herbes desséchées par le vent chaud du sud. Nous avançons à tâtons. »

Le char de Kageneck est précédé par une patrouille blindée que commande un Feldwebel.

Un jour, le sous-officier revient en trombe avec son automitrailleuse.

« Herr Major, crie-t-il, les T34 ! Derrière moi ! Ils sont au moins 80 ! »

Dans l'affrontement qui suit, une fois de plus, la supériorité des chars russes est manifeste.

« Des accrochages comme cela, poursuit Kageneck, nous en eûmes tous les jours dans les semaines qui suivirent. Nous nous battions sans cesse, à gauche, à droite, devant, derrière. Nous ressemblions aux croisés assaillis de toutes parts par les combattants d'Allah. Nous ne distinguions plus la nuit du jour. Dès que le barrage nous laissait un répit, nous sombrions dans un sommeil de mort. Où étaient donc les limites de la résistance humaine ? »

Kageneck est blessé le 25 juillet 1942. Un obus de 76, tiré par un T34, a explosé au bord du trou dans lequel Kageneck et son chef de bataillon se sont réfugiés.

Un éclat a pénétré sous son oreille droite, a fracassé sa mâchoire et arraché les dents du côté droit. Deux soldats l'ont enlevé, jeté dans un side-car et transporté à un poste de secours.

Kageneck survivra, mais « la campagne de Russie est terminée pour moi », écrira-t-il.

Son bataillon, qui fait partie de la IVe armée blindée, atteint le Don, son premier objectif.

La plupart des ponts ont sauté. L'aviation russe est

active, les appareils surgissent à la fin du jour ou à l'aube quand la Luftwaffe est absente.

Ces attaques sont conjuguées avec des tirs d'artillerie.

« Mais la résistance russe est insignifiante, dit un sergent de la XIe division de panzers.

« Très peu de traces de l'ennemi. La chaleur est étouffante. La rive droite du Don sur toute sa longueur était couverte de nuages de poussière. Beaucoup de soldats se déshabillent et se baignent comme nous l'avions fait dans le Dniepr, il y a exactement un an. Espérons que l'Histoire ne se répétera pas. »

Les premiers éléments allemands commencent à traverser le Don, le 25 juillet 1942.

« Notre compagnie est en tête, rapporte un soldat. Nous marchons à toute allure. J'ai écrit aujourd'hui à Eisa : On ne va pas tarder à se revoir. Nous pensons tous que c'est la fin et que la victoire est proche. »

Dans toute la Wehrmacht, on sent bien qu'une course de vitesse s'est engagée – comme durant l'été 1941 – entre les panzers et la concentration des réserves russes. Le but de la « course » étant cette fois-ci Stalingrad.

En 1941, les Allemands ont gagné la course et ont échoué à quelques kilomètres de Moscou. Puis les contre-offensives russes et l'hiver polaire de cette année-là les ont paralysés.

Mais l'hiver est loin : les fleurs colorent la steppe et la chaleur est étouffante.

Le soleil dégèle depuis le printemps les cadavres des soldats russes tombés parfois par centaines devant les positions auxquelles les Allemands s'étaient accrochés.

Avec le printemps et l'été 1942, et les premiers succès des offensives, la confiance est revenue dans les armées allemandes.

Le 29 juillet 1942, un soldat note dans son journal :
« Notre capitaine vient de nous dire que les Russes sont fichus et qu'ils ne pourront plus tenir longtemps. Le Führer sait où est le point faible des Russes. La victoire n'est pas loin.

« Atteindre la Volga et prendre Stalingrad, ce n'est pas un problème pour nous. »

20.

Hitler, sur le front russe, voulait que ses armées atteignent la Volga et prennent Stalingrad.

Rommel, en Afrique, espérait pouvoir conquérir Le Caire et Alexandrie, étrangler l'Empire britannique en contrôlant – en serrant entre les chenilles de ses panzers – le canal de Suez.

Il sait que ses troupes sont épuisées après la dure bataille qu'il a conduite pour, le 21 juin 1942, s'emparer de Tobrouk.

Il ne dispose pas des centaines de chars et de voitures blindées qu'exigent ses ambitions. La Méditerranée est aux mains des Britanniques, à partir de ce centre nerveux qu'est Malte. Et les convois venus d'Italie sont attaqués, décimés.

Et cependant Rommel veut agir.

« Nous voulions donc, écrit le Feldmarschall, surprendre la 8ᵉ armée anglaise par une attaque éclair et la contraindre à la bataille avant qu'elle ait pu recevoir des renforts du Moyen-Orient. Au cas où nous réussissions à détruire les restes – de la 8ᵉ armée –, il ne resterait rien aux Britanniques pour nous fermer l'Égypte ou arrêter notre avancée sur Alexandrie et le canal de Suez. »

Rommel, en dépit des réticences des généraux italiens ou allemands, réussit à faire accepter son projet d'offensive par le Duce et le Führer.

Le manque de carburant, de matériel, handicape l'Afrikakorps, mais les Anglais reculent si vite devant l'assaut des Allemands, si précipitamment, qu'ils abandonnent stocks d'essence, véhicules blindés et même avions en état de marche. En avant donc !

23 juin 1942.

« Très chère Lu,

« Nous sommes en route et nous espérons frapper notre prochain coup dans peu de temps. La vitesse est maintenant la grande affaire... Je me porte bien et dors comme une souche. »

L'Afrikakorps avance vers l'est, vers la place forte côtière de Mersa Matrouh et, au-delà, vers El-Alamein.

« Très chère Lu,

« Nous avons accompli un grand bond en avant au cours de ces derniers jours et nous espérons lancer notre attaque aujourd'hui, 26 juin, contre ce qui reste de l'ennemi. Depuis plusieurs jours, je campe dans ma voiture avec Gause – le chef d'état-major. Nous avons tout le temps bien mangé ; quant à nous laver, c'est une autre affaire. Mon QG s'est trouvé au bord de la mer pendant les vingt dernières heures et je me suis baigné hier et aujourd'hui. Mais l'eau ne rafraîchit pas, elle est trop chaude. Énormément à faire. [Les généraux] Cavallero et Rintelen viennent aujourd'hui, probablement pour freiner autant qu'ils pourront. Ces gens-là ne changeront jamais ! »

Les Anglais reculent. Des combats de chars ont lieu dans le désert, ils se poursuivent dans la nuit.

« À peine distingue-t-on sa main devant soi.

« C'est une mêlée insensée. »

La Royal Air Force bombarde ses propres troupes. « Et dans un beau vol de balles traçantes, les unités allemandes se tirent les unes sur les autres. »

Quant aux Italiens, ils ouvrent le feu sur les véhicules de l'Afrikakorps.

« Je le répète, à cause de nos camions récupérés sur l'ennemi, il n'y a plus moyen de nous distinguer de l'ennemi. »

« Très chère Lu,

« Nous sommes toujours en mouvement et nous espérons que cela durera jusqu'à la fin. C'est épuisant, bien sûr, mais voici la chance de notre vie. L'ennemi riposte désespérément avec son aviation.

« P.-S. L'Italie en juillet reste possible. Prenez vos passeports ! »

Les combats sont acharnés. Pour rompre l'encerclement, la 4e brigade néo-zélandaise, déployée baïonnette au canon, perce à pied au clair de lune.

Au terme de cette bataille de Mersa Matrouh, les unités de tête de l'Afrikakorps ne sont plus qu'à 200 kilomètres d'Alexandrie.

« Nous aurons encore quelques combats à livrer avant d'atteindre notre but, mais j'estime que le pire est très loin derrière nous.

« Je vais très bien.

« Certaines actions exigent un effort qui conduit au bord de l'effondrement physique, mais il y a des périodes plus calmes où l'on peut se rétablir. Nous sommes déjà à 480 kilomètres à l'est de Tobrouk ! Le réseau ferroviaire et routier des Anglais est de premier ordre ! »

Le 30 juin, alors que Mersa Matrouh est tombé hier, Rommel peut écrire à sa « très chère Lu » : « L'armée s'est remise en marche jusqu'à une heure avancée de la nuit. Nous sommes à 95 kilomètres plus à l'est. À moins de 160 kilomètres d'Alexandrie. »

Et cependant, Rommel ne verra pas sa femme en Italie, en juillet, comme il l'avait espéré.

Le vent tourne pour l'Afrikakorps parvenu devant El-Alamein.

Il ne reçoit d'Italie que le vingtième de ses besoins. Des généraux britanniques plus habiles et talentueux – Auchinleck et Montgomery – ont pris la tête de la 8e armée et Rommel est contraint d'arrêter son offensive.

« On perd ici la notion du temps, écrit-il. Lutte acharnée pour la dernière position avant Alexandrie. J'ai été au front pendant quelques jours, vivant dans la voiture ou dans un trou de sable. L'aviation ennemie nous a mené la vie dure.

« J'espère cependant mener mon affaire à bien. Très chère Lu, je vous remercie du fond du cœur pour toutes vos lettres bien-aimées. »

**La bataille d'El-Alamein. Un char allemand
est attaqué par les troupes britanniques.**

Les 4 et 5 juillet 1942, il constate : « Les choses ne
tournent malheureusement pas comme je le voudrais.
La résistance est trop grande et nos forces sont épuisées. J'espère pourtant trouver un moyen d'atteindre
notre but. Je suis exténué.

« Nous vivons des journées très critiques. Mais
j'espère les voir passer... Le rassemblement de nos
forces est fort lent.

C'est dur d'avoir ainsi à piétiner à 90 kilomètres
d'Alexandrie. Mais cela aussi aura une fin. »

Ce ne sera pas celle que Rommel espérait.

L'Afrikakorps est arrêté devant El-Alamein, comme
si les efforts surhumains déployés lui interdisaient de
conclure l'offensive. Les troupes britanniques de la

8ᵉ armée, au sein desquelles combattent les Français Libres, résistent victorieusement.

« Très chère Lu, écrit Rommel le 17 juillet 1942.

« Les choses vont vraiment très mal pour moi en ce moment, tout au moins dans le domaine militaire. L'ennemi profite de sa supériorité, particulièrement en infanterie, pour détruire les formations italiennes une par une ; et les unités allemandes sont bien trop faibles pour rester seules. Il y a de quoi pleurer. »

Le lendemain, 18 juillet, il ajoute :

« La journée d'hier a été particulièrement dure et critique. Nous nous en sommes encore tirés. Mais cela ne peut aller longtemps ainsi, ou bien le front craquera. Militairement, c'est la période la plus difficile que j'aie traversée. Il y a de l'aide en vue naturellement, mais vivrons-nous assez pour la voir arriver ? Je suis, vous le savez, un optimiste impénitent. Il y a pourtant des situations où tout est sombre. Cette période, il est vrai, passera elle aussi. »

21.

Rommel veut croire qu'il peut encore reprendre l'initiative, arrêter les Britanniques de la 8ᵉ armée – Anglais, Indiens, Australiens, Néo-Zélandais, Français Libres.

Dans la nuit du 21 au 22 juillet 1942, les Britanniques se lancent à l'assaut des positions de l'Afrikakorps. Les fantassins sont appuyés par deux centaines de chars. Les Allemands et les Italiens résistent, « usent » les Anglais, font près de 1 400 prisonniers, détruisent 140 chars.

Et Rommel peut adresser un ordre du jour à ses troupes :

« Je vous exprime ma satisfaction à tous pour votre belle conduite au cours de notre défense victorieuse du 22 juillet. J'ai pleine confiance que toute nouvelle attaque de l'ennemi sera reçue de la même manière. »

L'Afrikakorps est toujours face à El-Alamein.

Un calme précaire s'établit.

Rommel parcourt la ligne de front, découvre cette « dépression » d'El-Qattara, sorte de « mer morte » vide, située bien en dessous du niveau de la mer.

« Nos plus gros ennuis prennent fin », répète-t-il à sa « très chère Lu ».

Il veut le croire, se défend contre ceux, au Grand Quartier Général du Führer, ou à Rome dans l'entourage du Duce, qui lui reprochent d'avoir, après la victoire de Tobrouk, lancé l'offensive vers Alexandrie.

« Nous aurions été fous de ne pas bondir sur cette chance unique qui nous était offerte, rétorque-t-il. Si à El-Alamein le succès avait dépendu de la volonté de vaincre de la troupe et de son commandement, nous aurions certainement gagné la partie. Malheureusement, par suite de la désorganisation et de la carence des services de ravitaillement en Europe, nos chances se trouvèrent réduites à néant. »

Il n'hésite plus à critiquer le commandement italien, le dénuement de l'armée de Mussolini, dont l'armement est dérisoire, en qualité et en quantité.

« Les unités sont pratiquement dépourvues d'armes antichars capables de percer les blindages des chars ennemis. »

Par ailleurs, Rommel est scandalisé par la manière dont le soldat italien, « étonnamment frugal et d'une modestie à toute épreuve », est traité par ses officiers.

« Les rations alimentaires sont si insuffisantes que fréquemment les soldats italiens viennent mendier auprès de leurs camarades allemands les nourritures qui leur font défaut.

« Alors que ces soldats doivent se passer de "roulantes", les officiers italiens continuent d'exiger des repas comportant plusieurs plats !

« Beaucoup d'officiers estiment superflu de se montrer pendant la bataille et de donner à leurs hommes l'exemple du courage. »

Mais malgré ce constat critique, Rommel, en cette fin juillet 1942, tire un bilan positif de son offensive. Il n'a pas conquis El-Alamein, mais l'Afrikakorps résiste.

Entre le 26 mai et le 30 juillet 1942, il a capturé 60 000 soldats de l'armée britannique, détruit plus de 2 000 chars et véhicules blindés.

Seulement, les pertes allemandes sont très lourdes et l'Afrikakorps ne peut espérer recevoir des renforts significatifs en hommes et en matériel.

Lucidement, Rommel conclut :

« En bref, après d'importants succès initiaux, la grande bataille du printemps et de l'été 1942 aboutit à une impasse. »

Et puis, il y a l'épuisement.

« Je me réjouis de chaque jour de répit qui m'est accordé, écrit-il le 2 août 1942. Nous avons une quantité de malades. Beaucoup des plus anciens officiers s'effondrent maintenant. Moi-même, je me sens très fatigué, exténué, quoi que j'aie en ce moment la possibilité de m'occuper un peu de ma santé…

« Le maintien sur nos positions d'El-Alamein nous a apporté les plus durs combats que nous avons livrés jusqu'ici en Afrique. Nous sommes tous atteints de diarrhée en ce moment, mais c'est tolérable. Ma jaunisse d'il y a un an était pire. »

Le Feldmarschall Rommel est un optimiste.

22.

Au Caire, en ce début du mois d'août 1942, de Gaulle, penché sur une grande carte de l'Afrique du Nord, de la Tunisie à l'Égypte, du Tchad à la Cyrénaïque, pointe du doigt la position de l'Afrikakorps de Rommel.

De Gaulle interroge du regard le nouveau commandant de la 8e armée britannique, le général Montgomery.

« Si Rommel nous attaque, nous nous battrons à El-Alamein, dit Montgomery. Nous resterons ici, vivants ou morts. »

De Gaulle l'approuve.

Il est temps que les Britanniques comprennent l'importance décisive de l'Afrique.

Il rappelle à Montgomery les actions du général Leclerc qui, après avoir pris l'oasis de Koufra dès le mois de mars 1941 – ce verrou stratégique entre la Cyrénaïque et l'Égypte –, a conquis le Fezzan, lançant à partir du Tchad des colonnes motorisées.

« Elles arrivent par surprise au pied d'un poste italien, l'attaquent, s'en emparent, le détruisent, libèrent les combattants indigènes et font prisonniers les Italiens. »

Et puis il y a eu Bir Hakeim.
« L'ennemi s'était cru vainqueur de la France parce qu'il avait pu, d'abord, rompre sous l'avalanche des moteurs notre armée préparée d'une manière absurde et commandée d'une manière indigne. »
L'ennemi à Bir Hakeim a compris son erreur.
« Les cadavres allemands et italiens qui ont jonché les positions du général Kœnig font présager à l'ennemi de combien de larmes et de combien de sang la France lui fera payer ses outrages. »

Dans les environs du Caire, de Gaulle vient de passer en revue toutes les troupes françaises présentes en Égypte.
« Il s'est établi entre eux et moi, dit-il, un contact, un accord des âmes qui a fait déferler en nous une espèce de vague de joie qui a rendu élastique le sable qu'ont foulé nos pas. »
Montgomery répond qu'il est prêt à accueillir sous ses ordres la 1ère Division légère française libre (1ère DFL). Elle sera équipée et prendra part aux combats.

Enfin !
Les Britanniques prennent acte que, depuis le 14 juillet 1942, la France Libre a choisi comme dénomination « France Combattante ».
De Gaulle veut qu'elle soit présente – fût-ce symboliquement – sur tous les théâtres d'opérations.
Ainsi il a donné l'ordre au sous-marin *Surcouf* – le

plus grand sous-marin du monde – des Forces navales Françaises Libres de gagner le Pacifique afin de participer aux batailles navales qui opposent Américains et Japonais.

Et lors de leur affrontement à Midway, le 3 juin 1942, les Américains ont coulé quatre porte-avions japonais et perdu un seul porte-avions.

C'est le grand tournant de la guerre navale dans le Pacifique.

Et, début de la reconquête, les *Marines* américains débarquent le 6 août 1942 dans l'île de Guadalcanal.

Mais le sous-marin *Surcouf* a disparu corps et biens.

Mais les Anglais, en même temps qu'ils reconnaissent la France Combattante, tentent de prendre partout la place des Français dans ce qui est encore « l'Empire ».

Et de Gaulle défend bec et ongles la souveraineté française à Madagascar, au Levant – de Damas à Beyrouth –, en Afrique.

Il constate que les États-Unis – aux Antilles, en Afrique du Nord, à Alger comme à Marrakech, à Dakar – prennent langue avec les « vichystes », comme si leur souci était d'écarter de Gaulle, de s'appuyer sur les hommes de Pétain et de l'amiral Darlan, pour organiser une « transition » pacifique, de la collaboration avec l'Allemand à la collaboration avec les Américains.

De Gaulle se refuse à accepter cette politique et la combat comme le plus dangereux des périls, non pour lui mais pour la France.

Débarquement à Guadalcanal.

« La démocratie se confond exactement pour moi avec la souveraineté nationale », dit-il.

Et il répète « la libération nationale ne peut être séparée de l'insurrection nationale », cette phrase qui, prononcée à Radio-Londres le 18 avril 1942, a inquiété le président Roosevelt.

N'est-ce pas là le propos d'un « apprenti dictateur » qui révèle son rêve d'un coup d'État ?

En réponse, de Gaulle dit à Churchill – et celui-ci en fera part à Roosevelt :

« Vous pouvez, si vous voulez, me faire coucher à la Tour de Londres, mais vous ne pouvez pas me faire coucher avec Vichy. »

De Gaulle sait que l'opinion publique, en Angleterre comme aux États-Unis, soutient la France Libre parce qu'elle est la France Combattante, présente sur tous les fronts. Les combats de Bir Hakeim ont plus fait pour le rendre légitime que tous les discours.

Le 14 juillet 1942, le défilé militaire des *Free French* a été acclamé par la foule londonienne. En France, dans les villes de la zone libre, la population, suivant une consigne gaulliste lancée par Radio-Londres, a pavoisé, chanté *La Marseillaise*.

« Les drapeaux, c'est la fierté ! Les défilés, c'est l'espoir ! *La Marseillaise,* c'est la fureur. Il nous faut et il nous reste, fierté, espoir, fureur ! », dit de Gaulle.

Aux États-Unis, l'association *France for Ever* organise, ce 14 juillet, une grande réunion en présence du général Pershing. Et de Gaulle dans un message salue ce « grand soldat qui sut faire avec Foch et avec Haig le front unique des Alliés dans la bataille de France », en 1917-1918.

Mais pour consolider la France Combattante, il faut aller plus loin. De Gaulle rencontre Molotov – en visite à Londres –, ministre des Affaires étrangères et collaborateur direct de Staline.

De Gaulle n'a aucune illusion sur les méthodes du gouvernement soviétique. Mais sous la « glace » communiste, il y a la Russie, dont il faut rechercher l'appui pour faire contrepoids aux Anglo-Saxons.

Et Molotov assure de Gaulle des « bonnes intentions » de Staline à propos des divergences entre la France Libre et les États-Unis et la Grande-Bretagne – en Martinique, à Madagascar –, et Molotov soutient de Gaulle.

Ainsi de Gaulle, à l'orée de l'été 1942, a le sentiment que la France Libre se renforce, qu'elle a désormais plusieurs points d'appui – l'opinion anglo-saxonne, la Russie soviétique et, le plus important, la Résistance que Jean Moulin s'efforce toujours de rassembler.

Lorsque, à l'Albert Hall, de Gaulle célèbre le deuxième anniversaire de l'appel du 18 juin, il soulève l'enthousiasme en commentant, dès les premiers mots, cette pensée de Chamfort : « Les raisonnables ont duré. Les passionnés ont vécu ! »

« Je dis que nous sommes des passionnés. Mais en fait de passion, nous n'en avons qu'une, la France ! Je dis que nous sommes des raisonnables. En effet, nous avons choisi la voie la plus dure, mais aussi la plus habile, la voie droite. »

Dans l'assistance, il y a ces jeunes gens qui l'ont rejoint à Londres en juin 1940, et parmi eux, ceux qui, comme Daniel Cordier, vont être parachutés en France pour assumer, dans la clandestinité et le risque majeur, les tâches d'organisation de la Résistance.

Loin de l'Albert Hall, il y a ceux qui écoutent le discours dans les camps militaires de la 8e armée britannique proches d'El-Alamein, tels Yves Guéna et Pierre Messmer, et qui sont bouleversés lorsque de Gaulle déclare :

« Invinciblement, la France Combattante émerge de l'océan : quand, à Bir Hakeim, un rayon de gloire renaissante est venu caresser le front sanglant de ses soldats, le monde a reconnu la France. »

« Nous admirions de Gaulle, confie Daniel Cordier,

avec une affection – pourquoi ne pas le dire ? – que nous aurions eu honte d'avouer. »

Mais comment dissimuler son émotion quand en conclusion de son discours de Gaulle déclare :

« Puisque la France a fait entendre sa volonté de triompher, il n'y aura jamais pour nous ni doute, ni lassitude, ni renoncement. Unis pour combattre, nous irons jusqu'au bout de notre devoir envers elle, nous irons jusqu'au bout de la libération nationale.

« Alors notre tâche finie, notre rôle effacé, après tous ceux qui l'ont servie depuis l'aurore de son Histoire, avant tous ceux qui la serviront dans son éternel avenir, nous dirons à la France, simplement, comme Péguy :

« "Mère, voyez vos fils qui se sont tant battus." »

23.

De Gaulle, en ce deuxième anniversaire de son appel du 18 juin 1940, est porté par l'enthousiasme, la passion et la communion patriotiques.

Sa prophétie se réalise : « Quoi qu'il arrive, la flamme de la résistance ne doit pas s'éteindre et ne s'éteindra pas. »

Pétain, au contraire, qui s'adresse au pays le 17 juin 1942, ne peut que constater que, deux ans après avoir sollicité de l'« adversaire » l'armistice, son grand dessein de Révolution nationale n'est qu'un assemblage de mots sonores.

« Dans cette succession d'espoirs, d'échecs, de sacrifices, de déceptions qui marquèrent les deux premières années de l'armistice… moi, responsable de la vie physique et morale de la France, je ne me dissimule point la faiblesse des échos qu'ont rencontrés mes appels. »

On devine son désarroi, son isolement. Il remet à ses visiteurs une photo le représentant à cheval, devant l'Arc de triomphe, le 14 juillet 1919.

Ainsi, recevant Jérôme Carcopino, l'historien de la

Rome antique qui fut un temps son secrétaire d'État à l'Éducation, il murmure :

« Carcopino, je ne vous ai jamais offert de photo. C'est un oubli que je tiens à réparer. Mais, à vous, Carcopino, je m'en voudrais d'offrir l'effigie du Pétain de 42. C'est l'image du Pétain de 19 que je souhaite que vous conserviez en souvenir de moi. » Depuis que, cédant aux Allemands, le Maréchal a accepté de désigner Pierre Laval comme chef du gouvernement, il est isolé.

La plupart de ses collaborateurs personnels ont quitté Vichy, « ses » ministres ont été remplacés.

Pétain et Laval à Vichy en 1942.

Un de ses fidèles, encore ministre d'État – Lucien Romier –, se lamente. « La situation est très grave, le Maréchal est absolument seul... Je suis tout seul, je suis malade, l'influence de Laval s'exerce dans des conditions pressantes. »

Laval se moque des hésitations du « Vieux ». Il renvoie ses émissaires venus présenter les changements d'opinion du Maréchal.

« Ah, il a encore changé d'avis, foutez-moi la paix ! » répond Laval.

L'un de ses hommes de main, Marion, secrétaire d'État chargé de l'Information, confie :

« Laval arrive à ce que le Vieux soit toujours d'accord avec lui : il sait y mettre le temps ! »

En fait, Laval gouverne seul, imposant ses décisions à Pétain et aux ministres, parce qu'il a l'appui des Allemands.

« Il n'y a que Laval qui soit ministre, dit l'un des membres du gouvernement. Nous ne sommes que ses commis, que ses secrétaires. Nous exécutons. »

Laval s'appuie sur quelques hommes.

D'abord Abel Bonnard, l'académicien chargé de l'Éducation nationale, fasciné par Doriot, par la virilité des nazis.

Le Maréchal maugrée :

« C'est une honte de confier la jeunesse à la Gestapette », dit-il.

Mais Laval apprécie cet « académicien de choc » qui, abandonnant les salons raffinés, recherche les acclamations des fidèles de Doriot.

Il y a Bichelonne, le polytechnicien brillant, responsable de la Production industrielle, et qui croit toujours à la victoire de l'Allemagne. Et donc, « il faut collaborer » avec elle.

Il y a René Bousquet, qui fut en 1940, à trente et un ans, le plus jeune préfet de France, nommé secrétaire général de la police. C'est un « technicien » cynique et ambitieux qui « collabore » pleinement avec les autorités allemandes – Oberg, Knochen –, qui côtoie dans le gouvernement Laval d'anciens socialistes, tels Lagardelle ou Max Bonnafous, agrégé de philosophie et responsable du ravitaillement.

L'essayiste Benoist-Méchin – que Pétain a refusé comme secrétaire d'État aux Affaires étrangères – est attaché à la personne du chef du gouvernement.

Mais qu'est-ce que gouverner quand la botte nazie écrase la gorge de la nation ?

Depuis que Pierre Laval, le 19 avril 1942, est à nouveau au pouvoir, dix-sept mois après avoir été chassé du gouvernement par Pétain, les Allemands ne respectent plus, en fait, la division entre « zone occupée » et « zone libre ».

Pétain a capitulé, ses proches ont été chassés. Certes le Maréchal a proclamé dès le 19 avril :

« Aujourd'hui, dans un moment aussi décisif que celui de juin 1940, je me retrouve avec M. Pierre Laval pour reprendre l'œuvre nationale et d'organisation européenne dont nous avions ensemble jeté les bases… Français, le nouveau gouvernement nous donnera de nouveaux motifs de croire et d'espérer. »

Mais les Français de la zone libre constatent que la police allemande procède à des arrestations dans cette zone.

Que Laval livre à la Gestapo des antinazis allemands internés dans les camps de la zone libre.

Que des milliers de Juifs étrangers sont raflés et expédiés par « trains spéciaux » vers des camps de la zone occupée ainsi qu'à Drancy.

Que des enfants de 2 à 12 ans sont envoyés au camp de Pithiviers où ils sont séparés de leurs parents.

Et des témoins rapportent que, dans ce camp, les enfants hurlent de terreur quand on les embarque de force pour les déporter vers ces camps de Pologne où l'on n'ose imaginer quel sera leur sort.

Ce sont les hommes de Darnand qui, en zone libre, organisent les rafles. Les membres du Service d'ordre légionnaire saccagent ainsi, à Nice, la synagogue.

On pousse dans des wagons hommes, femmes, enfants, vieillards, malades, infirmes… Ils sont parqués sur la paille humide d'urine.

« Le spectacle de ce train impressionne fortement et défavorablement les populations françaises non juives qui le voient dans les gares en particulier », écrit dans son rapport un capitaine de gendarmerie.

Que dire des convois d'enfants qui roulent vers Auschwitz ? Crime et abjection.

Les quelques libertés qui subsistaient en zone libre sont supprimées : les journaux suisses sont interdits, les films anglais et américains sont retirés des écrans.

Que peuvent les mots de Pétain devant ces réalités ?

Il est conscient de son impuissance. Dans ce discours du 17 juin 1942, il ne cherche même plus à convaincre, à entraîner, mais à se justifier de sa voix larmoyante :

« Chassez le doute de vos âmes, mes chers amis, si vous le pouvez, l'acerbe critique. Pensez au chef qui vous aime et qui pour vous se tient encore debout sous l'orage. Il voudrait, pour vous, faire plus encore. Puisse-t-il au moins, en ce second anniversaire de l'une des dates les plus cruelles de notre histoire, vous faire partager la grande espérance qui l'anime toujours et dont il demande à Dieu qu'il la réalise même après sa mort pour le salut de notre pays. »

Lorsqu'il a achevé son discours, il murmure : « Je suis plus à plaindre que d'autres, dit-il, mais je mets mon amour-propre à ne jamais me plaindre. »

Laval méprise les jérémiades du « Vieux » qui s'apitoie sur lui-même et implore les Français.

La situation est simple. C'est une lutte à mort qui se joue en Russie.

Laval veut le dire au moment où, pour tous ceux qui songent à être du côté du vainqueur, il devient « raisonnable de croire à la défaite nazie ».

Les dominions britanniques, les États-Unis et même le Brésil déclarent la guerre aux alliés de l'Allemagne et de l'Italie. La Royal Air Force écrase l'Allemagne et les régions industrielles françaises sous des milliers de tonnes de bombes.

Et cependant, Laval continue de croire à la victoire allemande.

En Russie, depuis le mois de mai 1942, l'offensive de la Wehrmacht annonce un déferlement des panzers durant l'été. Hitler vise Stalingrad et Leningrad, et Moscou tombera comme un fruit pourri.

L'enjeu est immense : Laval l'analyse dès son retour au pouvoir en avril 1942.

« Nous voilà placés devant cette alternative, dit-il : ou bien nous intégrer, notre honneur et nos intérêts vitaux étant respectés, dans une Europe nouvelle et pacifiée… Ou bien nous résigner à voir disparaître notre civilisation. »

Le 13 mai 1942, Laval écrit une longue lettre au ministre des Affaires étrangères du Reich, Ribbentrop.

« Vous connaissez mes vues sur les relations que je désire voir s'établir entre nos deux pays, écrit Laval. Les Français savent que je veux rechercher et épuiser tous les moyens d'arriver à une réconciliation et à une entente étroite avec l'Allemagne. Afin de protéger l'Europe d'une bolchevisation qui détruirait notre culture jusque dans ses bases, l'Allemagne s'est préparée à une lutte gigantesque. Le sang de sa jeunesse va couler.

« Je souhaite, en conséquence, que des Français aussi nombreux que possible prennent dans vos usines la place de ceux qui partent pour le front de l'Est… »

« Sang allemand, travail français », résumera Laval.

Il répond ainsi aux demandes allemandes de main-d'œuvre, au Service du Travail Obligatoire (STO) que le ministre allemand Sauckel veut instituer.

Avec son habileté de politicien roué, Laval choisit le terme de « relève ». Des prisonniers français seront rapatriés, « relevés » par de jeunes travailleurs français.

En même temps, Laval propose de transformer la Légion des volontaires français contre le bolchevisme en Légion tricolore.

« Il serait possible d'en augmenter les effectifs », précise Laval à Ribbentrop. Et à ces volontaires le gouvernement français « donnerait l'assurance que leurs intérêts personnels et ceux des membres de leurs familles seraient protégés avec équité.

« Je prie Votre Excellence de bien vouloir soumettre cette lettre au Führer comme témoignage de la sincérité du gouvernement français. »

Ribbentrop prend bonne note des intentions de Laval, mais, précise le ministre, « le gouvernement du Reich ne se laisse pas influencer par des espoirs et des assurances, mais exclusivement par les actes de la politique française ».

Laval veut et doit donc aller plus loin. Il prépare pour le lundi 22 juin 1942 un discours où il affirmera qu'il « croit et souhaite la victoire de l'Allemagne ».

Ses proches s'inquiètent d'un tel propos, une provocation.

« Je sais, répond Laval, que mes paroles vont faire aux Français l'effet de l'acide sulfurique sur des blessures, mais je les pense.

— Vous ne pouvez pas prononcer un discours pareil sans le soumettre au Maréchal, lui dit-on. »

Laval bougonne, hausse

Pierre Laval.

210

les épaules, se rend chez le Maréchal et lui lit son discours.

Pétain hoche la tête.

« Vous n'avez pas le droit de dire "je crois à la victoire de l'Allemagne" », marmonne-t-il.

Laval est déjà prêt à élever la voix quand Pétain ajoute : « Non, vous n'avez pas le droit de dire "je crois", vous n'êtes pas militaire, donc vous ne pouvez pas faire de pronostic sur l'issue du conflit, vous n'en savez rien. » Laval raye aussitôt le « je crois » de son discours.

Il parlera à la radio le lundi 22 juin 1942.

« Je voudrais que les Français sachent monter assez haut pour se mettre au niveau des événements que nous vivons, commence-t-il.

« C'est peut-être l'une des heures les plus émouvantes qui se soient inscrites dans l'histoire de notre pays.

« Nous avons eu tort en 1939 de faire la guerre.

« Nous avons eu tort en 1918, au lendemain de la victoire, de ne pas organiser une paix d'entente avec l'Allemagne…

« J'ai la volonté de rétablir avec l'Allemagne et avec l'Italie des relations normales et confiantes.

« De cette guerre surgira inévitablement une nouvelle Europe…

« Pour moi, Français, je voudrais que demain nous puissions aimer une Europe dans laquelle la France aurait une place qui serait digne d'elle.

« Pour construire cette Europe, l'Allemagne est en train de livrer des combats gigantesques. Elle doit, avec d'autres, consentir d'immenses sacrifices et elle ne ménage pas le sang de sa jeunesse. Pour la jeter dans la bataille, elle va la chercher à l'usine et aux champs.

« Je souhaite la victoire de l'Allemagne parce que, sans elle, le bolchevisme, demain, s'installerait partout. »

Il évoque ensuite la Relève.

« Ouvriers de France ! C'est pour la libération des prisonniers que vous allez travailler en Allemagne ! C'est pour notre pays que vous irez en grand nombre ! C'est pour permettre à la France de trouver sa place dans la nouvelle Europe que vous répondrez à mon appel…

« La reconnaissance de la nation montera vers vous.

« Français, conclut Laval, un grand soldat, dont toute la vie est un exemple de sacrifices et de discipline, préside aux destinées de notre patrie.

« Je vous parle ce soir en son nom.

« Le Maréchal vous dirait que la France n'a jamais laissé l'Histoire se faire sans elle et qu'on ne remonte des abîmes du malheur que par les sentiers du courage. »

Mensonge de Laval – ou demi-vérité – puisque le Maréchal a entendu le discours avant qu'il soit prononcé à la radio, et qu'il a suggéré de modifier « la phrase ». Laval s'est incliné et Pétain n'a pas interdit à « son » chef du gouvernement de parler.

Mais Pétain, écoutant le discours radiodiffusé, est atterré. Il se refuse à accorder son patronage à la Relève.

Le 26 juin 1942, le cabinet du Maréchal fait arrêter

l'impression d'une affiche invitant les ouvriers à se rendre en Allemagne, et comportant une phrase du Maréchal.

En fait, les deux hommes sont désormais associés dans une collaboration qui « souhaite la victoire de l'Allemagne ». Et c'est la seule phrase du discours que l'on retient.

Le journaliste Pierre Limagne note dans ses *Éphémérides,* à la date du 22 juin :

« En entendant cette déclaration, les Français ont vu rouge ; si bien qu'ils ne remarquèrent pas combien la formule "je souhaite" manquait d'assurance. Et quand la musique a attaqué *La Marseillaise,* chacun s'est précipité sur son poste de radio pour tourner le bouton et ne pas laisser notre hymne national accompagner tant d'ignominie. »

C'est un sentiment de mépris qu'éprouvent les Français, à l'exclusion d'une poignée. Dans l'entourage de Pétain, on est scandalisé parce que Laval a prétendu parler au nom du Maréchal.

Le général Serrigny dit au Maréchal que les Parisiens siffleraient le chef de l'État s'il se rendait dans la capitale[1].

Le rejet de Laval est d'autant plus vif que les émissions de Radio-Londres – et ce dès le 22 juin, à

---

1. En 1944, la visite de Pétain à Paris fut un triomphe, quelques jours avant la Libération.

21 h 25 – prennent Laval – et sa politique de Relève – pour cible.

L'émission « Honneur et patrie » « condamne » Laval à mort.

On y entend la chronique suivante :

« "Je souhaite la victoire de l'Allemagne."

« Avant même d'avoir prononcé cette phrase, Laval s'était exclu de la France.

« Avant même d'avoir prononcé cette phrase, Laval s'était condamné à mort.

« Pourquoi donc son discours de tout à l'heure sonnait-il à toutes les oreilles françaises comme une circonstance aggravante ?

« Sans doute parce que, jusqu'à présent, on n'avait jamais vu dans l'Histoire un Judas doublé d'un maître chanteur et triplé d'un négrier. »

Et Georges Boris, le socialiste proche de Blum, ajoute que « ces deux mots, Laval, négrier, sont désormais inséparables ».

Les voix de la France Libre dénoncent la « rafle des ouvriers de France au profit des ennemis de la France » qui se prépare.

On prétend que Laval a préparé les décrets sur le travail obligatoire en accord avec les Allemands et que Pétain les a contresignés.

La Relève qui devait susciter un élan est stigmatisée.

« Chaque travailleur français partant pour le Reich se constitue prisonnier civil, répète Radio-Londres.

« Femmes de France, prenez garde ! Le négrier convoite vos hommes. »

24.

Négrier, Laval ?

Les attaques de Radio-Londres, des journaux clandestins de la Résistance, la réprobation qu'il suscite dans l'entourage du « Vieux », la haine qu'il sent monter, loin de semer le doute en lui, le confortent dans sa résolution.

Il imagine être l'habile qui donne aux Allemands les mots qu'ils attendent.

Il s'installe dans le rôle de leur unique interlocuteur. Qui d'autre que lui aurait osé prononcer cette phrase : « Je souhaite la victoire de l'Allemagne » ?

Doriot, Déat, sans aucun doute. Des intellectuels comme Brasillach, certainement, mais ce n'étaient pas de vrais « politiques », lui seul, ancien ministre et président du Conseil de la IIIe République, et maintenant chef du gouvernement, a l'autorité nécessaire.

Il est le seul qui sait domestiquer le Vieux.

Il est persuadé que se joue sur le front russe le sort de la civilisation européenne, parce que le grand péril, la vraie barbarie, c'est le bolchevisme et non le nazisme. C'est cela qu'on cache.

Laval répète lorsqu'on lui communique le texte des émissions de Radio-Londres.

« Ils n'osent pas me citer totalement. Ils ne disent jamais que "je souhaite la victoire de l'Allemagne" *parce que sans elle* le bolchevisme demain s'installerait partout. »

Et Churchill, Roosevelt, et même la plus grande partie des chefs de la Résistance, ont été des anticommunistes et le sont encore.

Voilà quelle est sa carte maîtresse. Il anticipe le retournement des alliances. Il sera, dans quelques mois, au centre du jeu ! Il aura bien servi la France. Il faut tenir bon jusque-là.

Mais Laval se trompe.

L'heure n'est plus – ou n'est pas encore – à l'antibolchevisme, mais à l'unité de tous ceux qui veulent la défaite du nazisme, cette barbarie exterminatrice !

Et l'Angleterre de l'anticommuniste historique, Churchill, signe un traité d'alliance avec l'URSS et Joseph Staline devient *Uncle Joe.*

En France, cette nécessité d'une entente de tous les « résistants » quelles que soient leurs origines s'impose, en dépit de la méfiance que suscite le parti communiste.

Rémy, le chef du réseau *Confrérie Notre-Dame,* l'un des premiers et des plus efficaces agents secrets de la France Libre – homme de droite –, prend contact avec l'un des chefs des Francs-Tireurs et Partisans français, l'organisation militaire du parti communiste.

Claude Bourdet, fondateur avec Henri Fresnay de *Combat,* homme de gauche, mais sans illusions sur les stratégies communistes, déclare, quand on lui indique que l'un des responsables de *Combat* – Marcel

Degliame – chargé du milieu ouvrier est peut-être un communiste « sous-marin » du parti :

« Qu'il fût ou non communiste m'importe peu ; nous n'avons besoin entre nous que d'un consensus politique moyen, et l'éventail comprend naturellement les communistes, à condition qu'ils veuillent s'engager chez nous. »

Et le Comité national de la France Libre, lorsqu'il s'agit d'organiser des manifestations ouvrières le 1er mai 1942, communique aux différents chefs de réseau :

« Jugeons important que le 1er mai ait caractère unanimité nationale donc participation active communiste. Proposons comme mot d'ordre : lutte contre la faim, contre la misère, contre la servitude. »

Dans ce climat de guerre patriotique et d'« union sacrée » – même si chacun des participants soupçonne l'autre d'arrière-pensées… mais on verra après la Libération –, que pèse la menace du bolchevisme invoquée par Pierre Laval ?

Au moment où les Russes résistent aux offensives allemandes de ce printemps et de cet été 1942 où, en France, des communistes sont fusillés par dizaines pour leurs activités de sabotage et leurs attentats, l'antibolchevisme et l'anticommunisme apparaissent comme les stigmates de la collaboration, les preuves que Pierre Laval est le complice servile des nazis : Judas et négrier.

Mais dès le 23 juin 1942, au lendemain du discours de Pierre Laval, une déclaration du général de Gaulle publiée, en France, dans les journaux clandestins, semble lui répondre alors qu'elle a été écrite des semaines avant que Laval ne parle.

Une fois de plus, de Gaulle a anticipé.

« Les derniers voiles sous lesquels l'ennemi et la trahison opéraient contre la France sont désormais déchirés, écrit-il. L'enjeu de cette guerre est clair pour tous les Français : c'est l'indépendance ou l'esclavage. »

Ceux qui lisent *Combat, Libération* et d'autres journaux clandestins, tirés à des dizaines de milliers d'exemplaires, découvrent une condamnation de la Relève, une fureur patriotique qui dessine un « projet » pour la France libérée.

Les condamnations de Pétain et de Laval, de la collaboration, sont sans équivoque ; mais s'y ajoute une critique implacable de la IIIe République.

« Un régime moral, social, politique, économique, a abdiqué dans la défaite après s'être lui-même paralysé dans la licence. Un autre sorti d'une criminelle capitulation s'exalte en pouvoir personnel. Le peuple français les condamne tous les deux.

« Tandis qu'il s'unit pour la victoire, il s'assemble pour une révolution. »

Le mot est lancé. Il porte « désir et espérance », il affirme les buts de guerre du peuple français.

« Nous voulons que tout ce qui appartient à la nation française revienne en sa possession… Nous voulons que tout ce qui a porté et tout ce qui porte atteinte aux droits, aux intérêts, à l'honneur de la nation française soit châtié et aboli… Nous voulons que les Français puissent vivre dans la sécurité… Nous voulons que l'organisation mécanique des masses humaines que l'ennemi a réalisée, au mépris de toute religion, de toute morale, de toute charité, sous prétexte d'être assez fort pour pouvoir opprimer les autres, soit définitivement abolie...

« Liberté, justice, droit des gens à disposer d'eux-mêmes, telles seront les couleurs de la victoire française et humaine. »

Et « Nous vaincrons ! » conclut de Gaulle.

La Résistance – communiste compris – en ce printemps et cet été 1942 commence à se rassembler autour de lui. Et c'est le fruit du travail de l'« unificateur », Rex, Max, Jean Moulin.

Il parcourt la zone Sud. Il relaie les consignes diffusées par Radio-Londres appelant à manifester le 1er mai et le 14 juillet 1942.

« Pavoisez vos maisons... Promenez-vous l'après-midi dans les grandes artères de nos villes en arborant les trois couleurs. Le soir, à 18 h 30, rassemblez-vous en grand nombre et manifestez ! »

Dans toute la zone non occupée – à Lyon, à Grenoble, à Vienne, à Toulouse, à Marseille, à Lons-le-Saulnier, et même à Nice, la ville de Joseph Darnand, des dizaines de milliers de manifestants se rassemblent.

À Marseille, les gangsters Carbone et Spirito – les hommes de main du maire Sabiani lié au milieu – tirent sur la foule, tuant deux femmes et blessant plusieurs manifestants. Le 14 juillet 1942 devient ainsi, par ces manifestations et les attentats qui sont perpétrés en zone occupée, le moment le plus fort depuis l'armistice de juin 1940.

Dans les camps d'internement en France comme à l'étranger, on célèbre la « prise de la Bastille », on chante *La Marseillaise*. En Espagne, au camp Miranda de Ebra, où sont enfermés tous ceux qui ont franchi les Pyrénées, dans l'espoir de gagner l'Angleterre, on entoure les Français détenus, on les fête, on brandit des drapeaux tricolores. On crie « Vive la France, vive les Français ! ».

Dans la zone occupée, les attentats se multiplient, provoquant déraillements, destructions de wagons, de locomotives.

Les FTP attaquent des détachements d'Allemands à la grenade, tuent des « recruteurs » d'ouvriers pour la Relève.

Les représailles sont lourdes, impitoyables : chaque jour tombent des « otages », des « terroristes ».

La plupart sont fusillés, certains décapités.

« Imbéciles, c'est pour vous que je meurs », lance au peloton d'exécution l'un de ces « terroristes », Valentin Feldman.

Karl Oberg.

Le général SS Karl Oberg, chef de la police, est décidé à briser par une répression sauvage ces mouvements « terroristes » qui veulent transformer la France en terre d'insécurité pour la Wehrmacht.

Le 10 juillet 1942, le

général Oberg signe le texte d'une affiche apposée sur les murs de Paris.

Désormais, si les auteurs d'attentats, les saboteurs et les fauteurs de troubles qui ont été identifiés ne se présentent pas *dans les huit jours* à un service de police allemand ou français, les peines suivantes seront appliquées :

« 1) Tous les proches parents masculins en ligne ascendante et descendante, ainsi que les beaux-frères et cousins à partir de 18 ans seront fusillés.

« 2) Toutes les femmes du même degré de parenté seront condamnées aux travaux forcés.

« 3) Tous les enfants, jusqu'à 17 ans révolus, des hommes et des femmes frappés par ces mesures seront remis à une maison d'éducation surveillée. »

25.

En ce printemps et cet été 1942, rares sont les passants qui à Paris – et il en va de même dans les autres villes européennes occupées par les nazis – s'arrêtent devant les affiches apposées par les autorités allemandes.

Elles menacent. Elles dressent des listes de condamnés à mort – 93 en France, en un seul jour, le 12 août 1942.

Les passants accélèrent le pas, détournent la tête.

La police, faisant respecter l'ordre allemand, arrête, souvent au hasard, ceux qu'elle soupçonne d'arracher des lambeaux de ces affiches gorgées de sang ou d'y tracer quelques mots.

« Vive de Gaulle ! » et « Vive la France ! ».

Ou bien d'y dessiner un V, annonçant la Victoire, ou une croix de Lorraine, et parfois une faucille et un marteau – Vive l'URSS ! –, et aussi une étoile de David.

On sait ce qu'il en coûte d'être accusé de « saboter » les affiches signées à Paris par le général SS Karl

Oberg, ou le général Stulpnagel. Il en est de même partout dans les pays occupés.

Les masques sont tombés en ce printemps et cet été 1942.

Chacun se sent menacé.

On rafle dans la rue. Les jeunes hommes sont ainsi requis d'office pour aller travailler en Allemagne, puisque la Relève imaginée par Laval est un échec.

Le « négrier » ne peut fournir assez de « chair » au ministre du Reich Sauckel qui exige plusieurs centaines de milliers de *volontaires* et l'application du Service du travail obligatoire.

On interpelle dans le métro, à Paris, on fouille.

On arrête les Juifs qui ne portent pas l'étoile jaune, qui depuis le 6 juin 1942 est obligatoire dans la zone occupée, alors que le gouvernement de Vichy refuse de l'imposer en zone libre.

Mais il livre les « Juifs apatrides », autorise des centaines de policiers allemands à pénétrer en zone libre, à arrêter qui bon leur semble, Juifs apatrides ou français, résistants, radios qui transmettent à Londres les renseignements recueillis par les réseaux de la Résistance.

Les masques tombent, le gouvernement de Vichy est réduit à ne plus être que l'auxiliaire actif de l'occupant.

Sa collaboration avec les nazis est indispensable à ces derniers.

Le général Oberg sait bien qu'il ne dispose pas d'assez d'hommes pour identifier, arrêter, déporter les Juifs que Himmler, appliquant la « solution finale », lui réclame. Oberg ne veut pas non plus que les rafles et les déportations provoquent des mouvements de révolte dans la population française. Il ne peut pas traiter Paris comme Varsovie ou Kiev.

Et il n'est pas possible de déplacer des divisions engagées sur le front de l'Est pour maintenir ou rétablir l'ordre en France.

Heureusement, le jeune et ambitieux secrétaire général de la police française, René Bousquet, est décidé à collaborer, à la condition que les autorités françaises aient la maîtrise des opérations.

Bousquet veut ainsi marquer que la France est souveraine, même en zone occupée.

Il explique au général SS Oberg que la préfecture de police de Paris a établi un fichier des Juifs apatrides comportant 28 000 noms et adresses.

Qu'il peut mettre en œuvre près de 9 000 hommes, policiers, gendarmes, auxquels viendront s'ajouter les jeunes « chemises bleues » du Parti populaire français de Doriot.

Une « grande rafle » est fixée au 16 juillet 1942, après qu'on a renoncé à la date du 14... jour de fête nationale et républicaine.

Les Juifs, quels que soient leur sexe, leur âge, leur état – infirmes, grabataires, vieillards, malades, jeunes enfants –, seront arrêtés à l'aube, embarqués dans des autobus parisiens, rassemblés au Vélodrome d'hiver, puis, de là, expédiés au camp d'internement de Drancy.

Les parents et les enfants seront dirigés vers les camps de Pithiviers et de Beaune-la-Rolande. Là, les enfants seront séparés de leurs parents et dirigés vers...

Vers quoi ? L'Est ? La Pologne ?

Le 1er juillet 1942, dans l'émission de Radio-Londres « Les Français parlent aux Français », le journaliste Jean Marin a révélé qu'en Pologne, les Allemands ont abattu, souvent à la mitrailleuse, hommes, femmes et enfants polonais, qu'ils ont rassemblé les Juifs dans des ghettos, avant de les massacrer.

Il ajoute :

« Les Allemands utilisent pour cela des chambres à gaz qu'on appelle, même en Allemagne, les chambres de Hitler. »

La « grande rafle » du 16 juillet se déroule dans le calme ; quelques suicides, des hurlements. Mais au lieu d'arrêter les 28 000 Juifs du fichier de la préfecture de police, les policiers français ne peuvent se saisir que de 3 031 hommes, 5 802 femmes et 4 051 enfants, soit 12 884 personnes.

Les autres – près de 15 000 – ont pu fuir, se cacher après avoir été prévenus dans les jours ou les heures qui ont précédé la grande rafle.

« Hier, écrit l'écrivain Ernst Jünger, officier de l'armée d'occupation à Paris, un grand nombre de Juifs ont été arrêtés ici pour être déportés. On a séparé d'abord les parents de leurs enfants, si bien qu'on a pu entendre leurs cris dans les rues. »

Ces enfants seront entassés dans des wagons, et dirigés vers…

On ne dit pas Auschwitz – que précisément en ce mois de juillet Himmler vient de visiter, pour juger de l'efficacité de l'extermination –, on dit l'Est…

On pense « vers la mort ».

Visite d'Himmler à Auschwitz en juillet 1942.

« J'ai vu passer un train, écrit Édith Thomas, dans la publication clandestine *Les Lettres françaises*.

« En tête, un wagon contenait des gendarmes français et des soldats allemands. Puis venaient des wagons à bestiaux, plombés. Des bras maigres d'enfants se cramponnaient aux barreaux. Une main au-dehors s'agitait comme une feuille dans la tempête.

« Quand le train a ralenti, des voix ont crié "maman" ! Rien n'a répondu que le grincement des essieux…

« La vérité : les étoiles sur les poitrines, l'arrachement des enfants aux mères, les hommes qu'on fusille, chaque jour, la dégradation méthodique de tout un peuple. La vérité est interdite : il faut la crier. »

Les catholiques qui rédigent *Les Cahiers du Témoignage chrétien* – clandestins – ont, dès le mois de mai 1942, stigmatisé « ces antisémites qui interprètent le silence forcé de la nation comme un acte d'acquiescement. Français et chrétiens, nous venons rompre solennellement le silence… La France tout court n'entend pas être complice ».

Mais Pierre Laval prévient le nonce apostolique Mgr Rocco que « si le clergé venait à donner asile aux Juifs destinés à la déportation dans les églises ou des monastères, il n'hésiterait pas à les en faire sortir à l'aide de la police ».

Au pasteur Boegner qui vient exprimer son indignation, Laval répond qu'il « fait de la prophylaxie » et qu'il n'admet pas que restent en France des Juifs étrangers, pas même des enfants.

« J'ai insisté, dit le pasteur Boegner, pour que soient confiés aux œuvres qualifiées les enfants… Mais Laval veut leur départ. »

Ces faits, le régime de Vichy cherche à les dissimuler.

Il veille à ce que les rafles, les déportations se déroulent à l'aube, derrière les barrages des forces de police.

Mais on entend les cris des enfants, on assiste à des tentatives de fuite, on recueille ceux des Juifs qui ont réussi à échapper à leurs poursuivants, on écoute avec effroi et indignation les récits des infirmières et des médecins qui ont pu pénétrer dans le Vélodrome d'hiver, dans les camps d'internement.

Des cheminots parlent, évoquent les trains de la honte et de la mort qui quittent les gares proches de

Drancy, de Compiègne, de Pithiviers, pour aller où ? vers quel massacre ?

Ainsi, en cet été 1942, la rupture s'accomplit-elle entre l'opinion française et Vichy.

Radio-Londres – la BBC – reprend et diffuse ces informations, ces témoignages dans le programme « Les Français parlent aux Français ».

« On sait aujourd'hui que les nazis ont introduit en France – terre classique de la liberté, pays fameux par une tradition de dignité et de générosité – l'ignoble pogrom, entend-on lors de l'émission du 8 août 1942. Qui ne connaît la réputation sinistre des camps de concentration de Drancy, Compiègne, du Vélodrome d'hiver ? C'est là que par des arrestations arbitraires les Allemands envoient les Juifs à l'isolement depuis des mois !

« Mais les Allemands viennent de faire mieux : ce n'est plus individuellement qu'on a arrêté les Juifs, mais en masse ; on a enfermé des femmes et des enfants au Vélodrome d'hiver. On a séparé brutalement des hommes de leur famille pour les expédier vers des camps de concentration d'abord, et de là vers les terres d'exil de Pologne ou de Russie. »

La presse clandestine de la Résistance – ainsi les journaux *Combat, Franc-Tireur,* mais aussi *L'Humanité clandestine,* l'organe du parti communiste – révèle de nouveaux faits accablants pour le régime de Vichy.

« Les horreurs déferlent sur la zone dite libre, peut-on lire dans *Franc-Tireur,* en août 1942.

« À Lyon, Toulouse, Marseille, Nice, Montélimar, dans les bourgs et les villages de tous les départements, la population française indignée a été témoin de scènes infâmes et déchirantes : la battue des malheureux réfugiés israélites que Vichy livre aux bourreaux hitlériens. Des vieillards de soixante ans, des femmes et des malheureux gosses ont été avec les hommes empilés dans des trains qui partent vers le Reich et vers la mort. C'est dans notre patrie que cette abjection se passe ! Vichy semble s'acharner à déshonorer la France. »

Laval est interpellé par le chargé d'affaires américain à Vichy qui s'indigne de l'attitude de la police française. Elle traque les Juifs « étrangers » et les livre aux Allemands.

Laval répond, sarcastique, que les États-Unis n'ont qu'à recueillir ces « indésirables qui se livrent au marché noir, à la propagande gaulliste et communiste ».

Mais Laval refuse, comme l'y invite le diplomate américain, de faire une demande officielle d'asile aux États-Unis pour ces Juifs pourchassés, voués à la mort.

Car désormais, même si on ne se l'avoue pas, on *sait,* au fond de soi, que l'est de l'Europe, vers où l'on dirige les Juifs arrêtés en France, est la terre du Grand Massacre.

Les autorités catholiques s'émeuvent.

À Vichy même, à l'église Saint-Louis, le révérend père Dillard, un dimanche de juin 1942, devant les dignitaires du régime, invite les fidèles à prier non seulement pour les prisonniers de guerre, mais aussi pour les 80 000 Français que l'on bafoue en leur faisant porter une étoile jaune.

On contraindra bientôt le père Dillard à quitter Saint-

Louis de Vichy, et il sera plus tard déporté au camp de Dachau où il mourra.

L'assemblée des cardinaux et archevêques réunie à Paris en juillet 1942 adresse une supplique au Maréchal : « Nous ne pouvons étouffer le cri de notre conscience... » Les termes sont pesés, le mot Juif n'est pas écrit. Les ecclésiastiques demandent que soient respectées les exigences « de la justice et de la charité ».

Ce sont Mgr Saliège, archevêque de Toulouse, et Mgr Théas de Montauban qui, dans leurs lettres pastorales, ont, en dépit des pressions exercées par les préfets de Pétain, le courage de « nommer » et de « décrire » l'horreur.

Mgr Saliège, le dimanche 30 août 1942, fait lire en chaire, dans toutes les églises du diocèse, une lettre vibrante.

« Que des enfants, que des femmes, des pères et des mères soient traités comme un vil troupeau ; que des membres d'une même famille soient séparés les uns des autres et embarqués pour une destination inconnue, il était réservé à notre temps de voir ce triste spectacle.

Mgr Saliège.

« Notre Dame, priez pour la France !

« Dans notre diocèse, des scènes d'épouvante ont lieu dans les camps de Noé et de Récébédou.

« Les Juifs sont des hommes. Les Juives sont des femmes. Les étrangers sont des hommes. Les étrangères sont des femmes. Tout n'est pas permis contre eux, contre ces hommes, contre ces femmes, contre ces pères et mères de famille. Ils font partie du genre humain comme tant d'autres. Un chrétien ne peut l'oublier.

« France, patrie bien-aimée, France qui porte dans la conscience de tous tes enfants la tradition du respect de la personne humaine, France chevaleresque et généreuse, je n'en doute pas, tu n'es pas responsable de ces horreurs. »

Dans les temples de l'Église protestante, les pasteurs – ainsi les pasteurs Trocmé, Theis, qui prêchent dans les villes et villages du Massif central, notamment au Chambon-sur-Lignon – s'élèvent depuis des mois déjà contre les arrestations, les déportations, le sort réservé aux Juifs.

Ils ont condamné le « statut des Juifs » mis en place dès l'été et l'automne de 1940 par le gouvernement de Vichy.

De nombreux croyants – chrétiens, catholiques ou protestants – accueillent, cachent les Juifs qui ont réussi à échapper aux rafles et aux camps.

Et c'est cette résistance d'hommes et de femmes, cet héroïsme des Justes qui sauvent de la mort les deux tiers des Juifs de France.

Cependant, parmi les 4 051 enfants arrachés à leurs parents en juillet 1942, lors de la grande rafle du Vél' d'hiv', il n'y eut aucun survivant.

Dès le 22 août 1940, le général de Gaulle avait écrit à Albert Cohen, conseiller politique du Congrès juif mondial à New York, l'assurant que « la France libérée ne peut manquer d'avoir à cœur de veiller à ce qu'il soit fait justice des torts portés aux collectivités victimes de la domination hitlérienne et entre autres aux communautés juives »...

Mais l'« opération » *Vent printanier,* le nom de code nazi pour désigner la mise en œuvre de la « solution finale » en France et en Europe de l'Ouest, se poursuit.

Les trains de la honte et de la mort roulent vers Auschwitz.

Le 5 août 1942, sous le titre « Le plan de dégradation de la France », Radio-Londres, dans l'émission de la France Libre, appelle à s'opposer à la persécution antisémite.

« Comme en Allemagne, comme en Tchécoslovaquie, comme en Autriche, comme en Pologne, comme partout, la persécution des Juifs n'est qu'un prélude, l'opération préliminaire à d'autres mesures d'asservissement du peuple français tout entier.

« Pour y faire échec, un seul mot d'ordre : SOLIDARITÉ.

« Solidarité pour tous les persécutés, pour toutes les victimes, pour tous ceux qui sont menacés.

« Chaque Français qui dispose d'un lit et de quelques légumes doit abriter, nourrir et protéger un Juif ou un chômeur. »

Mais parmi ceux qui ont réussi à échapper aux

rafles, jeunes gens devenus des proscrits, des hors-la-loi, nombreux sont ceux qui ne cherchent pas seulement un refuge, mais surtout l'occasion d'agir, de se battre.

Ils vont souvent rejoindre les rangs de l'organisation de la MOI créée par le parti communiste.

Ils deviennent les intrépides et déterminés auteurs de nombreux attentats.

Ce sont eux que la police française et la police allemande traquent.

Ce sont eux qu'on fusille ; eux dont les noms « étrangers » sont inscrits en lettres noires sur l'affiche rouge que les Allemands apposent sur les murs de Paris.

On les appellera des « bandits », des « terroristes ».

Ils sont des « résistants ».

26.

Ces résistants juifs qui attaquent les dépôts de l'armée allemande, qui abattent les officiers et les soldats de la Wehrmacht, afin de créer un climat d'insécurité pour les troupes d'occupation, constituent pour la propagande allemande, reprise mot à mot par la presse de la collaboration, l'*armée du crime.*

Plus généralement, d'un bout à l'autre de l'Europe, sous la botte allemande, les Juifs sont considérés comme des « parasites » qui prolifèrent, corrompent la société, la civilisation, se livrent aux « trafics », au marché noir.

Cette stigmatisation des Juifs est aussi le moyen de justifier les rafles, les déportations.

Et le premier train de la honte et de la mort quitte Drancy pour Auschwitz le 19 juillet 1942.

Mais les journaux de la collaboration *Le Petit Parisien, Je suis partout,* affirment que les Juifs arrêtés, déportés, ne sont que des trafiquants du marché noir, des criminels qui violent les lois.

Lorsque le représentant du gouvernement de Vichy

tient une conférence de presse pour justifier les mesures antisémites, il déclare :

« Le gouvernement ne peut pas tenir compte des protestations qui lui parviennent de différents milieux. Ces milieux expriment les thèses religieuses, idéologiques, ce qui est leur droit.

« Ils réagissent à des rumeurs dont on peut difficilement contrôler l'exactitude.

« Le gouvernement, lui, doit agir dans le sens supérieur de l'intérêt de l'État. »

En fait, Pétain et Laval n'ignorent rien des conséquences barbares de la politique antisémite qu'ils mettent en œuvre en collaboration avec les autorités allemandes.

Pétain reçoit ainsi de nombreuses lettres d'anciens combattants juifs, décorés à titre militaire, qui font appel à celui qu'ils continuent de considérer comme leur chef, vainqueur à Verdun. Pétain ne répond pas.

Des proches du Maréchal en 1940 et 1941 lui écrivent pour témoigner de ce qu'ils voient.

L'un d'eux, René Gillouin, s'indigne des scènes auxquelles il a assisté à Vaison-la-Romaine : enfants arrachés à leur mère, femmes à leur époux, embarqués les uns et les autres à coups de crosse dans des wagons à bestiaux.

« Le gouvernement a fait un pas de plus dans la honte, écrit-il au Maréchal en août 1942… La conscience nationale s'est révoltée. Par la voix de ses prêtres et de ses pasteurs, par sa résistance spontanée à l'exécution de consignes atroces, elle a signifié à votre gouvernement qu'il avait outrepassé ses droits et manqué à ses devoirs. »

Pétain, après avoir pris connaissance de cette lettre, s'étonne : « Pourquoi donc Gilloin fait-il campagne pour les Juifs ? »

En fait, l'antisémitisme nazi, « exterminateur », est d'autant moins combattu qu'il paraît ne concerner d'abord pour chaque nation occupée par des Allemands que les « Juifs apatrides », étrangers. Mais il y a aussi un antisémitisme « local », plus ou moins violent.

En Pologne, en Ukraine, dans les pays baltes, en Roumanie, en Hongrie, il est partagé par la plus grande partie de la population.

À Varsovie, à proximité du ghetto, des adolescents passent leur journée à observer les passants afin de repérer les Juifs, de les dépouiller, de les livrer aux Allemands.

Une enseignante polonaise qui habite un village note dans son journal :

« Les Allemands ont fait venir une foule de paysans et de pompiers des villages et avec leur concours ont organisé une chasse aux Juifs… Au cours de cette action, sept Juifs ont été capturés, des vieux, des jeunes et des enfants. Ces Juifs ont été conduits à la caserne des pompiers et exécutés le lendemain. »

De telles scènes se répètent dans toute l'Europe de l'Est.

Dans ces conditions, aider des Juifs, les cacher, est un acte de courage extrême car on est à la merci d'une dénonciation même de la part de « patriotes antialle- mands » qui sont antisémites.

Dans l'Europe de l'Ouest, face à l'antisémitisme, à la complicité entre les gouvernements collaborateurs et les nazis, se dressent les traditions démocratiques qui condamnent les mesures barbares mises en place par l'occupant et les collaborateurs.

Si bien que, en dépit de la répression, les Justes peuvent recueillir, cacher les Juifs poursuivis, les avertir des rafles préparées par les pouvoirs et les polices.

Quant aux Églises, en dehors de quelques fanatiques qui au nom de l'antijudaïsme soutiennent les « persécuteurs », elles condamnent au nom de la charité, de la justice du Christ les traitements inhumains infligés aux Juifs.

Cependant, 75 000 déportés juifs seront exterminés, même si la communauté juive française sera l'une des moins atteintes d'Europe.

L'antisémitisme s'exprime cependant, non seulement par l'intense propagande vichyste et nazie, mais aussi par les exhortations antisémites de certains écrivains français. À Paris, Ernst Jünger, qui rencontre Céline à l'Institut allemand, note dans son journal :

« Céline dit combien il est surpris, stupéfait que nous, soldats, nous ne fusillions pas, ne pendions pas, n'exterminions pas les Juifs. Il est stupéfait que quelqu'un disposant d'une baïonnette n'en fasse pas un usage illimité. »

Ce sont là « bagatelles pour un massacre » ! Il y a pire.

Robert Brasillach, distingué, brillant élève de l'École normale supérieure, essayiste, exige dans *Je suis partout,* du 25 septembre 1942 :

Pierre Drieu la Rochelle.

« Il faut se séparer des Juifs en bloc et ne pas garder les petits. »

Drieu la Rochelle, autre figure notable des lettres, élégant acteur du Tout-Paris littéraire, écrit dans son journal : « Je hais les Juifs, j'ai toujours su que je les haïssais. »

Mais le plus lu des écrivains, en cet été 1942, est Lucien Rebatet, qui publie *Les Décombres* chez Denoël, un éditeur collaborationniste. Le livre est plusieurs fois réédité, vendu au moins à 60 000 exemplaires, mais 200 000 ont été commandés, et le papier manque.

Cette « prose » qui exprime la haine du Juif – et de la République – est le plus grand succès de librairie de la France occupée.

« Je souhaite la victoire de l'Allemagne, écrit Rebatet, parce que la guerre qu'elle fait est ma guerre, notre guerre.

« Je n'admire pas l'Allemagne d'être l'Allemagne, mais d'avoir permis Hitler. Je la loue d'avoir su… se donner l'ordre politique dans lequel j'ai reconnu tous mes désirs. Je crois que Hitler a conçu pour notre continent un magnifique avenir et je voudrais passionnément qu'il se réalisât. »

Mais pour cela, il faut chasser les Juifs.

« L'esprit juif est dans la vie intellectuelle de la France un chiendent vénéneux, qui doit être extirpé jusqu'aux plus infimes radicelles... Des autodafés seront ordonnés au maximum d'exemplaires des littératures, peintures, partitions juives et judaïques ayant le plus travaillé à la décadence de notre peuple. »

Tous ces antisémites « rêvent » à *La Mort du dernier Juif*.

C'est là le titre d'un récit d'anticipation publié par l'hebdomadaire *Au Pilori*.

L'auteur imaginait « le journal d'un Français moyen » en l'an 2142. Un décret du 25 juin 1942 aurait ordonné que tous les Juifs soient stérilisés à l'exception de trois couples conservés au zoo de Vincennes, les enfants des trois couples devant être stérilisés à l'exception de l'aîné.

Le 14 juillet 2142 – deux cents ans plus tard donc –, le « Français moyen » écrit :

« Une nouvelle merveilleuse parcourt les rues de Paris. Le dernier Juif vient de mourir. Ainsi c'en est donc fini avec cette race abjecte dont le dernier représentant vivait, depuis sa naissance, à l'ancien zoo de Vincennes, dans une tanière spécialement réservée à son usage et où nos enfants pouvaient le voir s'ébattre en un semblant de liberté, non pour le plaisir des yeux, mais pour leur édification morale.

« Il est mort ! Dans le fond, c'est mieux ainsi. J'avais personnellement toujours peur qu'il ne s'évade et Dieu sait tout le mal que peut faire un Juif en liberté. Il restait seul soit, depuis la mort de sa compagne, laquelle par bonheur était stérile, mais avec cette engeance, on ne sait jamais, il faudra que j'aille au zoo pour m'assurer de la véracité de la nouvelle. » Écrit par un citoyen français, à Paris, le 23 juillet 1942.

Le premier train de Juifs raflés, le 16 juillet 1942, roule vers Auschwitz.

C'est déjà par centaines de milliers que se comptent les Juifs massacrés, d'abord par les *Einsatzgruppen* – en Pologne, en Ukraine, en Russie –, d'une rafale, puis gazés dans des camions, aménagés à cet effet, puis entassés dans les chambres à gaz des camps de concentration. Sans compter ceux battus à mort, à coups de matraque, de crosse, de pioche ou de pelle, et ceux pendus.

Un Juif, Szmul Zygieboym, qui a réussi – en 1943 – à fuir la Pologne et à rejoindre Londres, pour alerter le monde sur la politique d'extermination de tout un peuple, s'y suicidera.

« Je veux par ma mort exprimer une dernière protestation contre la passivité avec laquelle le monde assiste à l'extermination du peuple juif... Je contribuerai peut-être par ma mort à dissiper l'indifférence de ceux qui, aujourd'hui encore, peuvent sauver les quelques Juifs polonais demeurés vivants. »

27.

Szmul Zygieboym, en se suicidant, n'a pas atteint son but.

Churchill et Roosevelt n'ont pas changé de politique ni de stratégie.

Ils veulent vaincre militairement le IIIe Reich.

La chute de Hitler, la destruction du nazisme, la capitulation de l'Allemagne, l'anéantissement de ses armées sauveront les Juifs de l'extermination.

Szmul Zygieboym s'est trompé.

Les grands – Churchill, Roosevelt et Staline – n'ignorent rien, depuis l'été 1942, de la volonté des nazis de mettre en œuvre la « solution finale » de la question juive.

Les services de renseignements anglais et américain, les Russes ont recueilli suffisamment de témoignages pour dresser la liste des camps d'extermination, pour reconstituer les méthodes employées pour le « transport » de centaines de milliers de Juifs et pour leur extermination dans les chambres à gaz.

Ce n'est donc ni par ignorance ni par passivité et

indifférence qu'ils n'interviennent pas, mais parce qu'ils ont décidé que pour arrêter le massacre, il fallait d'abord briser l'Allemagne, l'écraser sous les bombardements. Et aucune force ne pouvait être distraite de cette stratégie.

Elle comportait une première étape : l'ouverture d'un *second front*.

Il contraindrait les Allemands à retirer une partie de leurs troupes du front russe.

Staline l'exigeait, Churchill et Roosevelt plus encore s'étaient engagés à ce que, avant la fin de l'année 1942, un débarquement ait lieu sur le flanc ouest ou sud de l'Europe occupée.

En France ? En Afrique du Nord ? En Italie ? Dans les Balkans ?

Staline est impatient.

Les offensives allemandes du printemps et de l'été 1942 ont pénétré dans le Donbass, le Caucase, atteint en plusieurs points la Volga. Stalingrad, sur les bords de ce fleuve qui symbolise – avec le Don, la Neva – la Russie, l'éternelle et immense Russie des patriotes russes, est menacée.

Qu'attendent les Anglo-Américains ? questionne Staline, soupçonneux, insistant.

Churchill et Roosevelt ne cherchent-ils pas à obtenir l'effondrement simultané de l'Allemagne et de la Russie ? Que ces nations s'entr'égorgent et le monde sera nôtre !

Or Londres et Washington savent tout ce que représentent dans cette guerre la Russie et ses millions de combattants. Ils veulent détruire le nazisme. Ils ont besoin d'*Uncle Joe* qui fixe des millions de soldats allemands.

Il faut donc satisfaire Staline : ouvrir au plus vite un second front.

Que pèsent le destin du peuple juif, le suicide de Szmul Zygieboym face à cette exigence politique et stratégique ?

On saluera la protestation désespérée du représentant du peuple juif, son héroïsme, l'acte d'espoir qu'il accomplit en se suicidant, mais on ne changera rien aux plans de guerre.

Et en ce mois d'août 1942, dans la nuit du 18 au 19, des unités amphibies anglo-canadiennes se dirigent vers Dieppe afin de s'emparer pour quelques heures du port, de détruire les radars, le terrain d'aviation voisin, les batteries d'artillerie installées dans le voisinage de la ville.

L'armada anglo-canadienne est commandée par lord Mountbatten. Elle est imposante pour un raid aux objectifs limités : 6 000 hommes, dont 4 700 Canadiens français.

C'est qu'il s'agit non seulement de détruire des objectifs précis, mais d'éprouver les défenses allemandes, et de maintenir la pression sur la Wehrmacht afin qu'elle conserve à l'Ouest des forces qui, sinon, renforceraient la puissance allemande en Russie.

Des Français Libres du commando de Philippe Kieffer – une quinzaine d'hommes – participent à l'opération. Des Forces navales Françaises Libres, des escadrilles des Forces aériennes Françaises Libres y sont aussi engagées.

Il s'agit bien d'un corps de débarquement – 253 péniches, des dragueurs de mines, des destroyers – qui va affronter des unités allemandes puissantes appuyées par toutes les forces de la Luftwaffe déployées à l'ouest de l'Europe.

L'opération baptisée *Jubilee* commence à 3 h 45, quand retentissent les premières explosions. Il n'y a pas eu de préparation aérienne pour conserver l'avantage de la surprise.

Or un convoi côtier allemand croise un des groupes de débarquement, et l'alerte est ainsi donnée.

Les combats sont acharnés, les pertes lourdes.

À 6 h 15, la BBC diffuse puis répète le message suivant, adressé à la population civile qui se terre :

« Français, ceci est un coup de main et non pas l'invasion. Nous vous prions instamment de n'y prendre part en aucune façon. »

Des Canadiens ont pénétré jusqu'au centre de Dieppe et livrent des combats de rue dans la ville, comme à Berneval, à Varengeville, à Puys.

Mais les objectifs ne sont pas atteints : les Anglo-Canadiens ne réussissent pas à établir une tête de pont durable, qui leur aurait permis de réaliser la destruction des objectifs prévus : l'aérodrome de Saint-Aubin, la batterie côtière d'Arques-la-Bataille.

Il faut rembarquer en laissant sur le terrain près de 1 000 morts et 2 000 prisonniers. Les Allemands ont eu plus de 800 tués. La marine a perdu un destroyer, le *Berkeley,* plus de 100 avions « alliés » ont été abattus. Des pilotes Français Libres ont participé aux combats, comme les hommes du commando Kieffer.

C'est, depuis juin 1940, le premier engagement sur le sol français entre des troupes alliées anglo-canadiennes et françaises (même si la participation de la France Libre est plus symbolique que déterminante), et les troupes allemandes.

Et la Wehrmacht crie victoire, présentant l'opération comme une tentative de débarquement, rendant hommage à la « collaboration » de la population civile, qui a respecté les consignes de la Kommandantur, renseigné les soldats, leur offrant des boissons, leur indiquant les positions tenues par les Anglais et les Canadiens.

**Prisonniers anglais et canadiens à Dieppe,
19 août 1942.**

La propagande allemande est à l'œuvre, montrant les colonnes de prisonniers canadiens, transformant le succès militaire en succès politique.

Les collaborateurs emboîtent le pas à la Propagandastaffel. Un télégramme, signé Pétain, est envoyé de Vichy à Paris à l'intention de M. de Grosville, attaché au cabinet de Benoist-Méchin, chargé de le transmettre au Führer.

Vichy, le 21 août 1942.

« Monsieur le Chancelier du Reich,

« À la suite de l'entretien que je viens d'avoir avec le président Laval et après la dernière attaque britannique qui s'est déroulée cette fois-ci sur notre sol, je propose d'envisager la participation de la France à sa propre défense.

« Si en principe vous y consentez, je suis tout disposé à examiner en détail les modalités de cette participation.

« Je vous prie, monsieur le Chancelier du Reich, de considérer cette initiative comme l'expression sincère de voir la France apporter sa contribution à la protection de l'Europe.

Signé : Philippe Pétain. »

Le maréchal Pétain est-il l'auteur de ce texte qui contredit sa politique de refus d'engagement militaire aux côtés des Allemands ?

La polémique s'installe.

Otto Abetz, l'ambassadeur allemand, Fernand de Brinon, l'ambassadeur de Vichy à Paris, confirment la teneur et l'authenticité du message.

« L'importance de ce texte m'a frappé, dit Abetz, c'est une véritable offre d'alliance militaire franco-allemande. J'en ai télégraphié la traduction à Berlin et envoyé le document original par le plus prochain courrier diplomatique au ministère des Affaires étrangères du Reich. »

Mais le directeur de cabinet de Pétain est formel :

« J'affirme de façon catégorique que je n'ai jamais vu le télégramme en question, jamais… Je ne sais comment il a pu partir du téléscripteur avec une signature du Maréchal… »

Manœuvre des collaborateurs qui « souhaitent la victoire de l'Allemagne » et la collaboration militaire avec le IIIe Reich ?

Quoi qu'il en soit, ce télégramme au Führer ne sera jamais reproduit par la presse de la zone occupée.

En revanche, les journaux publient le communiqué suivant :

« Le maréchal Pétain et M. Pierre Laval, chef du gouvernement, ont prié M. de Brinon de transmettre au haut commandement allemand en France leurs félicitations pour le succès remporté par les troupes allemandes qui, par leur défense, ont permis le nettoyage rapide du sol français. »

Pétain, en en prenant connaissance, s'indigne devant ses proches :

« Je n'y suis pour rien, absolument, dit-il, c'est un faux de cette ordure de Brinon. »

La propagande allemande et collaborationniste s'empare du texte, commente avec emphase dans les journaux, à Radio-Paris, cet « acte décisif qui inscrit la France dans le vaste mouvement révolutionnaire qui ébranle le monde… C'est la première fois en effet que, deux ans après une effroyable défaite, le chef de l'État vaincu se retourne vers l'armée du vainqueur pour le remercier ».

Les Allemands ajoutent que « l'attitude de la population française a été plus que correcte... Elle a assisté les troupes allemandes dans leur combat en leur rendant des services de toutes sortes ».

Mensonge mais que seuls les témoins peuvent démentir. Qui les écoute ? Au contraire, pour accréditer la thèse de la collaboration, le Führer décide de « remercier » la population dieppoise en libérant les 340 prisonniers originaires de la région.

Le train les transportant arrive en gare du Tréport, croise un train de travailleurs partant pour l'Allemagne. C'est la Relève.

On lit sur les wagons de l'un et l'autre train : « Vive la France ! Vive Pétain ! Vive les Dieppois ! Vive Laval ! Vive la Normandie ! » et, assure-t-on, « Vive le chancelier Hitler ! ».

Les prisonniers sont accueillis par les autorités de la collaboration – Fernand de Brinon, Benoist-Méchin – et par le colonel von Zidzewitz, Feldkommandant de la région de Rouen.

L'officier allemand prend la parole :

« Camarades français, au moment où vous foulez le sol de votre belle patrie, je vous apporte le salut du commandement militaire en France. Lorsque l'Anglais tenta de fouler le sol de France, autorités et familles ont su garder une attitude disciplinée. Sur l'ordre du Führer, vous êtes redevenus libres. Dans vos foyers, vous serez les pionniers d'une France nouvelle. »

La presse commente l'événement, poursuivant et amplifiant l'action de propagande : « Le retour des prisonniers dieppois a donc un sens politique qu'il serait vain de nier, lit-on dans *La Dépêche de Brest*. Il constitue une nouvelle étape dans le rapprochement franco-allemand… Par-dessus tout, il est un exemple. Pourquoi ne pas saisir la chance qui nous est offerte ? »

La chance ?

Quatre-vingt-treize otages ont été fusillés le 12 août.

Le 25 août, le service militaire est institué en Alsace et en Lorraine pour les « jeunes de race allemande ».

Le 28 août, les classes 1922-1924 sont incorporées et les familles des réfractaires arrêtées.

Le ministre Sauckel exprime son mécontentement devant le maigre succès de la Relève.

Laval avait promis que les 350 000 hommes exigés par Sauckel seraient partis dans les plus brefs délais. En fait, n'ont quitté la France que 12 000 volontaires en juin 1942, 23 000 en juillet, 18 000 en août.

Les autorités allemandes menacent alors d'appliquer l'ordonnance de Sauckel du 22 août destinée à tous les pays occupés et permettant de décréter la mobilisation totale de toute la main-d'œuvre masculine et féminine et le recensement de la population de 18 à 55 ans.

Tel est le vrai visage de la collaboration.

Il s'agit selon Sauckel d'« obtenir un rendement maximum pour les besoins de guerre du Reich ».

TROISIÈME PARTIE

août
—
novembre 1942

« Dans cette guerre totale, la volonté d'une grande nation, fût-elle pour l'instant enchaînée, est une force énorme qui peut devenir décisive, surtout quand c'est la volonté de la France. »

DE GAULLE
discours prononcé à la radio de Londres
le 20 octobre 1942.

28.

« Les besoins de guerre du Reich » en cet été 1942
sont immenses.

Les troupes allemandes se battent devant El-
Alamein, aux portes de l'Égypte, mais aussi sur les
pentes enneigées du mont Elbrouz, la cime la plus
élevée des chaînes du Caucase.

Elles sont dans les faubourgs de Stalingrad. Elles
encerclent Leningrad.

Et les U-Boot sillonnent les profondeurs marines,
de l'océan Arctique à la Méditerranée.

Il faut au IIIe Reich « du sang et du travail », et
Laval le sait bien qui a proposé ce « marché ». L'Allemagne donne le sang de sa jeunesse, la France, le
travail de ses ouvriers.

Et cependant, Laval – et quelques-uns de ses
ministres – se cabre à l'idée que l'ordonnance de Sauckel du 22 août 1942 – recensement des jeunes gens,
réquisition, envoi en Allemagne – pourrait s'appliquer
à la France.

Le 3 septembre, Laval remet une protestation à Abetz.

« La France, le gouvernement français, dit-il avec détermination, emphase même, refusent d'accepter les mesures concernant l'Alsace et la Lorraine et notamment l'incorporation d'Alsaciens et de Lorrains dans les formations nationales-socialistes et dans l'armée. »

Mais, en même temps qu'il semble se montrer décidé à résister, Laval entend que sa protestation soit rendue publique. Parce qu'il veut « traiter » avec les Allemands.

« Il ne faut pas irriter les Allemands en ce moment, dit-il. Les négociations pour le travail en Allemagne sont tellement difficiles. »

Ainsi Laval est prisonnier de sa politique, de son ambition.

Il veut faire de la France le partenaire de l'Allemagne, soutenir, aider le Reich, mais conserver à la France le statut de nation souveraine.

Donc refuser d'appliquer en France l'ordonnance de Sauckel, en promulguant une *loi française* qui en reproduit les principales dispositions.

Et qui va plus loin puisqu'elle concernera aussi la zone libre.

Laval « habille » du costume national la politique allemande.

Cette loi du 4 septembre 1942 rend obligatoire le travail en Allemagne, mais elle parle hypocritement de volontariat.

C'est une loi d'exception et de pénitence.

Laval est le régisseur au service du maître allemand.

Il est l'intermédiaire qui organise l'« esclavage » au bénéfice de Sauckel, mais assure qu'il agit pour le bien de la France et des esclaves.

Quatre de ses ministres s'opposent un temps à lui, lors des Conseils des ministres.

« Même si le danger d'être polonisé existe, nous n'avons pas le droit de nous poloniser nous-mêmes », disent-ils.

Laval va les rassurer, promet qu'« aucune sanction même légère ne sera appliquée sans un débat devant le Conseil des ministres ».

En fait, Laval abdique, en ce début du mois de septembre 1942, ce qui restait d'apparence de souveraineté gouvernementale. Vichy n'est plus qu'une façade, un paravent.

L'amiral Darlan et le général Bridoux – secrétaire d'État à la Guerre – acceptent que des policiers allemands munis de cartes d'identité françaises circulent en zone libre à la recherche de postes de radio-émetteurs clandestins. En échange, les Allemands promettent de laisser augmenter de 50 000 hommes l'Armée de l'armistice.

Et c'est René Bousquet, secrétaire général de la police, qui va fournir à 280 policiers allemands de « vrais » faux papiers d'identité.

Ces policiers, ayant à leur tête le contrôleur de la police

René Bousquet.

allemande Boemelburg, vont à Lyon, à Marseille, à Toulouse procéder à des arrestations de radios de la Résistance, et même à leur exécution immédiate.

« Je n'aime pas beaucoup ce genre d'affaires », confie Laval à René Bousquet, mais il laisse faire, entraîné chaque jour plus avant dans une collaboration meurtrière et qui n'est qu'un masque ne faisant plus illusion.

Mais Laval s'obstine, fait l'éloge de la Relève – travail français contre sang allemand, ouvriers contre prisonniers libérés.

Qui peut encore croire à ce volontariat... obligatoire ?

Les journaux publient sur ordre, le 20 octobre 1942, en gros caractères, un appel aux ouvriers français :

« Le grand devoir des travailleurs
Envers la France et l'Europe
Tout Français appelé à travailler en Allemagne
Qui se dérobe à cette obligation
Porte préjudice à sa patrie
À sa famille
À ses camarades
Et à lui-même. »

Mais dans la longue suite des quatorze paragraphes qui complètent cet appel, on retient l'avant-dernier qui déclare :

« Afin d'éviter de graves ennuis, tout ouvrier français doit dès réception de l'avis se présenter de façon conforme au lieu et dans le délai indiqués. »

Et dans le discours qu'il prononce ce même 20 octobre 1942, Laval, de sa voix faubourienne, rappelle que « le gouvernement est résolu à ne pas tolérer les résistances individuelles ou concertées de patrons et d'ouvriers qui resteraient sourds à ses appels ».

Ils seront des dizaines de milliers à se dérober, à gagner les régions reculées, villages de montagne ou de vallée, massifs alpins ou Massif central, Savoie ou Auvergne. Là, en ces mois de l'automne 1942, commencent à naître des noyaux de réfractaires, qui seront les combattants de demain.

De Gaulle comprend que ces semaines de l'automne 1942 marquent une rupture dans la période qui a commencé avec l'armistice de juin 1940.

Le 20 octobre, il prononce à la radio de Londres un discours qui répond aux propos de Laval, ce même jour, et à l'appel publié par les journaux collaborateurs.

« La France, dit-il d'une voix forte, sent dans le fébrile acharnement des traîtres quelque chose de désespéré, elle passe à la résistance générale... Dans l'affaire des ouvriers spécialistes réclamés par M. Hitler, la conduite de la nation française prouve au monde tout entier que notre peuple est engagé dans le combat actuellement le plus nécessaire : je veux dire dans la révolte contre les chefs de trahison.

« La trahison, c'est-à-dire Vichy !

« Ce combat reclasse la France à son rang parmi les nations...

« Dans cette guerre totale, la volonté d'une grande nation, fût-elle pour l'instant enchaînée, est une force énorme qui peut devenir décisive, surtout quand c'est la volonté de la France...

« Contre la trahison, c'est-à-dire Vichy, c'est-à-dire

"le Père la défaite", marchons au même combat, du même pas, derrière le même drapeau.

« Un jour, je vous le promets, nous nous confondrons tous ensemble dans la même foule immense et fraternelle de la victoire. »

29.

La Victoire de la France !

C'est à elle que pense Jean Moulin, ce samedi matin 23 mai 1942, à Vichy, alors qu'il attend dans l'antichambre de celui qu'on appelle monsieur le président, c'est-à-dire Laval, qui cumule les fonctions de chef du gouvernement et de ministre de l'Intérieur.

Et Jean Moulin a trouvé une convocation d'avoir à se présenter à la direction du personnel du ministère de l'Intérieur.

Jean Moulin n'a pas hésité.

Il est un préfet révoqué depuis la fin de l'année 1940. Laval connaît ses opinions politiques, Moulin doit donc les revendiquer, mais, comme un fonctionnaire légaliste qui respecte le pouvoir en place, et n'est plus qu'un « spectateur » de l'action politique.

Il vient d'ailleurs de louer une boutique à Nice, qu'il compte transformer en galerie de peinture. Ce sera sa couverture. Et il pourra ainsi poursuivre son œuvre clandestine. Rencontrer les chefs des grands réseaux de la Résistance, Emmanuel d'Astier de La

Vigerie du mouvement *Libération,* Henri Fresnay et Claude Bourdet pour *Combat,* Jean-Pierre Lévy pour *Le Franc-Tireur.* Il voit aussi les communistes du *Front national.*

Il tisse des liens avec tous ceux qui n'acceptent pas la collaboration, que révulsent les propos de Laval : « Je souhaite la victoire de l'Allemagne. »

Dans l'antichambre, Moulin voit passer l'un de ses collègues, préfet révoqué lui aussi en 1940. Mais point de démonstration d'amitié devant les huissiers. Un simple échange de regard suffit à dire la complicité des opinions et des situations.

Un huissier déjà s'avance, introduit Moulin dans le bureau de Laval.

La poignée de main se veut chaleureuse, mais la main est molle et moite.

« Vous êtes un préfet républicain », commence Pierre Laval.

L'homme a une figure basanée, un visage lourd sans ligne de force, une voix sourde qui roule les syllabes, un discours qui tente de créer une connivence.

« Ne laissez pas croire à la population, reprend Pierre Laval, que l'on met à profit les malheurs de notre pays pour changer l'ordre naturel des choses… Vous êtes un préfet républicain, allons, quel poste voulez-vous ? »

Moulin n'hésite pas.

— Je vous remercie de votre offre, mais je ne suis vraiment pas d'accord avec votre politique. Je ne puis donc faire semblant de m'y associer. Je ne formulerai qu'un seul vœu. Vos prédécesseurs m'ont révoqué en 1940, sans pension, ce qui est injuste. Je n'ai commis aucune faute. Je vous demande de rapporter cette mesure et de me mettre à la retraite.

— Je préfère ce langage à bien d'autres, dit Laval.

Il allume une cigarette, qu'il laisse pendre au coin de sa bouche.

Les yeux plissés, il dévisage longuement Jean Moulin. Puis il dit :

— Vous êtes libre. Je ne veux forcer la conscience de personne. Je vais donner l'ordre de vous accorder le droit à la retraite.

Laval est-il dupe ?

Moulin ne s'interroge qu'un instant. Il doit agir comme si ses paroles, chacun de ses gestes, de ses voyages étaient épiés.

Or le moment est décisif, plus que jamais l'avenir de la France, sa place « à la table des vainqueurs », comme dit de Gaulle, dépendent de l'attitude de la Résistance intérieure, de ces hommes et de ces femmes qui ont créé des réseaux, qui sont fiers de leur rôle, qui ne veulent pas se voir soumis à une autorité – fût-elle celle de De Gaulle – qu'ils n'auraient pas librement choisie.

Il faut donc les rencontrer un à un, les convaincre.

Et c'est la mission de Jean Moulin.

On se rencontre à Lyon, sur les quais du Rhône.

On se retrouve dans des appartements dont on ne connaît l'adresse qu'au dernier moment.

On tisse inlassablement des liens.

On développe le Noyautage des Administrations Publiques (NAP).

On organise la « réception », sur des plateaux, des

champs éloignés de toute habitation, des émissaires de Londres.

Ils sont parachutés, ou bien ils sautent d'un Lysander, cet avion qui se pose tous feux éteints, fait un demi-tour, embarque deux ou trois passagers pour Londres et, sans avoir arrêté le moteur, redécolle.

Parfois, on se rend dans une crique de la côte méditerranéenne, souvent proche de Saint-Tropez. On saute dans une barque de pêcheur qui vous conduit jusqu'à un sous-marin britannique prêt à plonger. Il embarque les deux ou trois émissaires de la Résistance jusqu'à Gibraltar et, de là, un avion les transporte à Londres.

Et de Gaulle les reçoit.

Moulin resté en France a préparé la rencontre.

Il faut faire comprendre à ces hommes, qui risquent leur vie pour la victoire de la France, que celle-ci ne sera possible que si les réseaux de la Résistance se rassemblent autour du chef de la France Libre. Pourquoi pas un Conseil national de la Résistance (CNR) représentatif de toutes les sensibilités de la Résistance ?

Des communistes jusqu'aux royalistes ! Des syndicats ouvriers jusqu'aux représentants du patronat !

Le but de cette union sacrée, c'est la libération, la victoire. Après les avis obtenus, le peuple choisira librement son gouvernement.

Les chefs de la Résistance sont pleins de soupçons à l'égard de Jean Moulin parce qu'il est l'envoyé de De Gaulle, qui n'est peut-être qu'un ambitieux, désireux de préparer son « pouvoir personnel ».

« Écoutez de Gaulle », dit Moulin.

Si la France ne pousse pas la porte, si elle n'est

pas présente sur tous les théâtres d'opérations, fût-ce avec des forces « symboliques », on ne l'entendra pas. On ne la respectera pas.

Les États sont des monstres froids.

Roosevelt n'a aucune sympathie pour la France Libre. Les États-Unis se sont emparés, après l'attaque de Pearl Harbor, des navires français – dont le paquebot *Normandie* – à l'ancre dans les ports américains.

Roosevelt conserve toute son estime au maréchal Pétain. Il entraîne Churchill dans cette voie. Et au Levant, les Anglais favorisent les troupes restées fidèles à Vichy.

« Écoutez de Gaulle », répète Jean Moulin.

Il parle *d'insurrection nationale*.

Il ose dire :

« L'issue du conflit mondial dépend, dans une large mesure, de ce que fait et fera la France… Cependant, la France qui combat ne combat que pour la France… »

Avec une assurance que Roosevelt trouve insupportable, de Gaulle ajoute :

« Oui, certes, la France est probritannique, prorusse, proaméricaine, pour cette raison que la victoire des Britanniques, des Russes, des Américains doit être en même temps sa victoire… Ainsi, on voit une fois de plus apparaître dans l'Histoire l'éternel miracle français. »

Et les troupes de la France Libre sont en Cyrénaïque, à El-Alamein, et les aviateurs de la France Libre, ceux de l'escadrille *Normandie,* sont les seules troupes occidentales à combattre sur le front russe.

Moulin va ainsi, portant la parole du général de

Gaulle, mettant en garde contre l'apparition d'une « troisième voie » entre la France Libre de De Gaulle et les partisans de la collaboration. Elle se dessine autour du général Giraud.

Ce saint-cyrien courageux et patriote, héros de la Première Guerre mondiale, de la guerre du Rif, au Maroc – héros donc de l'armée d'Afrique, monarchiste, mais hostile aux accords de Munich –, est fait prisonnier en 1940. Il réussit à s'évader en avril 1942, avec l'aide des services de renseignements de l'Armée de l'armistice.

Il gagne la zone non occupée, fait allégeance à Pétain, mais affirme son hostilité à la collaboration. Pour les officiers de l'Armée de l'armistice (de Lattre de Tassigny), il est le « chef » idéal : il est « antiboche » et respecte Pétain. Il justifie l'attentisme de ceux qui ont approuvé l'armistice et refusé la collaboration.

Dans les réunions que tient le général Giraud, on ne parle pas de De Gaulle ni de la France Libre. On fait même l'éloge de la Révolution nationale. On « est » davantage *Travail, Famille, Patrie* que *Liberté, Égalité, Fraternité.*

La sévérité de De Gaulle, qualifiant Pétain de « Père la défaite », et répétant : « Vichy, c'est la trahison », choque tous ceux qui ont choisi Pétain et Vichy.

Giraud leur donne l'absolution !

Plus grave encore, Roosevelt et Churchill trouvent en lui, enfin, un Français qui se soucie moins de la place de la France dans l'après-guerre que de préparer la revanche contre les « Boches ».

Giraud n'a aucune visée géopolitique au moment où de Gaulle, dès le mois de décembre 1941, anticipe l'affrontement Est-Ouest, Russie contre Anglo-Saxons, aussitôt la question allemande réglée !

Pour Moulin, Giraud, soutenu par les Américains et l'Armée de l'armistice, est le péril politique majeur.

L'urgence est donc, plus que jamais, de rassembler autour de De Gaulle tous les résistants. Et Jean Moulin marque des points.

C'est lui qui distribue l'argent et les armes parachutés en zone non occupée.

C'est lui qui détient les moyens de communications radio avec Londres.

Il s'est doté d'un secrétariat dirigé par un homme jeune, engagé dès juin 1940 aux côtés de De Gaulle, Daniel Cordier. Et il veut créer une Armée secrète (AS), dont le chef, désigné par l'ensemble des mouvements de résistance, sera le général Delestraint.

Moulin le rencontre place Carnot, à Lyon, dans la douce chaleur d'un après-midi de l'automne 1942.

Delestraint a les apparences d'un paisible retraité. Il est petit, ses pas et ses gestes sont vifs, sa voix nette.

Les deux hommes devisent en marchant dans les allées des jardins de la place.

« Vous savez, dit Delestraint, j'ai eu le général de Gaulle sous mes ordres lorsque je commandais ma division cuirassée. Il était un remarquable chef de corps.

— Accepteriez-vous de vous placer sous ses ordres ?

— La question ne se pose pas, c'est la seule voie de dignité qui nous reste.

— Cette armée secrète, mon général, doit devenir l'instrument de reconquête de la France dans le cadre d'un plan d'ensemble élaboré par les forces alliées avec l'accord de De Gaulle.

— Je vous entends.

— M'autorisez-vous à présenter votre nom pour cette tâche qui comporte de très grands risques ?

— La vocation d'un officier est d'accepter le danger. Quant à votre question, agissez comme vous le pensez. »

Le 9 octobre 1942, à Londres, dans les locaux de la France Libre, les représentants de De Gaulle – le colonel Billotte, Passy, Brossolette – et ceux de la Résistance – d'Astier, Frenay – choisissent comme chef provisoire de l'Armée secrète le général Delestraint.

Il entre dans la clandestinité de la Résistance sous le pseudonyme de Vidal.

Il sait que ce choix engage sa vie.

En France, Moulin, lorsqu'il apprend la nouvelle, est satisfait.

L'œuvre d'unification des forces de la Résistance progresse. Il lit dans *Libération* – le journal clandestin du mouvement d'Emmanuel d'Astier de La Vigerie :

« Nous ne voulons pas distinguer la gauche de la droite, le patron de l'ouvrier, le commerçant de l'employé, seuls sont qualifiés pour mener la Résistance, pour arracher la Victoire, les hommes de là-bas et d'ici qui ont su rester des Français Libres.

« Pour nous, tout en réservant notre liberté pour l'avenir, nous constatons qu'à l'heure présente, il n'y a qu'un seul mouvement, celui de la France Libre, qu'un seul chef, le général de Gaulle, symbole de l'unité et de la volonté françaises. »

30.

De Gaulle répète ces mots « unité, volonté françaises », qu'il vient de lire en tête de l'éditorial du journal clandestin *Libération*.

Il est satisfait de cette évolution – si lente, si lente – des mouvements de résistance, à son endroit et à l'égard de la France Libre. Mais il lui semble que la situation militaire n'a jamais été aussi périlleuse. Elle lui rappelle le printemps 1940, ou bien le moment du déclenchement de l'offensive contre la Russie, le 22 juin 1942.

« La guerre traîne en longueur son cortège de douleurs et de déceptions », dit-il

Mais ce n'est pas le plus grave.

La guerre est depuis toujours une tragique suite meurtrière.

Ce qui inquiète de Gaulle, c'est que – et il le dit dans un discours, parce que la lucidité est la mère de la volonté – « la balance reste en équilibre. Le sort demeure suspendu ».

Il y a l'Afrikakorps de Rommel qui s'accroche à

ses positions face à El-Alamein, et les Britanniques de la 8ᵉ armée commandés par Montgomery tardent à passer à l'offensive. Il y a surtout le front russe.

Malgré l'ordre du jour de Staline diffusé le 30 juillet 1942 et donnant pour consigne de ne plus faire un pas en arrière, les armées allemandes progressent dans le Caucase, et en direction de Stalingrad.

Les Allemands paraissent avoir retrouvé cette euphorie qui les poussait en avant, il y a un an, lors de la mise en application du plan *Barbarossa.*

Il s'agit maintenant de l'*Opération bleue* : il faut conquérir et raser Stalingrad, cimetière pour les armées russes et la population.

Des généraux allemands – Weichs et surtout Paulus, commandant la VIᵉ armée – prétendent avoir fait part de leurs réserves au Führer en se rendant auprès de lui à son nouveau quartier général de Vinnytsia.

Hitler les a-t-il seulement entendus ?

Ont-ils osé élever la voix quand le Führer leur a dit :

« Stalingrad, c'est une affaire d'une importance vitale, il faut jeter dans la bataille tous les hommes disponibles et s'emparer aussi vite que possible de la ville elle-même tout entière et des rives de la Volga. »

Dans la nuit du 23 au 24 août 1942, des centaines de bombardiers de la Luftwaffe, certains venant d'aérodromes éloignés, effectuent un bombardement « terroriste » sur Stalingrad.

Des pilotes de l'armée aérienne de Richthofen effectuent jusqu'à trois sorties dans la nuit. Les bombes déversées sont pour plus de la moitié incendiaires.

Friedrich Paulus *(au centre)*
et le général Breith *(à droite)*
pendant la bataille de Stalingrad.

Stalingrad n'est plus qu'un gigantesque bûcher qui incendie le ciel et éclaire jusqu'à 70 kilomètres à la ronde.

Des milliers d'habitants sont dévorés par les flammes, ensevelis sous les ruines.

« Toute la ville est en feu, note un officier allemand. Notre Luftwaffe en a fait un vaste brasier. Il fallait ça pour mettre fin à la résistance des Russes. »

Mais le lendemain, alors que la ville brûle encore, le Comité régional du parti communiste proclame l'état de siège, répète l'ordre du jour de Staline, menace d'exécution immédiate tous les déserteurs, les fuyards, les « paniquards ».

« Camarades et citoyens de Stalingrad ! Nous ne livrerons jamais notre ville natale à l'envahisseur allemand. Chacun de nous doit se donner avec cœur à la défense de notre chère cité, de nos foyers et de nos familles. Barricadons chaque rue, transformons chaque quartier, chaque bloc, chaque maison en une forteresse imprenable. »

Il n'est pas un soldat allemand ou russe qui ne sente que la bataille qui s'engage pour cette ville, dont le nom est à lui seul un symbole, devient la clé de la guerre en Russie.

Staline y délègue les généraux qui ont conduit avec succès les contre-offensives de décembre 1941 : Joukov qui n'a jamais été battu, Voronov, spécialiste de l'artillerie, Novikov, le chef des forces aériennes soviétiques, et Tchouikov, un jeune général déterminé, plein d'initiatives et d'allant.

C'est un duel à mort entre Hitler et Staline, à Stalingrad, pour Stalingrad.

Ce Staline que le métropolite Nicolas, oublieux des violences exercées contre l'Église orthodoxe, appelle « Notre Père à tous, Joseph Vissarionovitch ».

Et l'Église russe organise des collectes de fonds pour financer la fabrication d'une colonne de chars baptisée « Dimitri Donskoï », du nom du vaillant prince russe qui mit les Tartares en déroute au champ de Koulikov en 1380.

Et Staline est personnellement, charnellement, atta-

274

ché à cette ville de la Volga, car il a bâti sa réputation de révolutionnaire et de chef de guerre en infligeant au général tsariste Denikine, entre la ville et la boucle du Don, au cours de la guerre civile russe, une défaite.

« La situation, note le général Halder, présente une singulière similitude avec celle d'aujourd'hui. C'est à cette époque que la ville de *Tsaritsyne* devint Stalingrad. Tout à fait par hasard, j'ai découvert en Ukraine un ouvrage relatant cet épisode. »

Le général Halder, chef de l'état-major général, ne restera pas longtemps auprès du Führer.

« Le commandement de Hitler a cessé d'avoir quoi que ce soit de commun avec les principes stratégiques qui font la loi depuis des générations, constate Halder. Son tempérament violent, esclave de ses impulsions, ne reconnaît aucune limite et ses rêves éveillés dictent ses actes. »

Le Führer ne supporte plus qu'on lui annonce que Staline peut rassembler de 1 million à 1,5 million d'hommes dans le secteur septentrional de Stalingrad ni que les Soviétiques produisent 1 200 chars par mois.

« Hitler bondit sur le lecteur du rapport, poings en avant, l'écume à la bouche, et lui interdit de continuer à lire ces boniments ineptes... »

« Nous avons tous les deux les nerfs malades, dit Hitler à Halder lors de leur dernière entrevue. Et mon épuisement actuel est en partie votre œuvre. Prolonger cette situation est inutile. Aujourd'hui, le Reich a besoin non pas d'habileté professionnelle, mais de zèle idéologique, de dynamisme national-socialiste. Un officier de la vieille école tel que vous, Halder, en est incapable. »

Étrangement, ni Halder ni Hitler, dans leurs appréciations de la situation de Stalingrad, ne tiennent aucun compte de la bataille qui se livrerait à Leningrad, autre ville symbole que Hitler veut – comme Stalingrad – conquérir et détruire.

Trois millions de civils y sont pris au piège, soumis à d'incessants bombardements aériens.

Et la ville ne tombe pas, en dépit de ce million de morts, victimes de la faim, du froid, des bombardements.

« Pour se chauffer, on brûle ses meubles, ses livres, mais bientôt ces combustibles s'épuisent.

« Pour remplir leurs estomacs vides, pour amoindrir la terrible souffrance de la faim, les gens recourent à d'incroyables palliatifs. Ils essaient d'attraper des corbeaux, des corneilles, les chats ou les chiens encore vivants…

« Ils explorent leur armoire à pharmacie en quête d'huile de ricin, d'huile pour les cheveux, de vaseline ou de glycérine. Ils font de la soupe avec de la colle de charpentier, récupérée sur le papier peint arraché ou sur des meubles démembrés.

« La mort vous saisit en toute occasion : dans la rue, on tombe pour ne plus se relever ; chez soi, on s'endort pour ne plus se réveiller ; à l'usine, on s'écroule durant le travail.

« Il est presque impossible de trouver un cercueil. Des centaines de cadavres sont abandonnés dans le cimetière ou alentour, la plupart du temps enveloppés d'un simple drap. Les autorités ont, dans l'hiver 1941-1942, fait ouvrir d'immenses fosses par les troupes de la défense civile, à l'aide d'explosifs. On n'a plus la force de creuser les tombes dans la terre gelée. »

Mais la ville résiste.

Toute la population est requise. Affamées, grelottant de froid dans des tenues légères, les jeunes filles du Komsomol de Leningrad construisent par – 40 °C une route à travers la forêt pour relier la ville à une voie ferrée.

On fusille ceux qui se procurent des cartes d'alimentation supplémentaires, ceux qui cèdent à la panique, ceux qui oublient ainsi l'ordre du jour de Staline « plus un pas en arrière ».

Et la ville résiste, franchit l'hiver de 1942.

Mais alors que le front, en août, paraît se stabiliser, voilà qu'on apprend que Kharkov et Sébastopol, dans le Sud, sont tombées. Que le drapeau à croix gammée flotte au sommet de l'Elbrouz et que Stalingrad est menacée.

C'est l'été noir de 1942.

À Leningrad, on a le sentiment que si Stalingrad tombe, Leningrad sera anéantie à son tour.

Si au contraire…

On pressent que le sort de la ville de Staline détermine le sort de la ville de Lénine.

Au Grand Quartier Général de Vinnytsia, le Führer s'emporte contre ces généraux qui, devant la résistance russe à Stalingrad, prêchent pour le recul de la VIe armée de Paulus, jusqu'à la boucle du Don.

Hitler éructe, injurie, menace.

Heureusement, le 25 octobre 1942, le général Paulus fait savoir au Führer que la prise de Stalingrad sera chose faite le 10 novembre au plus tard.

Hitler est aussitôt rasséréné. La réalité semble rejoindre ses visions.

Il indique déjà les mouvements que devront faire la IVe et la VIe armée, une fois Stalingrad conquise.

Il sait pourtant que leur flanc, le long du Don, est menacé, que seules des troupes hongroises, roumaines, italiennes, ne possédant ni blindés, ni artillerie, ni transports de fantassins, sont en couverture des armées allemandes.

Si elles cèdent, la VIe armée de Paulus peut être encerclée.

Hitler paraît ne pas envisager cette hypothèse que les rapports qu'on lui a remis évoquent.

Hitler secoue la tête, serre les poings.

« Là où un soldat allemand a posé le pied, il l'y laisse », répète-t-il d'une voix sourde.

31.

Le soldat allemand, en cet automne 1942, marche dans les faubourgs de Stalingrad qui ne sont plus qu'un immense champ de gravats et de ruines.

La Luftwaffe a la maîtrise du ciel, une journée de bombardements tue 40 000 personnes et les habitants, les soldats blessés, essaient de quitter la ville, située sur la rive droite de la Volga.

Il leur faut traverser le fleuve, large de 1 500 mètres et soumis aux attaques aériennes le jour, et la nuit aux bombardements incessants de l'artillerie et des mortiers allemands.

Mais on veut rejoindre cette rive est qui constitue l'« arrière » de Stalingrad.

L'écrivain Viktor Nekrassov, lieutenant à Stalingrad, écrit :

« Vers la fin octobre, alors qu'il ne nous reste plus que quelques têtes de pont sur la rive droite du fleuve, nous disposons d'un nombre très réduit d'unités : 20 000 hommes peut-être en tout. Mais de l'autre côté de la Volga, il y a une véritable montagne de matériel : tout le ravitaillement, toute l'artillerie, tous les avions y sont concentrés. »

Les *Katioucha* – batteries à canons multiples – lancent leurs projectiles sans discontinuer.

En dépit de cette puissance, les renforts qui doivent passer le fleuve sont soumis aux tirs de l'artillerie allemande.

« Ces passages sont pathétiques. On fait traverser le fleuve à une vingtaine de soldats. Il s'agit ou bien des vieux de 50 à 55 ans, ou bien des tout jeunes de 18, 19 ans. Ils sont là, sur la rive, tremblant de froid et de peur. On leur donne des vêtements chauds et puis on les dirige vers la ligne de front, parfois à quelques centaines de mètres. Quand ils y arrivent, les obus allemands ont déjà tué la moitié de ces hommes... Chose curieuse, tous ces types qui parviennent au front deviennent rapidement des soldats endurcis, de vrais *frontoviks.* »

Ils découvrent l'enfer.

Au nord de la ville, dans la zone industrielle, se dressent les pans de mur des usines – usines de tracteurs, d'armement, usine métallurgique : *Djerjinski, Octobre rouge, Barricade.* Au sud, le terrain est relativement ouvert. Une colline, « Mamaï », se dresse au centre de la ville et la domine.

On se bat au corps à corps.

Le général allemand Doerr écrit :

« C'en est fini à jamais des opérations conduites à grandes guides, des espaces immenses de la steppe, la guerre passe aux coteaux de la Volga avec leurs taillis drus et leurs ravins encaissés...

« Pour chaque immeuble, château d'eau, maison, atelier, chaque remblai de chemin de fer, chaque mur, chaque cave, ou même pour chaque amas de ruines, c'est une bataille à livrer, implacable.

« La distance entre les lignes ennemies et les nôtres est réduite... Il est impossible de se dégager de cette zone de combats rapprochés... »

Pour les soldats allemands, les Russes sont des « bêtes sauvages », des « fanatiques », des « barbares qui emploient des méthodes de gangsters », « ce ne sont pas des hommes, mais des créatures en fer. Ils ne sont jamais fatigués et le tir de nos armes ne les effraie pas ».

C'est bien l'enfer !

« Chaque soldat se considère comme un condamné à mort. »

Le général Tchouikov donne à ses soldats ses conseils pour les combats rapprochés. « L'expérience est souveraine, dit-il.

« Déplacez-vous à quatre pattes ou en rampant. Soyez prêt à l'attaque, la mitraillette à l'épaule, et dix à douze grenades en réserve... N'entrez jamais seul dans une maison ; allez-y à deux : vous et une grenade. La grenade d'abord et vous derrière la grenade, puis le coup de balai avec votre mitraillette...

« Il est possible que l'ennemi contre-attaque ; réagissez brutalement à la grenade, à la mitraillette, à la baïonnette et, si vous n'en avez pas, au poignard et au couteau... »

Cependant, les Allemands, appuyés par les chars, soutenus par la Luftwaffe, progressent. Mais les pertes sont énormes, le désespoir gagne.

« Mon Dieu, pourquoi nous avez-vous abandonnés ? » s'interroge un lieutenant de panzers.

« Il y a quinze jours que nous nous battons pour une seule maison, à grands coups de mortier, de grenade, de mitrailleuse... et de baïonnette, écrit-il. Depuis le troisième jour, les corps de cinquante-quatre des nôtres jonchent le sol, à la cave, sur les paliers, dans l'escalier... Le front ? C'est un corridor entre deux chambres incendiées, un mince plafond entre deux étages. La seule aide que nous recevions est celle de camarades qui occupent les escaliers de secours et les cheminées des maisons voisines. D'étage à étage, on se bombarde avec des grenades, au milieu des explosions, de nuages de poussière et de fumée, de monceaux de plâtras, de flots de sang, de débris de mobilier, et d'excréments humains. Demandez à un soldat ce que représente seulement une demi-heure de combats corps à corps dans de pareilles conditions. Et imaginez Stalingrad ; quatre-vingts jours et quatre-vingts nuits de corps à corps...

« Stalingrad n'est plus une ville. De jour, c'est un gigantesque nuage de fumée brûlante et aveuglante, recouvrant un vaste brasier. Et quand la nuit descend, une de ces nuits torrides, hurlantes et sanglantes, les chiens s'enfuient, plongent dans la Volga et nagent désespérément pour gagner l'autre rive. Les nuits de Stalingrad sont une terreur pour eux. Les animaux fuient cet enfer... que, seul, l'homme peut endurer ! »

L'attaque de Stalingrad.

On se bat aussi pour contrôler le centre de la ville et la colline Mamaï qui s'y dresse.

De nouvelles divisions russes ont réussi à traverser la Volga. L'une est commandée par le général Rodimtsev, qui a combattu en Espagne, durant la guerre civile, et dont les soldats sont aguerris. Ils s'enterrent sur les flancs de la colline, et repoussent toutes les attaques allemandes.

L'autre est commandée par le major général Gourtiev. Elle est composée des « Sibériens ».

Ils sont lancés dans la bataille en octobre dans le secteur nord de la ville :

« Ils sont jeunes, grands, pleins de santé, dit Tchouikov. Ils portent l'uniforme des parachutistes avec poignards et dagues à la ceinture. Ils chargent à la baïonnette. Ils envoient sur leur épaule un nazi

283

mort comme un sac de paille. Personne ne les vaut pour les combats de maison à maison. Ils attaquent par petits groupes, surgissent dans les maisons et dans les caves et se servent alors de leurs couteaux et de leurs dagues. Même encerclés, ils continuent de se battre et meurent en criant "Pour le pays et pour Staline ! On ne se rendra jamais". »

Voudraient-ils cesser de se battre que les troupes du NKVD – la police politique – les fusilleraient... Et l'on dit que le nombre des soldats exécutés à Stalingrad atteint peut-être la dizaine de milliers...

Mais cette discipline de fer, ces exécutions sommaires, la brutalité des officiers à l'égard de leurs hommes – certains les frappent – n'auraient pas suffi à susciter ces actes d'héroïsme, cet acharnement à se battre, que manifestent les troupes russes à Stalingrad.

Ces hommes savent aussi comment les nazis traitent leurs prisonniers ! Alors on lutte jusqu'à la mort.

Une unité veut résister, hisse un drapeau rouge au sommet de l'immeuble de façon à attirer l'ennemi, à le détourner d'autres objectifs. Et le drapeau rouge est une chemise de blessé, pleine de son sang !

Dans son journal, un officier allemand note au jour le jour.

« 16 septembre. Notre bataillon, appuyé par des chars, attaque un silo d'où déferlent des torrents de fumée. C'est le blé qui est à l'intérieur qui brûle. Les Russes semblent y avoir eux-mêmes mis le feu. Des barbares ! Nous subissons de lourdes pertes. Il ne reste plus guère que soixante hommes par compagnie. Ce ne sont pas des hommes qui occupent le silo, mais des diables que ni les flammes ni les balles ne peuvent détruire.

« 18 septembre. Le combat se poursuit à l'intérieur du silo. Les Russes qui sont encore à l'intérieur sont des types condamnés à mort. Le chef de bataillon nous a dit : "Les commissaires politiques ont donné l'ordre à ces hommes de résister jusqu'à la mort." Si toutes les maisons de Stalingrad sont défendues de cette façon, aucun de nos soldats ne rentrera en Allemagne. J'ai reçu aujourd'hui une lettre d'Eisa ; elle attend mon retour dès que nous aurons remporté la victoire.

« 20 septembre. La bataille pour le silo continue toujours. Les Russes font feu de toutes parts. Nous restons dans notre cave ; impossible de sortir. Le sergent-major Nuschke a été tué ce matin alors qu'il traversait la rue en courant. Le pauvre vieux, il laisse trois gosses.

« 22 septembre. La résistance des Russes dans le silo est brisée. Nos troupes avancent vers la Volga. À l'intérieur du silo, on a trouvé quarante cadavres russes. La moitié d'entre eux étaient habillés en matelots ; ce sont des diables marins ! Nous avons fait un prisonnier, il est grièvement blessé ; il ne peut pas parler, ou bien il fait semblant... »

Ce Russe se nomme Andrei Khozyanov.

Il appartient à une brigade d'infanterie de marine, et non à l'un de ces « régiments disciplinaires » dans lesquels on est voué à la mort, comme l'a prétendu le chef du bataillon allemand. Dans le silo à blé, il a résisté avec une poignée d'hommes à des attaques de char.

Il raconte.

« La nuit, pendant une courte accalmie, on fit le compte des quelques munitions qui nous restaient : un "tambour" et demi de fusil-mitrailleur, vingt à vingt-cinq cartouches par mitraillette, et huit à dix cartouches par fusil.

« Se défendre avec si peu de munitions était impossible. Nous étions encerclés. Il y avait de nombreux chars au nord et à l'est du silo. Nous décidâmes de tenter une sortie vers le sud…

« La nuit du 20, on tenta le coup. Au début, tout alla bien ; les Allemands ne nous attendaient pas de ce côté-là. On franchit le ravin, on traversa la voie ferrée, puis on tomba sur une batterie de mortiers allemands qui venait juste de prendre position en profitant de l'obscurité.

« On renversa les trois mortiers et un camion chargé de bombes. Les Allemands s'enfuirent, laissant derrière eux sept morts, abandonnant non seulement leurs armes, mais leur pain, et… leur eau. "Quelque chose à boire ! Quelque chose à boire !" Nous ne pouvions penser à rien d'autre. Nous bûmes jusqu'à plus soif. Puis on mangea le pain qu'on avait trouvé, et on repartit.

« Que se passa-t-il alors et qu'arriva-t-il à mes camarades ? Je ne sais pas… la seule chose dont je me souvienne, c'est que, lorsque je rouvris les yeux, le 25 ou le 26 septembre, j'étais dans une cave noire et humide, et il me semblait que j'étais couvert d'une couche d'huile. Je n'avais plus de vareuse, ni de soulier au pied droit. Mes mains et mes pieds ne répondaient plus ; et dans ma tête, ça bourdonnait.

« Une porte s'ouvrit et, dans la lumière du jour, je pus voir un soldat en uniforme noir. Sur sa manche gauche, il y avait une tête de mort. J'étais tombé aux mains de l'ennemi. »

Ce soldat russe blessé et ses camarades ont été galvanisés par l'ordre du jour lancé par le Comité de guerre du front de Stalingrad : « L'ennemi doit être écrasé à Stalingrad ! »

De la mi-septembre aux premiers jours de novembre 1942, les Allemands progressent parfois de seulement quelques mètres, mais ils réussissent à couper en deux la 62e armée, à occuper le cœur de Stalingrad et à atteindre le quai central de la Volga.

Le mois d'octobre est le plus cruel.

La colline Mamaï change plusieurs fois de mains. Le sommet est un véritable *no man's land*. Mais sur les pentes, les cadavres allemands s'entassent. En un jour, ils perdent 1 500 hommes et 50 chars.

Mais les bombes allemandes atteignent des réservoirs d'essence. Le combustible se déverse dans la Volga : le fleuve est en feu. Les flammes passent par-dessus les abris où Tchouikov a établi son quartier général.

« Tout d'abord, nous perdons presque la tête, écrit Tchouikov. Que faire ? Alors, mon chef d'état-major, le général Krylov, ordonne : "Serrez-vous les uns contre les autres. Restez dans les abris encore intacts, et maintenez les communications par radio avec vos troupes !" Puis il murmure : "Vous croyez qu'on peut tenir ? – Oui, dis-je. Et de toute façon, on a nos revolvers ! – Ça va, répond-il." Nous nous étions compris.

« Je dois reconnaître qu'au premier regard que je risque hors de l'abri, je suis terrifié à la vue des flammes. Mais l'ordre de Krylov me rend mon sang-froid. Bien qu'entourés de feu, nous continuons à travailler et à diriger les troupes.

« L'incendie dure plusieurs jours. Or nous n'avons pas d'autre quartier général, en réserve. Toutes nos troupes, y compris les hommes du génie, se battent contre les Allemands. Il nous faut donc nous débrouiller dans les abris encore intacts, dans des trous, souvent sous le feu de l'ennemi. Plusieurs jours et plusieurs nuits durant, nous ne fermons pas l'œil. »

Les combats les plus terribles se déroulent du 14 au 23 octobre 1942, suivis dans les premiers jours de novembre d'offensives allemandes qui sont repoussées, même si les points d'appui russes adossés à la Volga n'ont qu'une profondeur de quelques centaines de mètres.

Les combats acharnés se poursuivent pour une pierre, pour chaque mètre du sol de Stalingrad.

Mais de ces derniers jours d'octobre, les Russes ont une impression de victoire.

Même si au centre du front les Allemands ont atteint, sur une longueur de 500 mètres, la rive de la Volga, les ailes du dispositif russe au nord et au sud ont tenu.

Tchouikov se souvient des cours qu'il a suivis à l'Académie militaire. Il a la conviction que cette bataille de Stalingrad se déroule selon le schéma de la bataille de Cannes quand, en 216 av. J.-C, Hannibal avait défait les troupes du consul romain Varron.

Le « centre » carthaginois avait reculé, mais les « ailes » avaient tenu et avaient encerclé les légions romaines !

« Le schéma de la bataille de Stalingrad correspond

au plan classique de la bataille de Cannes », confie Tchouikov.

On le regarde avec étonnement et ironie.

Tchouikov déclare : « Nous sommes dans la situation des Carthaginois », et il répète la prédiction énoncée par Staline, lors de la parade du 7 novembre 1942 sur la place Rouge :

« Nous aussi, nous ferons bientôt la fête dans nos rues. »

32.

Mais avant de « faire la fête », il faut durant des mois tuer et mourir à Stalingrad, cette ville, ce champ de ruines devenu l'« académie de combats de rue ».

Le général Tchouikov l'explique à Vassili Grossman, qui pour *L'Étoile rouge* a rejoint Stalingrad.

« Il faut, dit Tchouikov, que les tranchées creusées par nos troupes soient à vingt mètres de l'ennemi. Les Allemands ne pourront pas ainsi faire donner leur aviation. Nos sentinelles entendent les Allemands aller et venir dans leurs tranchées. Elles entendent les disputes qui éclatent quand les Allemands partagent la nourriture. Toute la nuit, elles entendent l'ennemi. »

On mène ainsi ce que les Allemands appellent la *Rattenkrieg,* la guerre des rats.

La guerre est devenue cet affrontement sauvage dans les caves, les égouts et les ruines des immeubles.

« On attaque, poursuit Tchouikov. La retraite, c'est la mort. Tu reculeras et on te fusillera. Je reculerai et on me fusillera. Dans ces conditions, un soldat qui est encore vivant après trois jours est un ancien. »

C'est le combat rapproché. On utilise grenades, pistolets-mitrailleurs, pelles affûtées, poignards, lance-flammes.

C'est, dans les ruines d'immeubles, une guerre d'étage à étage.

« Les nôtres sont en haut. Les Allemands, en bas, ont mis en marche un phonographe, les nôtres ont percé un trou dans le plancher et ont tiré au lance-flammes. »

C'est aussi la guerre des « snipers », des tireurs d'élite.

Il faut attendre des heures avant d'ouvrir le feu.

« En deux jours, dit l'un de ces tireurs – Anatoli Tchékhov, né en 1923 –, j'en ai descendu dix-sept ! Ils ont envoyé des femmes – des Russes contraintes, mais pas seulement, de servir comme auxiliaires. J'ai tué deux femmes sur cinq. Le troisième jour, j'ai repéré un "sniper" allemand dans une embrasure. J'ai guetté et j'ai tiré. Il est tombé et s'est mis à crier en allemand. Ils ont cessé d'aller chercher de l'eau. En huit jours, j'ai descendu quarante Allemands. Trois dans la poitrine, les autres à la tête. Quand le coup part, la tête retombe tout de suite en arrière, ou sur le côté. Ils projettent les bras en avant et ils tombent. »

Vassili Grossman écoute le sniper, allongé parmi les ruines, près de lui.

« Je suis devenu féroce, murmure le jeune tireur de dix-neuf ans, je tue, je les hais, comme si toute ma vie devait être comme ça. »

Les journaux rapportent les exploits de ces tireurs d'élite.

Et la bataille de Stalingrad prend ainsi la dimension d'un affrontement décisif et légendaire.

La bataille est héroïque. Et les défenseurs de Stalingrad le sont.

Le 6 novembre 1942, la veille de la célébration de l'anniversaire de la révolution de 1917, les journaux publient en première page le Serment des défenseurs de Stalingrad adressé à Staline.

« Cher Joseph Vissarionovitch,

« L'ennemi s'était fixé pour objectif de couper la Volga, notre grande voie fluviale, puis en obliquant au sud vers la Caspienne de couper notre pays de ses principales réserves de carburant… Si l'ennemi réussit, il pourra alors tourner toutes ses forces contre Moscou et Leningrad…

« En vous envoyant cette lettre des tranchées, nous vous jurons, cher Joseph Vissarionovitch, que, jusqu'à la dernière goutte de notre sang, jusqu'à notre dernier souffle, jusqu'au dernier battement de notre cœur, nous défendrons Stalingrad. Nous jurons de ne jamais ternir la gloire des armées russes et de combattre jusqu'au bout…

« Sous votre commandement, nos pères ont gagné la bataille de Tsaritsyne. Sous votre commandement, nous gagnerons la bataille de Stalingrad. »

L'écho de cette « bataille héroïque » résonne dans le monde entier.

Churchill, dès la mi-août, se rend à Moscou pour à la fois manifester son soutien à la Russie et avertir Staline qu'il ne doit pas compter sur l'ouverture d'un « second front » en Europe en 1942, qui soulagerait les « défenseurs » héroïques de Stalingrad.

Or c'est là l'exigence de Staline, et promesse en a été faite aux Russes par les Américains entraînant les Anglais, Churchill contraint d'approuver du bord des lèvres les engagements de Roosevelt.

Moscou est loin de Londres ! Churchill vole d'abord jusqu'à Téhéran. Puis c'est encore dix heures d'un vol agité au-dessus des monts du Caucase.

Accueil fastueux de Staline – caviar au petit déjeuner ! Mais les premières heures d'entretien sont « mornes et sombres ».

« J'ai abordé immédiatement la question du second front. Il était repoussé à 1943 », dit Churchill.

La conversation est longue. Staline laisse souvent un silence pesant s'installer. Il approuve les bombardements de l'Allemagne par la Royal Air Force. « Les raids ont un effet considérable », dit-il.

Dans les lettres adressées aux soldats allemands, et que les Russes ont saisies, on peut mesurer l'importance de ces bombardements sur le moral de la population germanique. Puis Staline se renfrogne à nouveau.

« Vous allez vous contenter de payer votre écot en bombardant l'Allemagne », dit-il.

Churchill observe Staline, s'irrite du ton hautain parfois méprisant de ce Géorgien retors qui a chaussé les bottes du tsar de toutes les Russies.

« Je rencontrais pour la première fois le grand chef révolutionnaire, le grand homme d'État russe, avec lequel j'allais nouer une association étroite et très âpre, mais toujours excitante et quelquefois marquée d'une grande amabilité », dit Churchill.

Churchill et Staline au Kremlin.

Mais l'amabilité n'est pas de mise lors de cette première rencontre de 1942, et Churchill s'emporte, frappe du poing sur la table, et évoque le projet d'un débarquement avant la fin de l'année 1942, en Afrique du Nord, de troupes américaines.

C'est l'opération *Torch.*

« Au fur et à mesure de mon exposé, Staline s'est mis à manifester un grand intérêt, remarque Churchill.

« Si nous étions en possession de l'Afrique du Nord à la fin de l'année, poursuit le Premier ministre anglais, nous pourrions alors menacer l'Europe de Hitler au ventre, et l'opération doit être envisagée en liaison avec celle de 1943. C'est ce que les Américains et nous avons décidé de faire. »

Churchill est éloquent et l'attention passionnée de Staline le stimule.

« Pour bien illustrer mon argumentation, dit-il, j'ai

dessiné l'image d'un crocodile. Je m'en suis servi pour expliquer à Staline que nous avons l'intention d'attaquer simultanément le ventre mou et le museau dur de cet animal. Staline, dont l'intérêt était maintenant à son comble, s'est écrié : "Que Dieu favorise cette entreprise."

« Il a paru en comprendre brusquement les avantages stratégiques et il en énuméra quatre : elle permettrait de prendre Rommel à revers. Elle en imposerait à l'Espagne, déclencherait en France une lutte entre les Allemands et les Français, et elle ferait porter le poids de la guerre sur l'Italie.

« J'ai été impressionné, confie Churchill, par cette remarquable déclaration. Elle montrait que le dictateur russe était capable de maîtriser rapidement et exhaustivement un problème tout nouveau pour lui. Très peu de gens au monde auraient pu comprendre ainsi, en si peu de temps, les arguments avec lesquels nous nous étions débattus pendant des mois : Staline avait tout saisi en un éclair…

« Je lui ai dit que je me tenais à sa disposition pour le cas où il désirerait me revoir. Il m'a répondu que, selon la coutume russe, c'était aux visiteurs d'exprimer leurs souhaits et qu'il me recevrait à ma convenance. »

L'atmosphère est devenue cordiale. Staline a été « instruit du pire » – le refus d'ouvrir un second front, en Europe, en 1942 –, mais Churchill veut croire que l'annonce de l'opération *Torch* a apaisé le dictateur.

En fait, Staline soumet Churchill à une succession d'amabilités et d'affrontements. Mais le Premier ministre anglais réagit avec violence, tapant du poing sur la table, déclarant :

« J'ai fait tout le voyage depuis l'Europe au milieu

de tous mes problèmes – oui, monsieur Staline, moi aussi j'ai mes problèmes – et j'espérais tendre la main à un compagnon d'armes, je suis amèrement déçu car cette main n'a pas été saisie... »

Les banquets se succèdent. « Le repas était infect », constate Churchill après le premier.

Staline refuse de parler et Churchill quitte la table.

Le dernier au contraire est celui de la réconciliation apparente. Churchill en sort avec une forte migraine, car de nombreux toasts ont été échangés. Et comment refuser d'avaler les verres de vodka ?

Mais dans l'avion, en dépit de toutes les difficultés, Churchill confie :

« J'ai l'intention de nouer des liens solides avec cet homme-là. »

Cependant, dans les jours qui suivent le départ de Churchill, Staline reçoit le représentant personnel du président Roosevelt, Wendell Willkie.

Celui-ci affirme que Roosevelt est partisan de l'ouverture, en 1942, d'un second front, mais qu'il se heurte à l'opposition des généraux britanniques et de Churchill.

Aussitôt, la presse russe se déchaîne, déclenche une campagne antibritannique.

La *Pravda* rappelle l'arrivée de Rudolf Hess en Angleterre, où « il lui a suffi de revêtir un uniforme pour que s'évanouisse sa responsabilité dans d'innombrables forfaits, et pour faire ainsi de la Grande-Bretagne un repaire de gangsters »...

Loin de traiter Hess en criminel de guerre, ajoute

l'éditorialiste de la *Pravda,* les Anglais voient en lui « le représentant d'un autre État, un envoyé de Hitler ».

Jamais la tension entre la Grande-Bretagne et la Russie n'a été aussi forte.

Mais ce qui va décider des relations entre Churchill et Staline, c'est le sort des combats qui se livrent à Stalingrad.

Dans leur serment fait au « Cher Joseph Vissarionovitch », les « héroïques combattants russes » écrivent :

« Nous sommes fermement persuadés qu'en combattant sous votre commandement direct, nous assènerons un nouveau et terrible coup à l'ennemi et que nous le chasserons de Stalingrad. »

Les Russes si sévères avec les Anglais ont cependant annoncé à Churchill qu'ils préparent une offensive, à Stalingrad.

Ces Russes, si chaleureux avec l'envoyé de Roosevelt, Wendell Willkie, ne lui ont fait aucune confidence à propos de cette offensive à Stalingrad, peut-être pour inciter les États-Unis à continuer de faire pression sur les Anglais pour qu'on ouvre ce second front afin de « sauver » ces Russes héroïques.

Et ils ont gavé l'Américain de caviar et même de raisin, « le premier que l'on voyait cette année-là ».

33.

Le maréchal Rommel, dans son quartier général situé dans un ravin non loin des premières lignes allemandes face à El-Alamein, écoute la radio britannique émettant du Caire.

En cet automne 1942, elle ne cesse de répéter que la rencontre de Churchill et de Staline, à Moscou, l'arrivée dans la capitale russe d'un représentant personnel du président Roosevelt annoncent un tournant de la guerre.

La Grande Alliance des héroïques défenseurs de Stalingrad et des combattants valeureux du désert, Australiens, Néo-Zélandais, Anglais, va briser, sur la Volga et devant El-Alamein, les armées de Hitler.

Rommel se lève difficilement, fait quelques pas en chancelant.

Il est sujet, depuis quelques semaines, à des évanouissements : ses douleurs d'estomac sont devenues si aiguës qu'il lui semble que son corps est lacéré par des coups de poignard.

Il s'assied, écrit à sa « très chère Lu » qu'il ne veut pas inquiéter :

« Je n'ai pas pu écrire hier. Je vais assez bien maintenant pour me lever de temps à autre. Mais j'aurais besoin de six semaines de traitement en Allemagne. Il faudra tôt ou tard rendre normale ma tension artérielle... Je ne quitterai certainement pas mon poste avant d'être en mesure de passer sans inquiétude la succession à mon remplaçant. On ne sait pas encore qui viendra. »

Rommel voudrait que ce soit Guderian.

Lui seul pourrait diriger l'offensive que Rommel prépare pour empêcher la 8e armée britannique de se lancer en avant avec cette débauche de moyens – hommes, tanks, véhicules blindés, aviation – que son général Montgomery – « Monty » – accumule, ne voulant commencer l'attaque que lorsqu'il sera sûr de vaincre tant sa supériorité matérielle et humaine sera écrasante.

Et c'est pour cela que Rommel veut le devancer, attaquer, le prendre de vitesse.

Mais l'avis médical est formel :

« Le maréchal Rommel souffre d'un catarrhe chronique de l'estomac et des intestins, de diphtérie nasale et d'importants troubles circulatoires. Il n'est pas en état d'exercer son commandement au cours de la prochaine offensive. »

Mais chaque jour qui passe accroît le déséquilibre des forces en faveur de la 8e armée de « Monty ».

Alors, et bien que les approvisionnements en essence ne soient pas arrivés, Rommel lance l'assaut contre El-Alamein.

Dans une tempête de sable, les quelques dizaines de panzers de l'Afrikakorps, appuyés par les chars des divisions italiennes – *Littorio, Ariete, Trieste* –, tentent d'avancer.

Mais les champs de mines sont immenses, et n'ont pas été repérés et neutralisés. L'aviation britannique écrase les assaillants sous un tapis de bombes. Les chars italiens sont de fragiles machines sans réel blindage. Ils explosent, brûlent.

Les pertes sont énormes.

Et pour finir, sur les 5 000 tonnes d'essence qui devaient arriver, 2 600 ont déjà été coulées en mer, et 1 500 se trouvent encore en Italie !

Il faut prendre acte de l'échec.

4 septembre 1942. « Très chère Lu,

« Je viens de passer quelques jours très durs. Nous avons dû mettre fin à l'offensive en raison à la fois de l'état de nos approvisionnements et de la supériorité aérienne de l'ennemi. Autrement, la victoire était à nous. Enfin, je n'y puis rien. J'ai fait aujourd'hui pour la première fois une brève visite à mon quartier général où j'ai même ôté mes bottes et pris un bain de pieds. J'espère encore que la situation pourra être rétablie. Toutes mes pensées pour vous et pour Manfred.

« P.-S. : Bismarck tué. Nehring blessé. »

Rommel l'avoue à sa « très chère Lu » :

« Le docteur insiste pour que j'aille me reposer en Allemagne sans plus attendre. »

Mais il pressent que Churchill se prépare à lancer, à partir d'El-Alamein, une grande offensive d'ici quatre à six semaines avec des forces considérables.

« Une victoire allemande dans le Caucase est la seule chose qui pourrait l'en empêcher. »

Mais qui comprend au Grand Quartier Général du Führer qu'il faudrait prendre en tenaille le canal de Suez, avec des troupes venues du Caucase et les unités de l'Afrikakorps, venues du désert, envahissant l'Égypte ?

Au lieu de cette vision stratégique...

« Kesselring – le général commandant en chef – est venu ce matin. Il arrivait du GQG du Führer.

« La bataille de Stalingrad semble très dure et elle immobilise quantité de forces dont nous aurions fait meilleur emploi dans le Sud. »

Mais le Führer décide.

La maladie aussi et, pendant près de six semaines, Rommel séjourne auprès de son épouse Lu et de leur fils Manfred.

Il retrouve le front d'El-Alamein, le 26 octobre 1942, au moment où la 8e armée de Montgomery commence son offensive.

« Très chère Lu,

« Arrivée hier à 18 h 30. Situation critique, gros travail. Après ces merveilleuses semaines chez nous, j'ai de la peine à me faire à ce qui m'entoure ici et à la tâche qui est la mienne. La différence est trop terrible. »

Les vagues successives de bombardiers britanniques incendient le désert, durant la nuit du 26 octobre.

Vers 2 heures du matin, des milliers de pièces d'artillerie de tous calibres déclenchent un tir de barrage destructeur dont les explosions illuminent le ciel.

Aucune contre-offensive ne peut réussir dans ces conditions et… il n'y a pas d'essence ! La Luftwaffe en a livré 70 tonnes là où il en faudrait des milliers !

Rommel, harassé, ne peut contenir son pessimisme, sa lucidité désespérante.

28 octobre 1942.

« Très chère Lu,

« Peut-être n'aurai-je pas la possibilité de vous écrire dans les jours qui viennent, et qui sait si je l'aurai jamais plus ? Aujourd'hui, puisque je l'ai encore, j'en profite.

« La bataille fait rage. J'espère que nous arriverons à tenir, en dépit de tous les facteurs qui nous sont contraires. Mais il n'est pas exclu que cela tourne mal, ce qui aurait des effets très graves sur le déroulement général de la guerre. Car l'Afrique du Nord tomberait alors aux mains des Britanniques en quelques jours, presque sans combat.

« Nous donnerons le meilleur de nous-mêmes, mais la supériorité de l'ennemi est terrifiante et nos propres ressources tellement minces !

« Est-ce que je survivrai à une défaite ? Cela est dans la main de Dieu. Le sort des vaincus est cruel. Mais je suis heureux dans ma conscience d'avoir tout fait pour la victoire et de ne pas m'être épargné.

« Durant ces brèves semaines passées à la maison, j'ai vraiment senti tout ce que vous et Manfred représentez pour moi. Ma dernière pensée est pour vous deux. »

**Le maréchal Coningham
et le général Montgomery.**

L'offensive de Montgomery se déploie, écrase l'Afrikakorps, impuissant, sans approvisionnements.

« Je n'ai plus grand espoir, écrit Rommel.

« La nuit, je reste les yeux grands ouverts, incapable de dormir avec cette responsabilité qui pèse sur moi. Le jour, je suis fatigué à mourir.

« Qu'arrivera-t-il si les choses tournent mal ? Cette pensée me tourmente jour et nuit. Je ne vois pas d'issue. »

Rommel reçoit un message du Duce.

Mussolini, écrit le maréchal Cavallero, « tient à vous exprimer sa conviction que la bataille actuelle aura sous votre commandement une issue victorieuse ».

Rommel serre les dents pour ne pas hurler. Pourquoi ne veulent-ils pas voir, comprendre que « l'ennemi avec sa force supérieure nous éjecte lentement hors de notre position. Cela veut dire que la fin est proche. Vous imaginez ce que j'éprouve. Raid aérien après raid aérien, après raid aérien ».

Le 3 novembre, il écrit à sa « très chère Lu » :

« La bataille tourne très mal. Nous sommes tout simplement écrasés par le poids de l'ennemi... Je cherche désespérément nuit et jour un moyen de tirer de là nos malheureuses troupes.

« Nous allons vers des jours très difficiles, les plus difficiles peut-être qu'un homme puisse traverser.

« Je pense constamment à vous avec un cœur plein d'amour et de gratitude. Peut-être que tout ira bien et que nous nous reverrons. »

Vers midi, le 3 novembre, Rommel regagne son poste de commandement. Il roule à pleine vitesse, échappe de justesse à un tapis de bombes lancées par dix-huit appareils anglais.

À 13 h 30 arrive au PC un message du Führer.

« Au maréchal Rommel,

« C'est avec une pleine confiance dans votre talent de chef et dans la vaillance des troupes germano-italiennes que vous commandez, que le peuple allemand et moi suivons le déroulement de l'héroïque bataille en Égypte. Dans la situation où vous vous trouvez, votre seule pensée doit être de tenir, de ne pas reculer d'un mètre et de jeter dans la bataille toutes vos armes et tous vos combattants. D'importants renforts d'aviation sont envoyés au commandant en chef sud. De même, le Duce et le Comando Supremo ne négligeront aucun effort pour vous procurer les moyens de continuer la lutte. Malgré sa supériorité, l'ennemi doit se trouver lui aussi à la limite de ses forces. Ce ne serait pas la première fois dans l'Histoire qu'une volonté forte triompherait d'un ennemi supérieur en nombre. Vous ne pouvez montrer d'autre voie à vos troupes que celle qui mène à la victoire ou à la mort. »

« Adolf Hitler. »

Rommel lit et relit. Les mots « à la victoire ou à la mort » l'accablent et le révoltent.

Cet ordre condamne à mort des milliers d'hommes : ceux de l'Afrikakorps et ceux des divisions italiennes.

Ce n'est pas d'un tel ordre que l'Afrikakorps a besoin, mais d'armes et d'essence, de munitions, d'avions !

Rommel est d'autant plus empli d'amertume que l'appel du Führer a eu un « grand effet sur le moral des troupes. Elles sont prêtes à se sacrifier jusqu'au dernier homme conformément aux ordres reçus, note-t-il dans son journal.

« Moral magnifique d'une armée dont le dernier soldat sait que même des efforts surhumains ne peuvent changer l'issue de la bataille ».

Faut-il les laisser mourir comme le Führer le demande ?

Rommel charge son aide de camp, le lieutenant

Berndt, de se rendre au GQG du Führer afin de lui annoncer que « l'anéantissement définitif de l'armée blindée germano-italienne ne serait plus qu'une question de jours si l'ordre du Führer n'était pas rapporté ».

Rommel rencontre Kesselring, le commandant en chef du théâtre d'opérations sud, et, d'une voix tendue par l'amertume et l'émotion, n'hésite pas à lui dire :

« Jusqu'ici je m'étais imaginé que le Führer me confiait le commandement de l'armée. Cet ordre insensé nous a fait l'effet d'un désaveu. Le Führer ne peut tout de même pas appliquer à la conduite de la guerre en Afrique les enseignements qu'il a retirés de ses expériences en Russie. La décision en Afrique aurait dû m'être laissée. »

En fait, l'ordre de Hitler, selon Rommel, a une cause tout à fait différente, et la suite allait le démontrer chaque jour davantage.

Au quartier général, on a l'habitude de faire passer les considérations de propagande avant les nécessités militaires, aussi paradoxal que cela puisse paraître. « On ne peut se résoudre à annoncer au peuple allemand et au monde que nous avons perdu la bataille d'El-Alamein et l'on s'imagine pouvoir modifier le cours du destin par un ordre comme "la victoire ou la mort" ! »

C'est le 3 novembre 1942.

« La fortune des armes abandonne nos drapeaux, écrit Rommel. Et à dater de ce jour, la liberté de décision de l'armée sera limitée à l'extrême par les autorités suprêmes. »

C'est-à-dire le Führer.

Rommel se rend à son poste de commandement. Le front est rompu. L'*Ariette,* le XXe corps italien, après une « lutte désespérée », les petits chars du Duce écrasés par les lourds chars britanniques, est anéanti.

Le général von Thoma *(à droite),*
prisonnier après la défaite d'El-Alamein,
et le général Montgomery *(tête nue).*

Des officiers de l'Afrikakorps cherchent la mort sur le champ de bataille.

Le général von Thoma, après l'anéantissement de son unité, a cherché en vain à se faire tuer, mais il est fait prisonnier.

Rommel décide d'enfreindre l'ordre du Führer pour tenter de sauver ce qui peut l'être.

Le 4 novembre 1942, à 15 h 30, il donne l'ordre de retraite immédiate.

« Les morts sont heureux, pour eux tout est fini », écrit-il à sa « très chère Lu ».

34.

C'est le 5 novembre 1942, à 8 heures du matin.

Il y a moins de vingt heures, Rommel ordonnait la retraite immédiate.

Un avion décolle de l'aérodrome de Vichy, à destination d'Alger. À son bord, l'amiral Darlan, le successeur désigné du chef de l'État, le maréchal Pétain.

Il est aussi, en fait, parce qu'il a la confiance du Maréchal, celui qu'écoutent les généraux de l'Armée de l'armistice, en charge des troupes cantonnées dans la zone libre ; celui que suivent les amiraux qui commandent la flotte regroupée à Toulon.

Tous ces officiers, par esprit de discipline et par conviction, par attachement au vainqueur de Verdun, respectent les ordres donnés par le Maréchal et souvent transmis par son successeur désigné, Darlan.

Ceux qui sont en poste en Afrique du Nord, à Casablanca, Alger, Tunis, ou en Afrique-Occidentale, à Dakar, dans les territoires qui n'ont pas rallié la France Libre, sont encore plus déterminés à rester fidèles à Pétain.

Ils veulent défendre la souveraineté française incarnée par Pétain, chef de l'État, contre les Anglais, les Américains, les rebelles de la France Libre, et les Allemands ou les Italiens. Or les rumeurs d'une « invasion » anglo-américaine de l'Afrique du Nord se sont répandues dès la fin de l'année 1941.

Le général Weygand, qui commandait en Afrique du Nord avant d'être « limogé » en novembre 1941 par Pétain à la demande des Allemands, avait déclaré :

« Si les Américains viennent avec une division, je les fous à l'eau, s'ils viennent avec vingt divisions, je les embrasse. »

Mais il avait aussi ajouté :

« Je suis trop vieux pour être un rebelle. »

Il obéirait donc aux ordres donnés par le maréchal Pétain. Et il en est ainsi pour la plupart des officiers.

Or, le 5 novembre 1942, on signale qu'une flotte de 290 navires anglais et américains chargés de troupes approche de Gibraltar.

Une partie de ces navires se dirige vers Casablanca et les côtes marocaines.

Le reste franchit le détroit en direction des côtes algériennes.

L'amiral Darlan ne peut l'ignorer, comme il connaît la défaite et la retraite de Rommel.

Mais à son arrivée à Alger, il prétend que ce ne sont pas ces événements qui l'ont conduit à quitter Vichy.

Il se rend, assure-t-il, au chevet de son fils unique, Alain, atteint de poliomyélite depuis le 13 octobre et que l'on donne mourant.

La venue de son père a un effet miraculeux !

Contrairement à tous les diagnostics médicaux, Alain Darlan est sauvé.

Quant à l'amiral Darlan, il devient la pièce maîtresse de la situation.

L'Afrique du Nord est un nœud d'intrigues, de conspirations, de lâchetés, de tromperies, de bêtises.

Et une tragédie.

Car dans la nuit du 7 au 8 novembre 1942, les navires anglais et américains ont atteint les côtes marocaines et algériennes.

Depuis des mois, quelques conjurés – industriels, policiers, fonctionnaires, officiers, aventuriers – ont pris langue avec le consul américain à Alger, Robert Murphy.

Le consul écoute, promet un débarquement des troupes américaines. C'est l'opération *Torch,* à laquelle Roosevelt s'est rallié et que Churchill a présentée à Staline qui en a compris tous les avantages.

Mais Robert Murphy ne dévoile pas aux conjurés le détail de l'opération et les « conjurés » sont vite neutralisés par les officiers décidés à suivre les ordres de Pétain.

Le Maréchal a reçu un message de Roosevelt.

Le président des États-Unis affirme que le débarquement américain a pour but de prévenir une agression des troupes de l'Axe – Allemagne-Italie – contre l'Empire français.

Roosevelt poursuit :

« Je n'ai pas besoin de vous dire que le but ultime et le plus grand est la libération de la France et de son Empire du joug de l'Axe…

« Je n'ai pas besoin de vous affirmer à nouveau que les États-Unis d'Amérique n'ambitionnent la conquête d'aucun territoire... »

La réponse de Pétain est apparemment sans ambiguïté :

« C'est avec stupeur et tristesse que j'ai appris cette nuit l'agression de vos troupes contre l'Afrique du Nord, commence le Maréchal.

« J'ai lu votre message, vous invoquez des prétextes que rien ne justifie.

« Vous prêtez à vos ennemis des intentions qui ne se sont jamais traduites en actes.

« J'ai toujours déclaré que nous défendrions notre Empire s'il était attaqué... Nous sommes attaqués, nous nous défendrons, c'est l'ordre que je donne. »

Ces mots enfantent des morts.

Américains et Français s'entretuent sur les plages nord-africaines. Car les ordres de Pétain sont exécutés.

On résiste aux Américains.

Au Maroc, les troupes du général Noguès comptent 1 500 morts et infligent près de 1 000 tués aux Américains !

On peut aussi mourir à Sidi-Ferruch, non loin d'Alger.

Et les Américains ne débarquent pas en Tunisie, laissant ainsi les troupes allemandes s'y installer. Et il faudra de durs combats – de nombreux morts – pour les déloger.

Puisque les troupes françaises restent fidèles au

maréchal Pétain, Robert Murphy se tourne vers l'amiral Darlan.

Robert Murphy.

Mais celui-ci refuse de donner l'ordre d'accueillir les Américains en libérateurs.

« J'ai prêté serment au maréchal Pétain, explique Darlan. Et depuis deux ans, je recommande à mes marins et au pays de s'unir derrière le Maréchal. Je ne peux pas renier mon serment. »

Robert Murphy obtient seulement que Darlan demande à Pétain ses instructions.

Pétain, qui vient de donner l'ordre de résister, télégraphie sa réponse à Darlan :

« J'ai bien reçu vos messages par l'entremise de l'amirauté et suis heureux que vous soyez sur place. Vous pouvez agir et me renseigner. Vous savez que vous avez toute ma confiance. »

Darlan est bien le maître de la situation, puisque Pétain lui donne un blanc-seing.

En fait, Pétain pratique son double jeu habituel : pour satisfaire les Allemands, il doit faire des déclarations invitant à la résistance aux Américains.

Et il faut permettre à Darlan de négocier avec ces Américains que Pétain invite à tuer.

Car le 8 au soir, les combats qui ont cessé à Alger se poursuivent à Oran et Casablanca !

315

Ces « finasseries » sanglantes se parent des vertus de la bonne conscience : Pétain et Laval prétendent que leur politique est la seule qui permette de protéger la population de la métropole des représailles allemandes.

À Weygand qui propose de signer l'armistice avec... les Américains, de déclarer la guerre à l'Axe, de donner l'ordre à l'Armée de l'armistice de résister aux Allemands s'ils pénètrent en zone libre et d'envoyer la flotte de Toulon à Alger ou à Oran, le Maréchal répond qu'on ne peut adopter cette attitude, car la France serait traitée comme la Pologne.

Laval, lui, veut incarner la « collaboration » active, mais en essayant de ne pas passer « aux actes ».

Or il reçoit un message du Führer qui le convoque à Munich pour le 10 novembre à 23 heures.

Hitler ne cache rien de ses exigences.

« En présence de l'agression à laquelle viennent de se livrer les Anglo-Saxons, écrit le Führer, la rupture des relations diplomatiques ne saurait être considérée comme suffisante.

« Il faudrait aller jusqu'à une *déclaration de guerre aux Anglais et aux Américains.*

« Si le gouvernement français prend une position aussi nette, conclut Hitler, l'Allemagne est prête à marcher avec lui "pour le meilleur et pour le pire". »

Laval consulte Pétain, refuse la proposition de Hitler, et le gouvernement déclare que « la France n'a pas rompu ses relations diplomatiques avec les États-Unis... elle a seulement constaté que ce sont les États-Unis qui ont pris l'initiative de les rompre »...

Finasseries ! Vichy veut ménager Américains et Allemands, ce qui est voué à l'échec.

Selon tous les renseignements recueillis, les Allemands sont décidés à envahir la zone libre, le 10 ou le 11 novembre.

Et devant leurs diktats, Laval s'incline.

Lorsque le Reich réclame le droit pour la Luftwaffe d'utiliser les aérodromes nord-africains, Laval déclare :

« Il est impossible après l'agression américaine d'empêcher l'aviation allemande de venir en Afrique du Nord. »

Capitulation !

La collaboration conduit à la soumission.

Au soir du 9 novembre, cent bombardiers de la Luftwaffe ont atterri en Tunisie !

Pendant ce temps, Laval roule vers Munich et Berchtesgaden.

Il est inquiet.

« Durant les longues heures de cette route à travers la Forêt-Noire, une question me venait sans cesse à l'esprit : quelles allaient être les représailles allemandes ? »

Laval craint aussi pour sa propre vie. Il s'est muni d'une ampoule de cyanure. Il veut rester maître de son destin.

Mais en fait, tout est déjà joué. Hitler a décidé de procéder à l'occupation totale de la France (ce qui signifie la fin de la fiction d'un gouvernement français indépendant). Les troupes de l'Axe s'empareront de la Corse et créeront une tête de pont en Tunisie.

Ciano, le ministre des Affaires étrangères italien qui assiste à la rencontre Laval-Hitler, dans la nuit du 10 novembre, observe Laval :

« Dans le vaste salon, au milieu d'officiers en uniforme, Laval, avec sa cravate blanche et sa tenue de paysan endimanché, semble singulièrement déplacé. Il essaye de prendre un ton détaché, raconte son voyage en voiture. Il a, paraît-il, dormi presque tout le temps, etc. Ses histoires tombent à plat. Hitler le traite avec une politesse glacée...

« Le pauvre homme, placé sans le savoir devant le fait accompli, ne peut s'imaginer qu'au moment même où il fume son cigare en conversant avec ses hôtes, ordre est donné aux troupes allemandes d'occuper la zone dite libre du territoire français. Personne ne lui en souffle mot. Le lendemain, et pas avant, me dit Ribbentrop, Laval sera informé qu'en raison de certains renseignements reçus au cours de la nuit, le Führer s'est vu contraint de prendre cette mesure. »

Laval n'est plus que le chef d'un gouvernement fantoche.

Il a compris que, dans quelques heures, la zone libre sera occupée et l'Armée de l'armistice dissoute.

À Vichy, un témoin – l'amiral Auphan – note :

« J'ai vécu peu d'heures aussi dramatiques que cette matinée du 10 novembre 1942, avec d'un côté Darlan et les Américains négociant à Alger, de l'autre côté Laval aux prises avec Hitler à Munich, et au milieu, à Vichy, un vieux maréchal, assailli de télégrammes et d'objurgations, cherchant la solution. »

L'entourage de Pétain le pousse à gagner l'Afrique. Un avion est prêt à décoller. On lui décrit l'apothéose de son arrivée à Alger.

Il prendrait la tête de la dissidence, et le commandement des armées françaises. Darlan se placerait aussitôt sous ses ordres. De même que le général Giraud que les Anglais viennent de transporter en Algérie.

Les Américains qui n'aiment pas de Gaulle sont prêts à appuyer cette transition entre un « premier Vichy » attentiste et son héritier, un Alger combattant les Allemands.

Mais Pétain refuse.

« Un pilote doit rester à la barre pendant la tempête, dit-il. Il n'abandonne pas la barre. Si je pars, la France connaîtra le régime de la Pologne… Vous ne savez pas ce qu'est le régime de la Pologne. La France en mourrait. »

Mais en même temps, Pétain, en utilisant un code secret créé par Darlan, communique avec l'amiral.

« Vous avez toute ma confiance. Faites au mieux. Je vous confie les intérêts de l'Empire », lui écrit-il.

« J'ai compris et je suis heureux », répond Darlan.

À Alger, la situation est nette : Darlan sait que le Maréchal approuve son revirement en faveur des Américains.

Le général Giraud, auquel Roosevelt a laissé entendre qu'il commanderait les troupes américaines débarquées en Afrique du Nord, est relégué à un rôle de second plan.

« J'exécuterai vos ordres, mon général, lui dit le colonel commandant la base de Blida, où l'avion de

Giraud vient de se poser. Mais je vous demande de me les faire parvenir par la voie hiérarchique. »

L'amiral Darlan est bien le maître de la situation ce 10 novembre 1942.

Quant à de Gaulle – et à la France Libre –, Pétain, Laval, Giraud, Darlan, les généraux et les amiraux sont décidés à le mettre hors jeu.

Et c'est aussi l'intention des Américains.

Ils veulent exclure de Gaulle de l'avenir, continuer avec les hommes de Vichy dociles et s'assurer ainsi de l'abaissement de la France et de son Empire.

Alors, le 8 novembre, à la radio de Londres, d'une voix vibrante, de Gaulle appelle les Français d'Afrique du Nord à s'engager. Sa force, c'est le peuple combattant qui la lui donne.

« Chefs français, soldats, marins, aviateurs, fonctionnaires, colons français d'Afrique du Nord, levez-vous donc ! Aidez nos Alliés ! Joignez-vous à eux sans réserves. La France qui combat vous en adjure. Ne vous souciez pas des noms, ni des formules. Une seule chose compte : le salut de la patrie ! Tous ceux qui ont le courage de se remettre debout, malgré l'ennemi et la trahison, sont d'avance approuvés, accueillis, acclamés par tous les Français Combattants. Méprisez les cris des traîtres qui voudraient vous persuader que nos alliés veulent prendre pour eux notre Empire.

« Allons ! Voici le grand moment ! Voici l'heure du bon sens et du courage. Partout l'ennemi chancelle et fléchit. Français de l'Afrique du Nord ! Que par vous nous rentrions en ligne, d'un bout à l'autre de la Méditerranée, et voilà la guerre gagnée grâce à la France ! »

De Gaulle, dans un discours prononcé le 10 novembre, appelle les Français à manifester le lendemain 11 novembre « quand sonnera l'heure de midi et jusqu'à midi trente ».

« L'horrible nuit du malheur et de la honte commence à se dissiper. Le 11 novembre 1942, toute la France saluera l'aurore de la Victoire. »

QUATRIÈME PARTIE

novembre
–
décembre 1942

« Ce n'est pas la fin. Ce n'est pas même le commencement de la fin. En revanche, c'est peut-être la fin du commencement. »

CHURCHILL
lors d'un déjeuner organisé par
le lord-maire de Londres,
le 10 novembre 1942.

« Vaincre, il n'y a pas d'autre voie, il n'y en a jamais eu d'autre ! »

DE GAULLE
discours prononcé à la radio
de Londres,
27 novembre 1942.

35.

Ce 10 novembre 1942, Churchill lève les bras, formant ainsi le V de Victoire, et tous les participants à ce déjeuner organisé par le lord-maire de Londres se dressent, ovationnent le Premier ministre durant plusieurs minutes.

Le silence ne s'établit que lorsque Churchill baisse les bras, met fin à cette communion, à cette célébration de la victoire d'El-Alamein remportée sur Rommel par les généraux britanniques Montgomery et Alexander, et saluant aussi le succès du débarquement américain en Afrique du Nord. Même si les combats stupides et fratricides entre Américains et Français continuent encore.

« Je n'ai jamais promis autre chose que du sang, des larmes, du labeur et de la sueur, commence Churchill. Mais voici que nous avons maintenant une expérience nouvelle. Nous avons la victoire – une victoire remarquable et définitive. Son brillant éclat illumine les casques de nos soldats, et il réchauffe et réjouit tous nos cœurs. »

On l'acclame.

« Les Allemands ont subi le même déluge de feu et d'acier qu'ils ont si souvent infligé aux autres », poursuit-il.

D'un mouvement rapide du bras, il interrompt les applaudissements qui déferlent de nouveau.

« Mais ce n'est pas la fin. Ce n'est même pas le commencement de la fin. En revanche, oui, c'est peut-être la fin du commencement. »

On l'applaudit. Il poursuit.

Il n'a été, dans l'opération *Torch,* dit-il, « que le lieutenant actif et ardent du président Roosevelt, commandant en chef des forces armées des États-Unis et instigateur de cette entreprise formidable ».

Churchill s'interrompt quelques secondes, le visage en sueur, rouge.

Il se souvient du 11 novembre 1918, de la victoire d'il y a vingt-quatre ans, à un jour près.

« À l'heure présente, reprend-il, nos pensées se tournent vers la France qui gémit sous la botte allemande. Beaucoup se demandent : "Est-ce la fin de la France ?…" Je vous déclare ici, en cette occasion mémorable, au moment même où des Français égarés ou contraints tirent sur leurs sauveurs, je vous déclare que je crois au relèvement de la France.

« Tant qu'il y aura des hommes comme le général de Gaulle et ceux qui le suivent, ainsi que des hommes comme le général Giraud, ce vaillant guerrier qu'aucune prison ne peut garder… ma confiance dans l'avenir de la France demeure inébranlable… »

Churchill ne s'est pas laissé aveugler, étourdir par les applaudissements.

Il n'a pas oublié de citer le général Giraud, ce rival de De Gaulle qu'un sous-marin anglais a transporté des côtes de France à Gibraltar, et que de là un avion anglais a transféré à Blida, au cœur de l'Algérie.

Roosevelt – et Churchill en est d'accord – veut disposer de la « carte » Giraud, qu'on pourra jouer contre l'ami-

Henri Giraud.

ral Darlan et le général de Gaulle, si « ces deux-là », le successeur désigné de Pétain et le rebelle ambitieux, ne se plient pas aux ordres de Washington et de Londres.

Giraud est le plus raisonnable. Il veut seulement se battre contre les « Boches ». Mais de Gaulle est une « prima donna », une « diva », qui irrite Roosevelt par ses prétentions.

Le général s'imagine encore que la France peut faire jeu égal avec les États-Unis et l'Angleterre. Mais que reste-t-il de la France dans cette nuit du 10 au 11 novembre 1942 ?

À 2 heures du matin, ce 11 novembre 1942, une « note verbale » avertit le gouvernement de Vichy du « débarquement immédiat des contingents allemands et italiens à Tunis et à Bizerte ».

Les parachutistes allemands sont en train de se poser tout autour de l'arsenal et prennent le contrôle de l'aérodrome de Tunis où se trouvent déjà des bombardiers de la Luftwaffe.

Les autorités militaires françaises ont oscillé au gré des messages contradictoires reçus de Pétain et de Laval, entre la résistance aux troupes de l'Axe ou la neutralité.

C'est cette dernière qui l'emporte.

Des dizaines de milliers d'hommes (250 000 !), Allemands et Italiens, commencent à débarquer à Bizerte, à occuper la Tunisie.

Rommel, quand il l'apprend, est révolté, amer ; ces soldats-là sont ceux qui lui ont manqué quand il n'était qu'à une centaine de kilomètres du Caire. Ils auraient permis d'atteindre le Nil.

Mais le Führer s'était refusé à lui envoyer des renforts, ces hommes qui aujourd'hui occupent la Tunisie, afin, dit la « note verbale » adressée au gouvernement de Vichy, « de pouvoir faire obstacle de là à l'occupation américaine de l'Afrique du Nord, de libérer ces territoires et de compléter, à leur côté, les forces armées françaises »…

À 5 h 30 du matin, ce même 11 novembre 1942, une lettre de Hitler est transmise au maréchal Pétain.

Elle annonce l'entrée des troupes allemandes en zone libre.

Il s'agit, selon Hitler, de prendre les devants, car les « prochains objectifs de l'invasion américaine sont la Corse et le midi de la France ». Et Hitler conclut cette lettre brutale et hypocrite : « Je voudrais vous assurer que vous pourrez, monsieur le Maréchal, vous et votre gouvernement, vous déplacer désormais librement sans aucune entrave dans toute la France. »

Avant 7 heures du matin, ce 11 novembre, les unités de la Wehrmacht franchissent la ligne de démarcation.

L'Armée de l'armistice est paralysée.

À 8 h 30, le ministre de la Guerre du gouvernement de Vichy, le général Bridoux, interdit aux troupes de quitter leurs lieux de garnison.

Or il était prévu que ces régiments, ces divisions, gagneraient les hauts plateaux du Massif central afin d'y créer des foyers de résistance.

Seul le général de Lattre tentera de gagner le plateau des Corbières, il sera arrêté et emprisonné à la prison militaire de Toulouse. Et les Allemands n'auront qu'à cerner les casernes, à chasser les soldats, à s'emparer de leurs armes.

L'occupation de la zone libre ne rencontre donc aucun obstacle. Le gouvernement de Vichy n'a plus ni territoire ni armée.

Ce 11 novembre 1942, une heure après l'ordre du général Bridoux (qui équivaut à dire : « Laissez-vous prendre au piège » ou : « Livrez vos armes et votre honneur aux nazis »), un train blindé allemand se présente à la sortie de Moulins et demande le passage en direction de Vichy.

À son bord, le maréchal von Runstedt qui est chargé par le Führer d'informer officiellement le maréchal Pétain de l'invasion de la zone libre.

À 10 h 30, le maréchal von Runstedt se présente en grande tenue à l'hôtel du Parc.

Pétain, revêtu de son uniforme de Verdun, et portant

pour toute décoration la médaille militaire, le reçoit, l'écoute, puis, la voix plus tremblante encore qu'à l'ordinaire, lit très lentement sa protestation.

Son entourage a veillé à ce qu'elle ne soit que « juridique ».

Laval, par téléphone depuis Munich, a insisté pour que rien ne puisse suggérer qu'on incite à la résistance, sinon les « représailles contre la population française seraient effroyables ».

Pétain a approuvé les propos de Laval. Il lit :

« J'ai reçu cette nuit une lettre du Führer m'annonçant qu'en raison des nécessités militaires, il était dans l'obligation de prendre des mesures qui ont pour effet de supprimer, en fait, les données premières et les fondements de l'armistice.

« Je proteste solennellement contre ces décisions incompatibles avec les conventions d'armistice. »

Pétain semble avoir retrouvé de l'énergie.

Il exige que cette protestation soit diffusée sur les ondes. Il se heurte à Marion, le secrétaire d'État à l'Information, qui ne veut mécontenter ni Laval ni Hitler.

Pétain lui ordonne d'obéir et Marion s'incline.

Vers midi, le Maréchal lit une nouvelle proclamation.

« Aux Français de la France et de l'Empire français, je croyais avoir vécu les jours les plus sombres de mon existence ; la situation d'aujourd'hui me rappelle les mauvais souvenirs de 1940. »

La voix est ferme, l'émotion perce dès les premières phrases.

« Je salue avec douleur les militaires, les marins, les

aviateurs et tous ceux qui tombent pour l'honneur de l'Empire et la sauvegarde de la patrie.

« Français de la Métropole et de l'Empire, faites confiance à votre Maréchal qui ne pense qu'à vous.

« Philippe Pétain. »

Ces combattants que Pétain salue sont ceux qui, en ce 11 novembre 1942, continuent de se battre contre les troupes américaines.

Et cependant Pétain, en même temps qu'il tient ces propos, a l'intention d'ordonner la cessation des combats, c'est le sens des messages qu'il fait parvenir à Darlan qui négocie un armistice avec les Américains.

Mais à 14 heures, Laval, accompagné d'Otto Abetz, arrive à Vichy et, aussitôt, il s'élève contre cet éventuel armistice.

« Il faut qu'on puisse dire qu'on a été au bout de la résistance, martèle Laval. Si nous cessons tout combat, les Allemands vont se venger sur la Métropole. On refait un Empire, on ne refait pas la France ! En quelques semaines, les Allemands auront reconquis l'Afrique. Si nous ne les aidons pas, ils la garderont. »

À 17 heures, le Conseil des ministres de ce gouvernement qui n'a plus ni territoire ni autonomie se range à l'avis de Laval.

Le Maréchal adresse un ordre du jour aux troupes d'Afrique, engagées dans les combats contre les Américains, leur demandant de « lutter jusqu'à la limite de leurs forces ».

Pétain n'est plus qu'un « figurant » enfermé à l'hôtel du Parc qu'encercle un cordon de police.

Les généraux allemands et italiens s'installent non loin.

La Gestapo occupe un petit immeuble au cœur de Vichy et son chef, le capitaine Gessler, ordonne les premières arrestations. Mais c'est le général Oberg qui, de Paris, demande à René Bousquet d'appréhender le général Weygand. L'ordre émane de Himmler.

Bousquet refuse, déclare qu'il n'obéit qu'au maréchal Pétain. Il organise la fuite de Weygand dans une des voitures du chef de l'État, que deux véhicules allemands, chargés de SS et de policiers en armes, arrêteront.

Le général Weygand est conduit à Moulins et de là en Allemagne.

Ce 11 novembre 1942 voit s'effondrer le château de cartes truquées qu'était le gouvernement du maréchal Pétain. L'ambassadeur de Brinon annonce dans un communiqué officiel que, désormais, par un effet de la générosité allemande, il pourra faire hisser le drapeau français sur l'hôtel Matignon. Là où se trouve le siège de l'ambassade de France à Paris...

Il faudrait rire et on ne peut que s'indigner tant il y a de veulerie, de bassesse et d'esprit de soumission dans la satisfaction servile de monsieur l'ambassadeur de Brinon, représentant la France... à Paris.

Ce même jour, 11 novembre 1942, à l'Albert Hall de Londres, la voix du général de Gaulle s'élève, forte mais sans illusion.

« La voici donc terminée la première phase de cette guerre, dit de Gaulle, celle où devant l'assaut prémédité des agresseurs reculait la faiblesse dispersée

Le général de Gaulle au Royal Albert Hall.

des démocraties... Cependant, si le tunnel où nous avons longtemps cheminé dans les ténèbres commence à s'éclairer d'une lointaine lueur, il s'en faut de beaucoup que nous nous trouvions au terme. »

La veille, Churchill avait évoqué « la fin du commencement ». Et de Gaulle, lucide et réaliste, le rejoint.

Il ne dissimule rien : et d'abord le risque de la dispersion car « mille forces centrifuges s'exercent sur l'unité de la patrie ». Il n'ignore pas les manœuvres des Américains pour l'écarter au bénéfice de Darlan ou de Giraud.

Il l'a dit à plusieurs reprises depuis le 8 novembre.

« Ce qui se passe en Afrique du Nord du fait de Roosevelt est une ignominie. »

Les Américains ont annexé Giraud avec l'idée que l'annonce de son nom « ferait tomber les murailles de Jéricho », analyse de Gaulle. Ils utilisent aussi

« l'expédient temporaire de Darlan » pour négocier un cessez-le-feu !

Darlan, le vichyste, l'homme de l'accord avec Hitler à propos de la Syrie, ouvre les aérodromes aux avions de la Luftwaffe.

De Gaulle mesure les conséquences de ce choix :

« Quelques gaffes de cette sorte commises par les Américains, dit-il, et la Résistance ne croira plus à la capacité et à la pureté de la France Combattante, ce sont les communistes qui se présenteront comme les durs et les purs alors qu'ils ont commencé la guerre en désertant le combat, alors qu'ils ont attendu l'entrée de l'URSS dans la guerre pour me faire signe et ne plus m'attaquer. »

Mais à l'Albert Hall, ce 11 novembre 1942, face à la foule enthousiaste, dans la lumière éclatante qui fait ressortir les trois couleurs des drapeaux à croix de Lorraine, le temps est à l'épopée, à la célébration de l'héroïsme et du sacrifice.

« Le ciment de l'unité française, lance de Gaulle, c'est le sang des Français qui n'ont jamais, eux, accepté l'armistice. »

Une voix isolée, du haut des gradins, dans le silence, une voix qui crie qu'il faut s'entendre avec Giraud, et tout à coup des hurlements qui couvrent la voix, qui l'étouffent, l'interpellateur est chassé.

Cette foule enthousiaste est pleine aussi de fureur contre ceux qui commandent, trahissent les espoirs.

« Soldats morts à Keren, à Koufra, Mourzouk, Damas, Bir Hakeim, reprend-il, marins de nos navires coulés... aviateurs tués... combattants de Saint-Nazaire tombés le couteau à la main, fusillés de Nantes, Paris, Bordeaux, Strasbourg et ailleurs… C'est vous qui condamnez les traîtres, déshonorez les attentistes, exaltez les courageux… Eh bien, dormez en paix ! La France vivra parce que vous, vous avez su mourir pour elle ! »

Il attend que la vague d'émotion reflue et, la voix nouée, il lance : « Le centre autour duquel se refait l'unité française, c'est la France qui combat. À la nation mise au cachot, nous offrons depuis le premier jour la lutte et la lumière ! »

Il reprend après les applaudissements frénétiques.

« La France ne juge les hommes et leurs actions qu'à l'échelle de ce qu'ils réalisent pour lui sauver la vie… La nation ne reconnaît plus de cadres que ceux de la Libération. Comme dans sa grande révolution, elle n'accepte plus de chefs que ceux du Salut public. »

Il dit encore : « Rétablir intégralement les libertés françaises… » Puis : « La France trahie par des coalitions de trusts et de gens en place entend construire chez elle un édifice moral et social où nul monopole ne pourra abuser des hommes ni dresser aucune barrière devant l'intérêt général… »

L'immense clameur vient, brûlante, exaltante, le soulever.

Il crie : « Un seul combat pour une seule patrie ! »

La foule chante. Il sait qu'elle s'est emparée des mots qu'il a lancés, qu'ils deviennent une force, la force de la France Combattante. Il lui semble que la victoire est certaine, même si, à cette heure, les troupes allemandes et italiennes ont franchi la ligne de démarcation et qu'ainsi toute la France est occupée.

Il sort de l'Albert Hall. Le brouillard est encore plus dense. Les silhouettes, après un pas, s'effacent. Tout est devenu silence. Il faut avancer en tâtonnant, sans jamais oublier le but à atteindre.

36.

En cette deuxième quinzaine du mois de novembre 1942, de Gaulle éprouve à chaque instant de ces jours sombres, glacés et humides, quand la lumière est incertaine, qu'on ne sait si c'est l'aube ou le crépuscule, un sentiment de dégoût, qui devient poussée de colère, flot d'amertume.

L'amiral Darlan a pris les fonctions de haut-commissaire en Afrique du Nord. Tous ces généraux qui ont refusé de continuer en 1940 la lutte se sont ralliés à lui. Giraud a accepté de devenir commandant en chef des troupes sous l'autorité de Darlan, qui, lui, se place sous l'autorité du maréchal Pétain.

Et celui-ci le désavoue, le condamne, et en même temps dans un télégramme secret l'approuve !

« Ne tenez pas compte de la décision officielle, soumise aux autorités occupantes. »

Et l'amiral Darlan répond !

« Adieu, bonne chance à tous ! »

« Tout se passe comme si une sorte de nouveau Vichy était en train de se reconstituer en Afrique du

Nord sous la coupe des États-Unis », commente de Gaulle.

Tout son visage exprime le mépris, et la résolution.

« Quant à moi, dit-il, je ne me prêterai ni de près ni de loin à ces nauséabondes histoires. Ce qui reste de l'honneur de la France demeurera intact entre mes mains. »

La colère ne le quitte pas.

Il apprend que le haut-commissaire en Afrique-Occidentale française, Boisson qui, en 1940, à Dakar, a fait tirer sur les Anglais et les Français Libres, se rallie à Darlan !

« L'avenir n'est pas aux traîtres ! » s'exclame de Gaulle.

Il interpelle les représentants diplomatiques américains qu'il rencontre à Londres :

« La nation française voit les États-Unis non plus seulement reconnaître, comme ils l'ont fait jusqu'à présent, un pouvoir fondé sur la trahison de la France et de ses alliés, un régime tyrannique d'inspiration nazie et des hommes qui se sont identifiés avec la collaboration allemande, cela c'était Vichy, mais désormais les États-Unis s'associent, sur le terrain même, à ce pouvoir, à ce régime et à ces hommes. »

Quand on lui répond « expédient provisoire », « accord temporaire », de Gaulle rétorque : « La morale internationale est une chose qui a sa valeur. » Il plisse les yeux, il lève la tête, il semble fixer l'horizon : « Je suis convaincu qu'après qu'aura passé ce fleuve de boue, nous apparaîtrons comme la seule organisation française propre et efficace. »

Il reçoit, moment de bonheur, un télégramme du

général Leclerc qui s'apprête à partir à l'assaut du Fezzan. « Mon général, écrit Leclerc. À l'heure où les traîtres changent de camp parce que la victoire approche, vous demeurez pour nous le champion de l'honneur et de la liberté française : c'est derrière vous que nous rentrerons au pays, la tête haute. Alors seulement la nation française pourra balayer toutes les Ordures. »

Le général Leclerc.

Mais Churchill prêche à de Gaulle la « modération ».

« Votre position est magnifique, dit-il, Darlan n'a pas d'avenir. Giraud n'existe pas politiquement. Vous êtes l'honneur. Vous êtes la voie droite. Vous resterez le seul. Ne vous heurtez pas de front avec les Américains. C'est inutile et vous n'y gagnerez rien. Patientez et ils viendront à vous, car il n'y a pas d'alternative. »

Churchill fait une grimace.

« Darlan me dégoûte », conclut-il.

De Gaulle secoue la tête.

« Je ne vous comprends pas, dit-il. Vous faites la guerre depuis le premier jour… Vous êtes cette guerre… Vos armées sont victorieuses en Libye et vous vous mettez à la remorque des États-Unis alors que jamais un soldat américain n'a vu encore un soldat allemand. C'est à vous de prendre la direction morale de cette guerre. L'opinion publique européenne sera derrière vous. »

341

Churchill écarquille les yeux, comme si cette idée le frappait de stupeur.

« Restons en contact étroit, dit-il, venez me voir aussi souvent que vous le voulez, tous les jours, si vous le désirez. »

À quoi servent ces bonnes paroles ? s'indigne de Gaulle quelques jours plus tard. Il vient de recevoir un avis de la BBC : sur ordre du Premier ministre, on refuse de le laisser intervenir, on censure la lecture des communiqués de la Résistance hostiles à la politique alliée en Afrique du Nord. Et pendant ce temps, à Alger, une radio contrôlée par les Américains diffuse les communiqués de Darlan, précédés des mots « Honneur et Patrie » comme lors des messages de De Gaulle. De Gaulle interpelle Éden : pourquoi la BBC endosse-t-elle cette escroquerie ? Pourquoi lui interdit-on de parler ?

Eden, gêné, baisse la tête, explique que, pour les émissions concernant l'Afrique du Nord, « il faut l'accord des États-Unis ». Il murmure : « La réponse exige des délais dont le gouvernement britannique s'excuse ! »

Pourquoi commenter ces propos ? Il faut être indépendant, voilà la leçon ! Et de Gaulle décide que les radios de la France Combattante, à Brazzaville, à Beyrouth, à Douala, diffuseront les messages censurés par les gouvernements américain et anglais.

Jour après jour, il faut dénoncer le « pétainisme » d'Alger, des généraux et des amiraux, de tous ceux qui hissent les voiles parce que le vent a tourné, que du Pacifique à la Volga, des îles Salomon à Stalingrad, des Aléoutiennes à la Libye, Allemands, Italiens, Japonais reculent.

C'est bien « la fin du commencement », et le tunnel qui commence à s'éclairer dont parlaient Churchill et de Gaulle, sans illusions sur les difficultés qu'il faudrait affronter, mais avec la certitude de la victoire.

Les « collaborateurs » sont eux-mêmes persuadés de leur isolement.

Avant d'être arrêté par les SS, le général Weygand a dit à Pierre Laval :

« Vous n'avez pas le droit de pratiquer une politique réprouvée par 95 % des Français.

— Vous pouvez dire par 98 %, a répondu Laval ; mais je ferai le bonheur des Français malgré eux ! »

En fait, Laval louvoie.

Il refuse de céder aux Allemands qui, multipliant les diktats menaçants, exigent du « gouvernement français » qu'il déclare la guerre aux États-Unis et à l'Angleterre.

Laval tergiverse, se dérobe, pousse le maréchal Pétain à l'abdication :

— Il ne faut pas vous mouiller, monsieur le Maréchal, moi je suis là pour me compromettre.

Et il justifie auprès des ministres cette soif de pouvoir : « En refusant de déclarer la guerre aux États-Unis et à l'Angleterre, j'ai repoussé une importante demande de l'Allemagne. Je dois lui donner une compensation et cette compensation, c'est que je prenne les pleins pouvoirs. »

Les Allemands ne se satisfont pas de cette « compensation ».

Le 18 novembre, ils somment le « gouvernement français » de « déclarer la guerre immédiatement à l'Amérique et de lever des légions impériales pour combattre en Afrique… Le gouvernement a un délai de vingt-quatre heures pour répondre. Ce délai passé, sans réponse favorable, l'armistice pourrait être rompu et la France administrée comme la Pologne ».

Chantage ! Jeu de rôles !

En fait, l'armistice est rompu depuis une semaine déjà !

Quant à Laval, dans une allocution radiodiffusée, il annonce la création d'une Légion de volontaires pour défendre l'Empire.

« La France ne s'avoue pas vaincue, répète-t-il. Le jour viendra où le drapeau français flottera seul sur Alger… »

Des mots, seulement des mots !

Qui peut croire que Laval a les moyens de créer cette Légion de volontaires ?

Au vrai, le gouvernement fantoche que préside Laval est emporté comme fétu de paille par le cours de la guerre.

Les « ministres » démissionnent.

Le maréchal Pétain adresse une lettre secrète à Laval, sorte de testament dans lequel Pétain, qui a abandonné tous les pouvoirs, rappelle :

« Moi seul peux déclarer la guerre et je ne peux

la faire sans l'assentiment préalable des assemblées législatives. »

Pétain veut éviter le pire !

Une sorte de remords hante ce vieillard de quatre-vingt-six ans.

Il interroge ceux qui viennent lui présenter leur démission : « Croyez-vous toujours que je suis un bon Français ? »

Quant à Laval, comme perdu dans un rêve, il soliloque devant ceux qui quittent le gouvernement et expliquent leurs raisons.

« Moi, que voulez-vous, dit-il, je joue la partie comme si les Allemands devaient gagner la guerre. Les Allemands gagneront-ils la guerre ? Je n'en sais rien, je ne suis pas madame de Thèbes... Plus ça va, moins je crois que c'est vrai... Mais j'estime qu'un double jeu en politique, ça ne signifie rien.

« Il y a deux hommes qui peuvent rendre service à leur pays, c'est le général de Gaulle et moi.

« Si les Allemands gagnent la guerre ou peuvent arriver à une paix de compromis, faisant actuellement avec eux une politique loyale qui ne soit pas une politique de marchandage, peut-être pourrai-je rendre encore service à mon pays et discuter avec les Allemands un traité de paix honorable.

« Si les Allemands sont battus, le général de Gaulle reviendra. Il a avec lui – je ne me fais aucune espèce d'illusion – 80 ou 90 % de la population française, et moi je serai pendu. Qu'est-ce que ça peut bien me faire ?

« Il y a deux hommes qui actuellement peuvent

sauver notre pays ; et si je n'étais pas Laval, je voudrais être le général de Gaulle. »

De Gaulle, en cette deuxième quinzaine de novembre 1942, veut faire entendre la voix de la France Libre, du Comité national français qu'il a constitué pour représenter cette France Combattante.

Mais sur l'ordre de Churchill – appliquant les choix de Roosevelt –, de Gaulle, à Londres, est bâillonné. Il est interdit de BBC. Mais ses discours sont diffusés par les radios de la France Libre, à Brazzaville, à Beyrouth, à Douala.

Il dénonce le soutien apporté aux « traîtres de Vichy » qui gouvernent à Alger, par la volonté des Américains.

Il apprend que l'amiral Darlan n'est plus pour Churchill « le scélérat, le misérable, le renégat » que le Premier ministre britannique condamnait.

Churchill dit : « Maintenant, Darlan a fait davantage pour nous que de Gaulle ! »

De Gaulle fait face, ne quittant Carlton Gardens – le siège de la France Libre – que tard le soir.

Il doit, en dépit des obstacles, de la lâcheté qui est la plaie purulente du monde des « élites », continuer et « au milieu des secousses tâcher d'être intraitable, par raisonnement autant que par tempérament ».

Il sait qu'à Londres, comme à Berlin, à Vichy, comme à Alger, Churchill comme Hitler, Laval comme Darlan pensent à la flotte française – moderne, puissante – ancrée à Toulon. Les amiraux – le comte Jean de Laborde et l'amiral Marquis – qui la commandent sont des fidèles de Pétain.

Ils ont déjà refusé d'obéir à l'amiral Darlan qui leur a demandé d'appareiller pour Alger ou Oran.

Darlan est devenu pour eux un « rebelle » passé aux Anglais. Et ils sont anglophobes, satisfaits des garanties que les Allemands leur ont prodiguées, s'engageant à ne pas pénétrer à Toulon. L'amiral Laborde, remercié, se félicite :

« Cette situation est uniquement due aux sentiments d'admiration inspirés aux hautes autorités de l'Axe par la conduite de nos marins », a-t-il écrit dans un ordre du jour du 15 novembre.

Les consignes que Laborde et Marquis ont reçues de Vichy – de l'amiral Auphan, chargé de la Marine dans le gouvernement de Laval – les satisfont. Ils doivent « s'opposer sans effusion de sang à l'entrée des troupes étrangères » dans les établissements de la Marine ou à bord des bâtiments de la flotte.

« En cas d'impossibilité, ils doivent saborder les bâtiments. »

Les Allemands, le 27 novembre, à 5 h 25, forcent les portes de l'arsenal.

L'amiral Marquis a été fait prisonnier dès 4 h 50.

À 5 h 25, l'amiral Laborde annonce : « Je donne l'ordre de sabordage : faites de même. »

C'est le « suicide le plus lamentable et le plus stérile qu'on puisse imaginer » ! Trois cuirassés, huit croiseurs, dix-sept contre-torpilleurs, seize torpilleurs, seize sous-marins, sept avions, trois patrouilleurs, une

soixantaine d'autres navires sont allés par le fond !
Seuls quelques bâtiments ont réussi à fuir.

Sabordage de la flotte française à Toulon.

« Quant à moi, dit de Gaulle, submergé de colère et
de chagrin, j'en suis réduit à voir sombrer au loin ce
qui avait été une des chances majeures de la France. »

Un nouveau crime de Vichy contre la nation ! Quelle
tragédie, quel gaspillage !

Naturellement, les Anglais acceptent de laisser de
Gaulle commenter l'événement à la BBC !

Il écrit, en pesant chaque mot, parce qu'il faut que
le chagrin devienne leçon et appel au combat.

« En un instant, dit-il, les chefs, les officiers, les
marins virent se déchirer le voile atroce que depuis
juin 1940 le mensonge tendait devant leurs yeux. »

Il ajoute : « Un frisson de douleur, de pitié, de fureur
a traversé la France entière… C'est un malheur qui
s'ajoute à tous les autres malheurs. »

Car cette même nuit du 26 au 27 novembre 1942, la Wehrmacht envahit, sur tout le territoire de l'ancienne zone libre, les casernes où, respectueuses de l'ordre de Vichy, les « troupes de l'Armée de l'armistice sont consignées ».

Livrées au bon vouloir de l'occupant.

Dans le fracas de leurs moteurs, les unités de la Wehrmacht entrent dans les cours des casernes.

« Les SS, les feldgendarmes, enfoncent les portes, hurlent des commandements. Les soldats français sont jetés dehors, en chemise, désarmés.

Ils devaient se battre, les voici comme aux pires jours du printemps de 1940, humiliés.

Ce 27 novembre 1942 se dissipe l'illusion, se dévoile le mensonge. Le gouvernement de Vichy révèle son imposture.

Il n'a été que le pouvoir de la débâcle et de la soumission à l'ennemi.

Ce 27 novembre 1942, de Gaulle, à la radio de Londres, comme le 18 juin 1940, appelle les Français à « effacer par la victoire toutes les atroces conséquences du désastre et de l'abandon ».

« Vaincre, dit de Gaulle, il n'y a pas d'autre voie, il n'y en a jamais eu d'autre ! »

37.

Le V de *Vaincre,* le V de *Victoire,* en cette fin de l'année 1942, des mains anonymes le tracent sur les murs des villes occupées par les Allemands.

Les soldats de la 8e armée britannique, celle de Montgomery, le dessinent avec leurs doigts levés.

Les *Marines* américains qui se battent contre les Japonais dans l'île de Guadalcanal le forment aussi.

Et les soldats américains débarqués sur les côtes marocaines et algériennes les imitent quand, enfin, les Français aux ordres de l'amiral Darlan cessent de les combattre, un armistice ayant été signé entre autorités françaises et américaines.

Roosevelt a approuvé le décret par lequel, le 4 décembre 1942, l'amiral Darlan déclare assumer les fonctions de chef de l'État en Afrique du Nord ; et de commandant en chef des Forces militaires navales et aériennes avec l'assistance d'un Conseil impérial où trône le général Giraud.

Darlan et ce Conseil impérial laissent en place, dans toute l'Afrique du Nord, la législation antisémite – et antimaçonnique – de Vichy ! De Gaulle proteste.

Mais à Londres, on le bâillonne à nouveau ! La BBC lui est interdite.

Ainsi, le V de *Vaincre* et le V de *Victoire,* en ces mois de novembre et de décembre 1942, ne sont pas encore tracés d'une main ferme.

C'est comme si le fléau de la balance hésitait à pencher nettement du côté de la victoire des Alliés, s'il laissait de l'espoir aux puissances de l'Axe.

Les Allemands « tiennent » encore toute l'Europe sous leur joug. Ils traquent les résistants. Ils exterminent les Juifs.

Les troupes de l'Axe ont abandonné la Cyrénaïque et la Libye, mais Allemands et Italiens ont occupé la Tunisie et s'y retranchent.

Les Américains sont à Casablanca et à Alger, mais ils ont dû accepter d'y reconnaître le pouvoir des vichystes.

Seuls de Gaulle et les forces de la Résistance française protestent avec le sentiment d'avoir été trahis.

Roosevelt, maître d'œuvre de cette politique, se félicite de son succès. Churchill approuve et Staline comprend, en cynique et en réaliste, se souvenant qu'il avait signé en août 1939 un pacte de non-agression avec Hitler.

Franklin Delano Roosevelt.

Le 27 novembre 1942, Staline écrit à Churchill :

« Quant à Darlan, je pense que les Américains ont fait de lui un habile usage afin de faciliter l'occupation de l'Afrique septentrionale et occidentale.

« La diplomatie militaire doit savoir utiliser pour ses buts de guerre non seulement les Darlan, mais encore le diable et la grand-mère du diable. »

Est-ce donc bien la « fin du commencement » ? Les Japonais s'accrochent à l'île de Guadalcanal et, après les victoires navales de la mer de Corail et de Midway (printemps 1942), les Américains connaissent des revers dans les îles Salomon.

Dans la « bataille de l'Atlantique », les meutes de U-Boot obtiennent dans les eaux glacées des mois de l'automne et de l'hiver 1942-1943 de tels succès contre les convois alliés qu'il semble que les sous-marins allemands vont l'emporter.

De Gaulle, dès le 11 novembre 1942, a analysé cette situation encore incertaine – militairement, politiquement.

« Pour affaibli qu'il soit, l'ennemi demeure, puissant, habile, résolu, a-t-il dit. Pour renforcés que nous soyons, nous portons encore en nous-mêmes bien des éléments de faiblesse ! Après tant de revers subis, les démocraties ont pu, certes, savourer leurs premiers succès. Mais il leur reste à briser la plupart des positions matérielles et morales à l'abri desquelles l'adversaire domine une grande partie du monde.

« Il leur reste à imposer leur force afin de dicter leur loi. Il leur reste à gagner la guerre. »

Hitler, Staline, Churchill, Roosevelt, de Gaulle savent, comme les peuples, qu'en ces mois de novembre et décembre 1942, le sort de la guerre se joue sur les rives du Don et de la Volga, à Stalingrad.

38.

Stalingrad, en cette mi-novembre 1942, est un champ de ruines.

La VIe armée du général Paulus a réussi à avancer jusqu'à moins de 300 mètres de la rive droite de la Volga.

La *Rattenkrieg,* la « guèrre de rats », se poursuit, impitoyable.

Les fantassins se terrent dans les caves, les égouts. Ils creusent sapes et tunnels.

La bataille de Stalingrad est ainsi faite d'une série de « guerres locales ».

Dans tous les quartiers de la ville, des centaines d'hommes s'entretuent pour le contrôle de quelques pans de mur.

Les Allemands font intervenir en appui deux ou trois panzers que les Russes laissent passer, puis ouvrent le feu avec leurs canons antichars. Tout le secteur s'embrase. Les « snipers » guettent, abattent les hommes qui tentent de passer d'un tunnel, d'un trou à l'autre.

Le général Paulus, le 11 novembre, lance une offensive dont il espère qu'elle liquidera les noyaux de résistance russes.

Quelques groupes d'Allemands, ici et là, atteignent la rive de la Volga, mais ils sont vite isolés par les contre-attaques russes.

Ces combats féroces se poursuivent durant quatre jours entre des hommes soûls d'alcool et de benzédrine.

On ne fait plus de prisonniers, on tue – on égorge, on éventre – à l'arme blanche.

Puis c'est l'accalmie.

L'offensive Paulus a échoué.

Dans le « chaudron de Stalingrad », cet enfer pantelant, on ramasse les blessés, on se terre à nouveau.

On attend.

Le général de la Luftwaffe Richthofen fait une reconnaissance aérienne.

Il survole la boucle du Don, repère les sapeurs de la Wehrmacht en train de miner le dernier pont, celui de Kalatch, par où passent renforts et approvisionnements à destination de la VIᵉ armée, celle de Paulus, enterrée dans le chaudron de Stalingrad.

Au nord du chaudron comme au sud, il identifie les troupes roumaines et italiennes qui protègent les flancs du chaudron.

Il suffirait que ces troupes cèdent pour que Paulus et ses hommes soient encerclés.

Richthofen survole les positions russes, de part et d'autre du chaudron, sur la rive gauche de la Volga.

« Les réserves russes sont maintenant en place, note-t-il. Quand, je me le demande, l'attaque se déclenchera-t-elle ? Il semble que les Russes soient actuellement à court de munitions, à moins qu'ils ne tirent pas afin de ne pas être repérés, car les pièces commencent à apparaître sur les emplacements d'artillerie. Espérons que les Russes ne feront quand même pas trop de dégâts dans nos lignes... »

Richthofen n'imagine pas que les Russes ont concentré 500 000 hommes, 900 chars T34 neufs, 230 régiments d'artillerie de campagne, et 115 régiments de *Katioucha,* sur un front d'attaque de 65 kilomètres, au sud et au nord du chaudron.

Jamais, depuis le début de l'invasion de la Russie, en juin 1941, on n'a connu une telle densité d'hommes et une telle puissance de feu.

Ce 12 novembre 1942, quand Richthofen survole le chaudron, il constate comme à l'habitude que :

« Les rues et les places, ces champs de ruines, sont désertes. Car on ne peut agir à ciel ouvert. Celui qui montre sa tête ou traverse une rue en courant est automatiquement abattu par un sniper embusqué. »

Mais entre 6 et 7 heures du matin, on n'entend même pas de détonations.

Stalingrad est enveloppée dans un linceul de silence, comme si elle n'était plus peuplée que par des cadavres ou des morts en sursis qui s'enfoncent au plus profond de ces ruines pour tenter d'échapper au moment où ils seront frappés.

Et chaque jour, en ce mois de novembre 1942, commence ainsi : par le silence et le vide de la mort à laquelle on sait ne pouvoir échapper.

Et tout à coup, le 19 novembre 1942, les soldats russes terrés entendent un grondement lointain mais intense.

Ils reconnaissent le son des canons russes, ces 2 000 pièces d'artillerie du général Voronov, puis les rafales aiguës des *Katioucha*.

Cela vient du nord et du sud.

Ces hommes se redressent, s'approchent prudemment des sorties de leurs égouts, de leurs caves, de leurs tunnels.

Le jour commence seulement à se lever.

Mais – ils en sont sûrs – il sera différent des autres.

C'est l'offensive qui va enfermer les Allemands de Paulus dans le chaudron, les affamer, les étrangler, les étouffer.

Les combattants de Stalingrad ne seront plus les seuls à contenir l'Allemand. On va le « ceinturer ».

Il était temps, car la Volga, ce 19 novembre et plus encore le lendemain, commence à charrier des glaçons. Elle n'est plus navigable et les combattants de Stalingrad sont isolés, jusqu'à ce que la Volga soit gelée, mais ce ne sera pas avant un mois. Alors les offensives au sud et au nord du chaudron, comme deux pinces qui vont à la rencontre l'une de l'autre, représentent le salut.

Hourra !

On n'ose libérer sa voix, mais elle rugit dans la poitrine de chaque combattant de Stalingrad.

Il suffit de quatre jours et demi pour que l'encerclement des Allemands à Stalingrad soit réalisé.

Les divisions roumaines et italiennes situées sur les flancs du chaudron, faiblement armées, sans chars ni artillerie, sans ardeur ni résolution combattantes, sont disloquées par les Russes. Ils avancent d'une centaine de kilomètres, enfoncent le front sur une longueur de 80 kilomètres au nord et de 50 au sud !

Les troupes des généraux Vatoutine et Yeremenko se rencontrent le 23 novembre, vers 16 h 30, à Kalatch.

Les sapeurs de la Wehrmacht sont prêts à faire sauter ce dernier pont sur le Don.

Ils voient s'avancer des véhicules allemands, portant les signes distinctifs de la 22e Panzer.

Ils s'écartent, lèvent les barrières qui interdisent la circulation sur le pont. Et des Russes surgissent des véhicules et s'emparent du pont, tuant la plupart des sapeurs allemands.

Kalatch devient ainsi le premier chaînon de *Vanneau* qui doit étrangler les 250 000 soldats de la VIe armée de Paulus.

Le correspondant de l'United Press à Moscou, Henry Shapiro, se rend, dans les jours qui suivent la « fermeture » de l'anneau, sur le front de Stalingrad. Il écrit :

« La voie ferroviaire la plus proche du front avait été violemment bombardée par les Allemands ; toutes les gares étaient détruites, et les chefs militaires ainsi que les techniciens des chemins de fer dirigeaient le trafic dans des abris souterrains ou dans des maisons en ruine. Tout le long de la ligne, c'était un flot ininterrompu et impressionnant de matériel de guerre : *Katioucha,* canons, chars, munitions, hommes. Les convois roulaient de nuit et de jour, et il en allait de même sur les routes. On voyait peu de matériel anglais ou américain, sauf, de temps en temps, une Jeep ou un tank ; 90 % environ de tout ce matériel était soviétique. Toutefois, une forte proportion de vivres était américaine – surtout le lard et le sucre.

« Quand je me rendis à Serafimovitch, au nord, les Russes faisaient plus que de consolider l'"anneau" autour de Stalingrad... Ils en formaient un second ; on voyait bien sur la carte que les Allemands de Stalingrad étaient absolument pris au piège et qu'ils ne pourraient en sortir... Je m'aperçus que les soldats aussi bien que les officiers avaient une impression de confiance comme je n'en avais jamais vu encore dans l'armée Rouge. Durant la bataille de Moscou, il n'y avait rien eu de semblable.

« Loin en arrière de la ligne de combat, des milliers de Roumains erraient à travers la steppe, maudissant les Allemands, cherchant désespérément les dépôts de vivres russes, et cherchant surtout à se faire accueillir comme prisonniers de guerre. Quelques isolés se mirent même à la merci de paysans russes, qui les traitèrent avec charité pour cette simple raison qu'ils n'étaient point allemands. Ils voyaient dans ces Roumains de "simples paysans comme eux".

« Si l'on excepte quelques petits groupes de la Garde de Fer des fascistes roumains qui, çà et là, se battirent durement, les soldats roumains en avaient assez de la guerre ; les prisonniers que je vis disaient tous la même chose : c'était la guerre de Hitler, et les Roumains n'avaient rien à faire sur le Don.

« Plus j'approchais de Stalingrad, plus le nombre des prisonniers allemands augmentait... La steppe offrait un tableau fantastique : elle était couverte de chevaux morts, parmi lesquels quelques bêtes agonisaient, debout sur trois jambes gelées, et agitaient la quatrième, cassée. C'était pathétique. Au cours de la percée russe, 10 000 chevaux avaient été tués. Toute la steppe était jonchée de ces cadavres, d'affûts de canons brisés, de chars et de pièces d'artillerie de toutes origines – allemands, français, tchécoslovaques, et même britanniques (sans doute pris à Dunkerque)… et à perte de vue il y avait des cadavres roumains et allemands. Les cadavres russes étaient enterrés les premiers. Les civils revenaient dans leurs villages, dont la plupart étaient quasiment détruits… Kalatch n'était que décombres. Il ne restait qu'une maison debout.

« Le général Chistiakov, dont je finis par trouver le quartier général dans un village au sud de Kalatch, me dit que quelques jours à peine plus tôt les Allemands auraient pu sans difficulté faire une percée et se sortir de Stalingrad, mais Hitler l'avait interdit. Ils avaient laissé passer leur chance. Le général avait la certitude que Stalingrad serait prise vers la fin de décembre.

« Les avions de transport allemands, continua Chistiakov, étaient abattus par douzaines, et les Allemands bloqués dans la "poche" de Stalingrad manquaient déjà de nourriture : ils mangeaient leurs chevaux.

« Les prisonniers allemands que je vis étaient surtout de jeunes gars, à l'air très misérable. Je ne vis aucun officier. Par trente degrés de froid, ils portaient des capotes ordinaires et des couvertures entourées autour du cou. Ils n'avaient aucune tenue spéciale d'hiver, tandis que les Russes étaient fort bien équipés de *valenki,* de peaux de mouton, de gants chauds, etc. Moralement, les Allemands étaient frappés de stupeur ; ils n'arrivaient pas à comprendre ce qui leur arrivait.

Prisonniers allemands après la défaite de Stalingrad.

« Sur le chemin du retour, je vis le général Vatoutine dans une école ravagée de Serafimovitch.

« L'entrevue dura quelques minutes, à 4 heures du matin… Le général était horriblement fatigué ; il n'avait pour ainsi dire pas fermé l'œil depuis quinze jours. Il se frottait sans cesse les yeux. Il n'en paraissait pas moins plein d'énergie, de détermination, d'optimisme. Il me montra une carte sur laquelle était clairement indiqué le bond en avant des Russes dans la zone ouest du Don. J'eus l'impression que cette percée leur avait coûté beaucoup moins cher qu'aux Roumains et aux Allemands ; ils l'avaient bien préparée ! »

Le correspondant de l'United Press n'a pas vu les cadavres des Italiens.

Ils appartenaient à la VIIIe armée italienne envoyée par le Duce combattre aux côtés des « camarades allemands ».

Elle comptait 250 000 hommes équipés comme pour une marche dans un pays tempéré !

La plupart disparurent.

« Ils eurent pour tombeau les steppes du Don », commente un historien russe.

Khrouchtchev – successeur de Staline en 1956 –, responsable politique et militaire dans la bataille de Stalingrad, ajoute :

« La guerre est comme un feu. Il est facile de sauter dedans, il n'est pas facile d'en sortir, eh bien, les Italiens ont brûlé dans la guerre, voilà tout ! »

Les Russes avaient, en fait, lancé sur les troupes italiennes des centaines de milliers de tracts leur promettant que s'ils se rendaient, ils seraient envoyés vers un « climat chaud » et traités en « camarades ».

Des milliers d'entre eux se rendirent et furent enfermés dans des camps de la Russie septentrionale ou centrale où ils moururent de faim et de froid.

Les Allemands ne se font aucune illusion sur ce que les Russes leur réservent. Ils savent comment la Wehrmacht a traité les prisonniers russes. Ils se battent donc.

Ils espèrent que les panzers de von Manstein opéreront une percée qui « brisera l'anneau russe qui les enferme ».

Ils rêvent d'une attaque, qui rassemblerait tous les

combattants de Stalingrad et les ferait aller à la rencontre des panzers de von Manstein.

Paulus et von Manstein hésitent. Ils savent quelle est la volonté du Führer : « vaincre ou mourir » ; si cela vaut pour la bataille d'El-Alamein, comment imaginer un destin différent pour l'affrontement symbolique de Stalingrad ?

On peut mourir à Stalingrad. On ne peut pas y capituler.

Cependant, von Manstein, le 12 décembre, lance ses divisions de panzers à l'offensive.

Elles avancent d'une quarantaine de kilomètres à partir du sud. Elles franchissent les rivières, l'Aksaï, la Myshkova, ces affluents du Don.

« Nous voyons déjà luire le ciel de Stalingrad », dit von Manstein.

Mais les Russes, marchant 50 kilomètres par jour dans les hurlements du blizzard, franchissent 180 kilomètres pour se porter au-devant des troupes de von Manstein.

Les Russes ne disposent pas de chars car les routes sont impraticables. Mais avec le seul appui de l'artillerie, les fantassins russes arrêtent les troupes de von Manstein.

« Le ciel de Stalingrad » s'assombrit pendant ces quatre jours décisifs – du 19 au 23 décembre 1942 –, Paulus ne tente aucune sortie pour aller à la rencontre de von Manstein, qui recule.

L'anneau se resserre autour des Allemands encerclés dans le chaudron.

Mais, en cette fin décembre 1942, ils se battent encore avec acharnement.

« Jusqu'à la fin décembre, écrit le général Tchouikov, ils vécurent d'espoir et ils opposèrent une résistance désespérée, souvent jusqu'à la dernière cartouche. Nous ne fîmes pratiquement pas de prisonniers car les nazis refusaient tout net de se rendre. Ce n'est qu'après l'échec de von Manstein que le moral des troupes allemandes commença fortement à baisser. »

39.

À des milliers de kilomètres de Stalingrad, dans les déserts de Cyrénaïque, de Libye, de Tripolitaine, le maréchal Rommel, après la défaite d'El-Alamein, tente de sauver son Afrikakorps, et donc le moral et la combativité de ses soldats.

L'Afrikakorps recule en bon ordre, manquant d'approvisionnements – de vivres, de munitions et d'essence, les fournitures indispensables chaque jour.

Et les « nuits de défaite » s'enchaînent les unes aux autres à compter de ce 4 novembre 1942.

Rommel, tout en combattant, est plein d'amertume.

« Nous venions de perdre la bataille décisive de la campagne d'Afrique, dit-il.

« Nous avions laissé dans la défaite une grande partie de notre infanterie et de nos formations motorisées. »

Il sait que cette « faillite » est due à l'ordre du Führer – « Vaincre ou mourir ! » –, à l'infériorité aérienne, à l'absence de ravitaillement.

Et il n'admet pas qu'on fasse porter la responsabilité de l'échec d'El-Alamein à ses hommes, à lui-même.

On l'accuse.

« On alla jusqu'à prétendre que nous avions jeté nos armes, que j'étais un défaitiste, un pessimiste. »

Il s'insurge. Il rejette les calomnies portées par les officiers de l'entourage du Führer, des hommes qui n'ont jamais été au front et qui s'en prennent à « ses vaillantes troupes ».

« En y réfléchissant bien, dit-il, je ne puis m'adresser qu'un reproche, celui de n'avoir tourné vingt-quatre heures plus tôt – ou tout simplement ignoré – l'ordre "Vaincre ou mourir !". »

« Selon toute vraisemblance, l'armée, l'infanterie comprise, aurait été sauvée avec une puissance combative entamée, mais nullement détruite. »

Il enrage, conteste les ordres du Duce. Car Mussolini ne veut pas qu'on abandonne la Libye, vieille colonie italienne. Comme si l'on pouvait, avec quelques milliers d'hommes et une vingtaine de canons anti-chars, résister au déferlement de centaines de blindés britanniques accompagnés de plusieurs divisions d'infanterie motorisées et appuyés par une artillerie et une aviation qui se comptent par milliers de canons et d'appareils.

« Le courage qui va à rencontre des nécessités militaires est folie, dit Rommel. Un chef qui l'exige de ses troupes est un irresponsable. »

Le 10 novembre, il écrit à sa « très chère Lu » : « Je n'avais pas eu la possibilité d'écrire depuis que l'ennemi a percé à El-Alamein... Les choses vont assez mal pour une armée qui a été rompue. Il lui faut s'ouvrir un chemin en combattant et perdre, ce faisant, ce qui lui reste de force. Nous ne pouvons continuer ainsi bien longtemps car nous avons à nos trousses un ennemi supérieur.

« Physiquement, je vais très bien. Quant au reste, je fais de mon mieux pour tenir jusqu'au bout. »

Il veut rencontrer les « maréchaux », Cavallero du Comando Supremo italien, et Kesselring, les convaincre qu'il faut reculer jusqu'en Tunisie et ne pas tenter d'arrêter un ennemi dont la supériorité est telle qu'il peut vous écraser d'un simple mouvement en avant.

« Aucun reproche ne peut être adressé à l'armée, répète Rommel, elle s'est battue magnifiquement. »

Il note, le 14 novembre, dans une lettre à son épouse : « Nous marchons vers l'ouest de nouveau. Je me porte très bien, mais je n'ai pas besoin de vous dire ce qui se passe dans mon esprit. Il faut nous féliciter de chaque jour que l'ennemi nous laisse en ne se resserrant pas sur nous. Je ne saurais dire jusqu'où nous irons. Tout dépend de l'essence que l'on doit maintenant nous apporter par avions !

« Comment allez-vous tous les deux ? Ma pensée – malgré tous mes soucis – est bien souvent auprès de vous. Qu'adviendra-t-il de la guerre si nous sommes battus en Afrique du Nord ? Comment se terminera-t-elle ? Je voudrais bien pouvoir me débarrasser de ces terribles idées... »

« Encore un bon pas en arrière, écrit-il deux jours plus tard. Par surcroît, il pleut, ce qui rend nos mouvements encore plus difficiles.

« Pénurie d'essence ! Il y a de quoi pleurer. Espérons que les Anglais ont aussi mauvais temps que nous. »

Désespéré, Rommel ?

La fatigue, les tensions avec les maréchaux (Cavallero – qui représente le Duce –, Kesselring, commandant en chef), l'amertume le rongent.

Mais il se bat, il se reprend en main.

« Je vous ai écrit quelques lettres bien misérables, dit-il à sa femme. Je les regrette maintenant. »

Il suffit d'un combat favorable pour qu'il retrouve son ardeur, une bouffée d'optimisme.

« Il n'a cessé de pleuvoir, tant et plus, écrit-il, ce qui ne m'a pas rendu l'existence parfaitement confortable, d'autant plus que j'ai campé dans ma voiture.

« Mais aujourd'hui, j'ai de nouveau un toit au-dessus de ma tête et une table. C'est le grand luxe ! Je n'oserais pas aller jusqu'à espérer un retournement favorable de la situation mais il se produit pourtant parfois des miracles. »

Il réussit à obtenir qu'une réunion des « maréchaux » ait lieu à Arco dei Fileni, à la frontière entre la Cyrénaïque et la Tripolitaine. Aux côtés de Kesselring et Cavallero, il y a le maréchal italien Bastico, que le Duce et le Führer ont placé au-dessus de Rommel.

Réunion sans issue. Le Duce veut qu'on « tienne » et même qu'on passe à… l'offensive.

En somme, la reprise par Mussolini de l'ordre du Führer, « la victoire ou la mort ».

Rommel se rebelle.

« Je décidai de prendre le premier avion pour aller me présenter devant le Führer, dit-il. Je comptais lui demander personnellement une décision stratégique et lui faire accepter l'évacuation de l'Afrique comme politique à long terme. J'étais fermement décidé à lui exposer les vues de l'armée blindée sur les opérations d'Afrique et à les lui faire accepter. »

« Nous partîmes dans la matinée du 28 novembre et arrivâmes à Ratensburg à la fin de l'après-midi », raconte Rommel.

À 17 heures, il voit le Führer.

L'atmosphère de l'entretien est glaciale. Quand Rommel évoque la nécessité d'évacuer l'Afrique, « une telle décision stratégique agit à la manière d'une étincelle tombant dans un baril de poudre ». Le Führer hurle, dans un « véritable accès de rage et un flot de reproches »...

Rommel observe les officiers présents : tous approuvent servilement le Führer.

Que savent-ils de la réalité du front, ces hommes qui n'ont sans doute jamais entendu un coup de feu ?

Le Führer, d'une voix méprisante, rappelle qu'il a dû imposer pendant l'hiver 1941-1942 le *Haltbefelh,* ne plus reculer d'un pas. Et il a sauvé ainsi, contre ses généraux, le front en Russie.

Il en sera de même en Afrique, martèle Hitler. Rester en Afrique, en Tunisie, est une nécessité politique.

« Je commençai à comprendre, écrit Rommel, que Adolf Hitler ne voulait pas voir la situation telle qu'elle était, qu'il refusait pour des raisons émotives ce que son intelligence lui faisait entrevoir.

« Il ferait l'impossible, pour m'envoyer du matériel. Le maréchal du Reich Hermann Goering m'accompagnerait en Italie, il serait muni de pouvoirs extraordinaires pour négocier avec les Italiens. »

Rommel découvre Goering, dans son train spécial qui les conduit à Rome.

C'est un satrape qui, entouré d'une cour qui le flatte, se rengorge, parle bijoux et tableaux, calomnie Rommel auprès du Führer, l'accuse d'être dominé par ses émotions, de succomber à « la maladie africaine », la lâcheté… la couardise !

« À Rome, lors d'une rencontre avec Mussolini, j'entends le Reichsmarschall dire que Rommel a abandonné les Italiens devant El-Alamein !

« Avant que j'eusse pu protester contre cette monstruosité, Mussolini déclara : "C'est une nouveauté pour moi, votre retraite a été un véritable chef-d'œuvre, monsieur le maréchal Rommel." »

Fugace consolation.

À la mi-décembre, alors que le déferlement de la puissance britannique se poursuit, inexorable, le Duce transmet un ordre d'avoir « à résister jusqu'au bout. Je dis résister jusqu'au bout avec toutes les forces de l'arme blindée germano-italienne ».

Mais où sont nos panzers ? interroge Rommel.

« Nous finirons par être écrasés sous l'immensité de la force ennemie. Quelle amère destinée pour mes soldats et pour moi-même d'en arriver là au terme de tant de combats héroïques et victorieux ! »

Et dans une lettre du 11 décembre à sa « très chère Lu », Rommel écrit :

« Je ne sais si vous pourriez trouver un dictionnaire anglais-allemand à m'envoyer par la poste. Il me serait bien utile. »

Pour interroger les officiers britanniques capturés ?

Ou pour répondre aux questions de Montgomery si Rommel est fait prisonnier ?

Il continue de reculer :

« Nous cantonnons dans des prairies couvertes de fleurs. Mais hélas nous battons en retraite et je n'entrevois aucune apparence d'amélioration. »

Rommel a, à la fin décembre 1942, la certitude que le destin des Allemands en Afrique est en passe d'être scellé... « Je n'ai pas le moindre doute sur son issue, les forces sont trop inégales. Le ravitaillement est presque tari. Il nous faut à présent nous rendre à l'inéluctable et souhaiter que Dieu veuille encore une fois soutenir notre cause. Je suis allé hier sur le front et j'y retourne aujourd'hui. »

C'est le 31 décembre 1942, écrit Rommel.

« L'avenir maintenant est entre les mains de Dieu.

« Demain une autre année commence. Nous continuerons la lutte aussi longtemps que cela sera possible... Je m'oblige à me dire que tout cela finira par s'arranger...

« Kesselring doit revenir aujourd'hui et il y a un petit espoir de voir la situation changer légèrement en notre faveur. Pas beaucoup encore, mais un petit rien… Peut-on, à vrai dire, attendre grand-chose de bien important ?

« J'ai eu à midi une entrevue avec Bastico, qui se considère de plus en plus comme le commandant en chef. Il y a des couleuvres qu'il faut bien savoir avaler. Après tout, cela signifie aussi qu'il endosse une partie des responsabilités… Je me fais beaucoup de souci pour ces violents combats qui se déroulent à l'est, à Stalingrad ! Espérons que nous en sortirons au mieux. Ici, l'armée a un moral excellent.

« Il est bien heureux que les hommes ne sachent pas tout. »

Erwin Rommel et Ettore Bastico.

40.

L'amertume, la déception et le doute qui, en cette fin de l'année 1942, envahissent souvent l'esprit du maréchal Rommel, effleurent aussi celui du général de Gaulle.

Il a vu les photos des épaves des croiseurs, des destroyers de la flotte française sabordée à Toulon le 27 novembre.

L'impuissance de l'Armée de l'armistice ne l'a pas surpris

Il a appris que les troupes françaises conservent, en Tunisie, une neutralité coupable face aux troupes de l'Axe qui débarquent à Bizerte, et dont on assure que le maréchal Rommel va prendre le commandement, les unités en retraite de l'Afrikakorps ayant déjà atteint le Sud tunisien.

Que d'occasions manquées !

Certes, de Gaulle croit que, à la fin des fins, les Français s'uniront, imposeront la présence d'une France souveraine.

Ne dit-on pas qu'en Tunisie, le général Juin – enfin ! – combat les Allemands ?

Mais le projet américain consiste à utiliser Vichy, à ignorer donc la France Libre, les réseaux de résistance.

De Gaulle voudrait rencontrer Roosevelt, s'expliquer.

« J'ai l'impression, dit-il, qu'une certaine équipe franco-américaine s'efforce d'empêcher cette rencontre. »

Il connaît cette « bande » antigaulliste, Alexis Léger (Saint-John Perse), peut-être même Jean Monnet, de Chambrun (le gendre de Laval), qui ont tous l'oreille de Roosevelt. Ils prônent pour la plupart la grande unité des Français : Pétain, Darlan, Giraud, de Gaulle. Le chantre, c'est Saint-Exupéry.

Il y a plus grave, de cette grande unité on voudrait en fait exclure de Gaulle et la France Libre.

Dans un long discours à la Chambre des communes, réunie en comité secret, Churchill a approuvé la politique antigaulliste des États-Unis. « Darlan ne les a pas trahis », a-t-il dit.

Le Premier ministre a déversé ensuite toutes ses rancœurs accumulées contre de Gaulle.

« Je ne vous recommanderai pas de fonder tous vos espoirs et votre confiance sur cet homme, a-t-il poursuivi, et encore moins de croire qu'à l'heure actuelle notre devoir serait de lui confier les destinées de la France, pour autant que cela soit en notre pouvoir… Nous ne l'avons jamais reconnu comme représentant de la France… Je ne puis croire que de Gaulle incarne la France. » Et le Premier ministre aurait évoqué le « caractère difficile », l'« étroitesse de vues » de cet

« apôtre de l'anglophobie ». Qu'opposer à ce réquisitoire ? Quels alliés trouver ? Bien sûr, tous les gouvernements en exil à Londres, le polonais et le tchèque, le danois et le belge, soutiennent la France Combattante. Mais que pèsent ces États ?

De Gaulle se rend chez Maïsky, l'ambassadeur soviétique à Londres. L'URSS peut être un contrepoids aux Anglo-Saxons. Certes, on ne peut avoir confiance en Staline, mais entre États, s'agit-il d'autre chose que d'intérêt ?

Et il faut être clair.

« Si cela continue, dit-il à Maïsky, bientôt viendra le moment où la France Combattante en arrivera à faire la même chose que la flotte française à Toulon. »

Il fixe l'ambassadeur, qui paraît surpris.

« Elle se suicidera, reprend de Gaulle. Dans une telle extrémité, je voudrais savoir quelle serait la position du gouvernement soviétique. »

Maïsky prend un air ennuyé, puis quand de Gaulle lui demande : « Puis-je compter sur l'appui de l'URSS ? », le Russe se dérobe.

L'URSS a besoin des États-Unis, l'allié le plus puissant.

De Gaulle ne peut s'appuyer que sur les « opinions publiques », en stigmatisant la politique de Roosevelt qui peut conduire les États-Unis à utiliser Laval en France, Degrelle en Belgique, Quisling en Norvège, comme ils se servent en Afrique du Nord de Darlan et de Giraud.

Qu'ils s'y essaient ! Et ils créeront la tempête, peut-être la guerre civile !

À Alger déjà, des gaullistes – Louis Joxe –, des monarchistes – Henri d'Astier de La Vigerie, l'abbé Cordier –, des patriotes – René Capitant qui dirige en Algérie le mouvement *Combat* –, se dressent contre le « traître Darlan ».

De Gaulle, le 24 décembre 1942, rend visite à l'École militaire des cadets de la France Combattante.

« Vous êtes la vraie France », dit-il à ces jeunes gens.

Grâce à eux, de Gaulle l'affirme dans le discours qu'il doit lire à la BBC :

« Ce jour de Noël 1942, la France voit à l'horizon réapparaître son étoile. »

Mais il ne doit pas dissimuler aux cadets la vérité :

« En Afrique du Nord, les inadmissibles compromissions des Alliés avec les anciennes autorités de Vichy s'éclairciront sous la pression irrésistible de l'opinion française et des mouvements de la Résistance », dit-il.

Il répète :

« Vous êtes la vraie France, c'est-à-dire la France Combattante. »

Lorsqu'il arrive à la gare de Londres le lendemain, 25 décembre, les officiers de son état-major sont nombreux sur le quai pour l'accueillir.

« Darlan est mort », lance l'un d'eux.

Abattu cette nuit par un jeune homme, Fernand Bonnier de La Chapelle.

« Une exécution », dit un autre officier.

« Nul particulier n'a le droit de tuer en dehors du champ de bataille », murmure de Gaulle.

À Carlton Gardens, on apporte une nouvelle dépêche

selon laquelle Bonnier de La Chapelle aurait été jugé dans la nuit et fusillé à l'aube. Des rumeurs font état d'un complot monarchiste conduit par Henri d'Astier de La Vigerie, le comte de Paris et un prêtre, l'abbé Cordier. Bonnier de La Chapelle n'aurait été que l'instrument de la conspiration. D'autres sources accusent les « gaullistes » d'avoir armé Bonnier de La Chapelle.

De Gaulle, d'un geste, écarte cette calomnie.

Il interrompt un officier qui parle d'« assassinat » de l'amiral.

« Darlan n'a pas été assassiné, dit-il. Il a été exécuté[1]. »

Il ignore les circonstances de l'exécution, mais il avait prévu que « Darlan serait exécuté un jour ou l'autre ».

Il interroge les membres de son état-major. Tous sont satisfaits et persuadés que la voie est enfin ouverte pour la France Combattante. Il secoue la tête. Ce sont les Américains qui ont les mains libres pour imposer leur solution, qui n'était pas Darlan – « un expédient provisoire » –, mais Giraud, dit-il.

Et d'ailleurs, voici qu'on annonce que Giraud vient d'être nommé commandant en chef civil et militaire avec tous les pouvoirs, et que des résistants gaullistes sont arrêtés, ceux-là mêmes qui avaient aidé au débarquement des Américains.

---

1. La condamnation de Fernand Bonnier de La Chapelle a été annulée le 31 décembre 1945. Le jeune homme est réhabilité. On estime qu'il a agi dans « l'intérêt de la France ». En 1953, il est décoré à titre posthume de la croix de guerre et de la médaille militaire. Il avait été en 1942 membre d'un groupe gaulliste, le Corps franc d'Afrique. Une croix de Lorraine est gravée sur sa tombe.

Il pourrait se laisser aller à l'amertume, mais, comme l'a écrit Brossolette, il n'est pire politique que celle qui naît de l'amertume.

Il va envoyer un message à Giraud. S'il reste une seule chance de réunir les forces françaises, il faut la tenter. Il dicte.

Londres, 25 décembre 1942

« L'attentat d'Alger est un indice et un avertissement.

« Un indice de l'exaspération dans laquelle la tragédie française a jeté l'esprit et l'âme des Français.

« Un avertissement quant aux conséquences de toute nature qu'entraîne nécessairement l'absence d'une autorité nationale au milieu de la plus grande crise de notre histoire.

« Il est plus que jamais nécessaire que cette autorité nationale s'établisse.

« Je vous propose, mon général, de me rencontrer au plus tôt en territoire français, soit en Algérie, soit au Tchad... »

Il doute de l'acceptation de Giraud, que les Américains vont soutenir contre la France Combattante.

Il apprend que Roosevelt a déclaré que « le lâche assassinat de Darlan est un crime impardonnable » ! Alors que chacun sait que les responsables américains et anglais considèrent cette mort comme un « acte de la Providence ».

Partout, au Foreign Office, on dit : « Justice est faite. »

De Gaulle écoute Passy, chargé du « Bureau » des renseignements de la France Libre (le BCRA), lui raconter que, au siège des services secrets britanniques, l'un des responsables lui a offert le champagne afin de porter un toast « à la mort du traître Darlan ».

Mais Roosevelt condamne, et en profite pour annuler l'invitation qu'il avait lancée à de Gaulle de se rendre à Washington.

La manœuvre est claire. En voici l'exécution. Roosevelt a invité un ancien ministre de l'Intérieur de Vichy – Peyrouton – à devenir gouverneur de l'Algérie. Peu importe qu'il ait participé à la répression contre les résistants et mis en œuvre les lois antisémites ! Il s'agit toujours d'utiliser les hommes de Vichy.

On apporte la réponse de Giraud.

De Gaulle n'est pas surpris par ce qu'il lit :

« Une grande émotion a été causée dans les cadres civils et militaires en Afrique du Nord par le récent assassinat, écrit Giraud. C'est pourquoi l'atmosphère est pour le moment défavorable à un entretien personnel entre nous. »

Dernier jour de l'année 1942.

Voilà des semaines que la tension est telle que de Gaulle n'a guère eu l'occasion de passer plus de quelques heures avec les siens à Hampstead.

Il va les rejoindre ce soir. Mais avant de quitter Carlton Gardens, il veut s'adresser au personnel civil et militaire du quartier général de la France Combattante.

Il entre dans la salle de réunion où le silence s'établit. Le général Valin et l'amiral Auboyneau s'avancent, présentent les vœux.

« Je suis ému », commence de Gaulle.

Il pense à ceux qui, en ce moment même, dans le désert ou la clandestinité, se battent.

« On nous demande de mettre des cadavres sur tous les champs de bataille et aux poteaux d'exécution », dit-il.

Il a la gorge serrée, la voix sourde. Il sent les yeux fixés sur lui. Il a la charge de tous ces destins.

« Les Français, dit-il, n'ont qu'une seule patrie. »

Il faut qu'ils livrent « un seul combat », avec « une seule ardeur, un seul dégoût, une seule fureur ».

« La France est et restera une et indivisible. »

41.

Les paroles de De Gaulle, en cette fin d'année 1942, dans une France désormais entièrement occupée, irriguent tous les mouvements de résistance.

« Contre Vichy, contre Hitler, vive l'unité de la Résistance française », titre *Le Populaire,* le journal clandestin du parti socialiste.

Jean Moulin, avec émotion, découvre que le journal reproduit *L'Adresse* de toute la Résistance française à Roosevelt et à Churchill.

Voilà des semaines – depuis le débarquement américain en Afrique du Nord, le 8 novembre – que Moulin, voyant les chefs de réseau les uns après les autres, s'emploie à obtenir cette unité autour de De Gaulle et de la France Combattante.

Les mouvements saluent avec reconnaissance le général de Gaulle chef incontesté de la Résistance, qui groupe plus que jamais tout le pays derrière lui.

« Ils demandent instamment que les destinées nouvelles de l'Afrique du Nord libérée soient remises au plus tôt entre les mains du général de Gaulle. »

Jean Moulin va de Nice à Lyon, à Toulouse. Il peut même, puisqu'il n'y a plus de ligne de démarcation, se rendre à Paris.

Mais la prudence s'impose.

La police de Vichy le surveille, mais il n'est, pour elle, qu'un préfet à la retraite. Il ne cache pas qu'il ne partage pas les idées de Laval, mais cette franchise est gage de sincérité. N'a-t-il pas été reçu par Laval ?

La Gestapo est, elle, plus méfiante. Elle s'est installée dans toutes les grandes villes de l'ancienne zone libre.

Heureusement, Nice est occupée par les Italiens, et l'OVRA – la police de Mussolini – est moins efficace que la Gestapo.

Moulin est donc toujours sur ses gardes.

Il est l'homme clé de la Résistance, celui qui contrôle les liaisons avec Londres, donc les lieux, les dates des parachutages.

C'est lui qui reçoit et répartit les fonds envoyés par Londres, et les armes.

Ces pouvoirs décisifs suscitent, il le sait, contestations ici et là, inquiétudes et jalousies.

Mais la volonté d'unité, de fusion, l'emporte sur les ferments de division.

Et puis il y a, plus forte que tout, la volonté de se battre. Des maquis surgissent en ce mois de décembre 1942 – ainsi dans l'Ain.

La Résistance organise autour d'un attaché de la SNCF – René Hardy – un réseau Fer, pour coordonner la « bataille du rail ».

Chaque mouvement de résistance se dote de *corps francs*.

L'Armée secrète (AS), commandée par le général Delestraint, se constitue cependant que se crée l'Organisation de résistance de l'armée (ORA). Elle regroupe les officiers « giraudistes », ceux qui ont choisi Pétain en 1940 et lui sont encore fidèles.

L'un d'eux, le général Frère, a même présidé le tribunal militaire qui, en août 1940, a condamné de Gaulle à mort ! Mais ils sont « patriotes » et... soucieux de leur avenir maintenant que la victoire allemande s'éloigne.

À cela s'ajoutent le Front national, les Francs-Tireurs et Partisans français, la MOI, liés au parti communiste.

Or l'entrée des troupes allemandes en zone libre a fait basculer dans la guerre cette France de Vichy, moins exposée depuis 1940.

L'ennemi est désormais présent : les corps francs, les FTPF, les « terroristes » de la MOI l'attaquent.

À Lyon, un Allemand est blessé à coups de pistolet.

À Toulon, un convoi de la Wehrmacht est attaqué.

À Limoux, des républicains espagnols abattent le premier SS tué en zone Sud. Des policiers de Vichy, des membres du Service d'ordre légionnaire sont visés : la Résistance doit, proclame-t-on, « châtier les traîtres ».

On attaque des prisons, pour libérer les « patriotes » détenus. Un commando, le 24 décembre, arrache Bertie Albrecht, la compagne du fondateur de *Combat* Henri Frenay, de l'asile d'aliénés de Bron où elle avait réussi à se faire transférer de la prison Saint-Paul en simulant la folie.

Les sabotages se multiplient.

Il s'agit de créer pour les troupes d'occupation et les collaborateurs un climat d'insécurité.

Dans le nord de la France – l'ancienne zone occupée –, les attaques contre les soldats allemands se multiplient. Des sentinelles sont abattues.

À Amiens, dans la nuit de Noël, le chef FTP de la Somme fait exploser une bombe en plein milieu du réveillon au café-restaurant Le Royal, devenu *Soldatenheim*.

La réplique de l'occupant est implacable.

Le 26 décembre 1942, la presse publie le compte rendu suivant :

« Rennes, le 25 décembre – Au palais de justice de Rennes s'est ouvert devant le tribunal militaire allemand le procès intenté par les autorités d'occupation à trente terroristes, dont deux femmes, accusés d'attentats, d'actes de sabotage commis à Rennes et dans la région, de vol d'explosifs et de détention d'armes. [...] On leur reproche, et leurs aveux confirment ces accusations, de nombreux attentats commis au cours des derniers mois et dont voici les principaux : attentats contre des bureaux d'embauchage de travailleurs français en Allemagne, contre le siège du Francisme, contre le local de la Légion des volontaires français contre le bolchevisme, contre M. Doriot au théâtre de Rennes, contre des installations de l'armée allemande. Parmi les actes de sabotage qui leur ont été reprochés, citons la destruction de lignes téléphoniques, de câbles à haute tension et de matériel ferroviaire. »

Seize de ces trente « patriotes » seront condamnés à la peine capitale.

Mais la répression ne peut étouffer la Résistance. Au contraire. Dans son rapport du mois de décembre 1942, le préfet de la Somme écrit :

« Je vous ai signalé la recrudescence, au cours du mois de décembre, des sabotages et attentats… des centaines de perquisitions et cinq arrestations ont été opérées. Cependant, malgré le renforcement de la garde des installations ferroviaires ordonné par l'autorité occupante, plusieurs actes de sabotage ont été commis sur la voie ferrée. »

C'est le temps de l'*Armée des ombres.*

Déraillement provoqué par la Résistance française.

42.

En ces deux derniers mois de l'année 1942, Hitler prend-il conscience que, dans tous les pays que ses troupes occupent, pillent et martyrisent, une *Armée des ombres* se lève, minoritaire encore, mais qui veut vaincre pour pouvoir vivre librement ?

Hitler sait-il que les peuples qu'il a terrorisés, soumis, sentent que s'esquisse « la fin du commencement » ?

Mais le Führer paraît enfermé en lui-même.

Il a le teint blafard, le regard souvent fiévreux et fixe. À cinquante-trois ans, sa démarche est incertaine. Souvent penché en avant, voûté, comme écrasé par des pensées, des visions, il frotte ses mains, les noue et les dénoue. Et puis, tout à coup, il se redresse. Le visage crispé, il hurle, il éructe, écrase de son mépris maréchaux, généraux, aides de camp.

Et son entourage, ces héritiers des grandes dynasties militaires tremblent, baissent la tête, n'osent lui faire face.

Hitler oppose cette violence, cette rage aux arguments raisonnés des officiers d'état-major. Le nouveau chef d'état-major, le général Kurt Zeitzler, l'adjure d'ordonner le repli de la VIe armée de Paulus qui risque d'être encerclée dans le chaudron de Stalingrad.

Hitler crie, furieux : « Je ne quitterai pas la Volga, je ne me replierai pas. »

Quand, le 22 novembre, les armées russes ont fermé l'« anneau » à Kalatch, que les 200 000 hommes de Paulus sont dans la nasse, Hitler dit seulement à Paulus :

« Transportez votre quartier général à l'intérieur de la ville et établissez une défense par air jusqu'à ce qu'il soit possible de vous relever. »

Goering promet d'accomplir cette tâche, mais il ne dispose pas des avions capables de transporter chaque jour 750 tonnes de vivres et de matériel. Et la chasse russe est totalement maîtresse du ciel.

Pourtant Hitler refuse d'autoriser une tentative de « sortie » de Paulus, à la rencontre des panzers de von Manstein qui tentent de percer l'« anneau » russe.

Hitler paraît ne pas entendre Zeitzler qui évoque « le désespoir de nos soldats affamés, leur manque de confiance dans le commandement, les blessés expirant faute de matériel médical, des milliers d'hommes mourant de froid ».

Le 25 décembre, il est trop tard pour la percée du blocus de Stalingrad.

Pire, les troupes allemandes qui ont avancé dans le Caucase risquent d'être à leur tour encerclées.

Zeitzler obtient un ordre de repli, mais Hitler n'en

reste que plus décidé à « vaincre ou mourir » à Stalingrad.

Il souhaite rencontrer Mussolini, dont les troupes n'ont pu résister sur le Don. Elles ont « détalé », disent les Allemands.

Mussolini accepte de se rendre à Salzbourg, mais il pose ses conditions.

« Je veux prendre mes repas seul, dit-il. Je ne tiens pas à ce que cette bande de goinfres allemands s'aperçoivent que je me nourris de riz au lait. »

En fait, ce qui ronge l'estomac de Mussolini, c'est l'ulcère de la défaite qu'il pressent. Il en est si persuadé qu'il veut même suggérer à Hitler de négocier un accord avec Staline, afin de faire face aux Américains, car selon le Duce, « 1943 sera l'année du coup de collier américain ».

Mussolini ne se rendra finalement pas auprès du Führer qui écoutera, distrait, Ciano transmettre les propositions du Duce.

Ciano, bien que ministre des Affaires étrangères et gendre du Duce, est ignoré par les officiers allemands.

« L'atmosphère du Grand Quartier Général est accablante, note-t-il dans son journal. Aux mauvaises nouvelles s'ajoutent le décor lugubre de cette forêt humide et sombre et l'épreuve de la vie commune dans des baraques de fortune…

« Personne n'essaie de dissimuler l'angoisse que provoquent les percées de l'armée Rouge. Les Allemands tentent ouvertement d'en rendre l'Italie responsable. »

Ciano imagine le désespoir et la colère des Italiens

quand ils découvriront que des dizaines de milliers d'« Alpini » ont disparu, tués, prisonniers.

Il en a le pressentiment, le peuple se retournera contre le Duce, contre le fascisme.

Fin 1942, 1,5 million de soldats de différentes nationalités – près de la moitié des effectifs de l'armée d'invasion de juin 1941 – ont été tués, blessés, mutilés ou faits prisonniers sur le front de l'Est.

Et 327 000 Allemands ont laissé leur vie dans la boue, la neige ou la terre sèche de l'immensité russe. Mais Hitler est persuadé d'avoir eu raison. Le doute lui est inconnu.

Le 8 novembre 1942, il prend la parole à Munich, là où, en 1923, il tenta un putsch.

C'est le discours annuel aux « vieux combattants » que la radio allemande diffuse.

« Je crois qu'il est très rare qu'un homme puisse apparaître devant ses partisans après presque vingt ans sans avoir eu besoin au cours de ces vingt années d'apporter le moindre changement à son programme », commence Hitler.

La voix du Führer ne tremble pas. Il ne lit pas un texte. Il puise en lui ces phrases répétées cent fois.

« Si les Juifs s'imaginent qu'ils peuvent déclencher une guerre mondiale entre les nations pour l'extermination des races européennes, alors le résultat ne sera pas l'extermination des races européennes mais l'extermination des Juifs en Europe. On a ri de mes prophéties. »

Il s'interrompt, laisse s'apaiser la vague d'applaudissements.

« De ceux qui riaient autrefois, nombreux sont ceux qui ont cessé de rire. »

La salle de la brasserie munichoise vibre à l'évocation des centaines de milliers de meurtres déjà exécutés.

D'un geste de la main, Hitler interrompt ses « vieux combattants ».

Voilà la menace.

« Et ceux qui rient encore aujourd'hui vont peut-être bientôt cesser d'ici peu…

« Nous ferons en sorte que la juiverie internationale à laquelle nous devons toutes nos infortunes soit reconnue dans tout son danger démoniaque. En Europe, ce danger a été reconnu, et nos lois antisémites ont été adoptées, État après État.

« La juiverie internationale a appris ainsi que les prophéties nationales-socialistes ne sont pas des phrases en l'air… »

43.

Hitler a raison.

Les prophéties nationales-socialistes ne sont pas des phrases en l'air. Elles sont des corps martyrisés, pantelants. Elles ont la couleur du sang, l'odeur de la mort.

Lorsque Hermann Goering dans un discours au Sportpalast de Berlin déclare que la guerre est une « grande guerre des races » qui décidera « si les Allemands et les Aryens survivront ou si les Juifs domineront le monde », il faut savoir que des centaines de milliers de Juifs, en Pologne, en Ukraine, mais aussi en Hollande, en France, dans tous les États d'Europe, ont été exterminés.

Les prophéties nationales-socialistes ne sont pas des « phrases en l'air ».

Lorsque Goering ajoute que Churchill et Roosevelt sont « des drogués et des malades mentaux qui s'agitent au bout des ficelles des Juifs », il faut entendre les cris des femmes et des enfants qu'on enferme dans les wagons qui vont les transporter jusqu'à Auschwitz.

Il faut lire dans les carnets de Himmler cette note du 10 décembre 1942, rédigée après un entretien avec le Führer :

« Juifs en France – 600 000-700 000 – s'en débarrasser ? »

Et Himmler dit à ses subordonnés :

« Le Führer a donné ordre que les Juifs et tous les ennemis du Reich en France soient arrêtés et emmenés. »

Et dans l'ancienne zone libre, maintenant occupée, la police de Vichy, les gendarmes, les membres du Service d'ordre légionnaire organisent des rafles, des perquisitions, arrêtent, frappent, poussent dans les wagons.

Souvent, au moment des rafles, des portes s'entrouvrent, des mains se tendent pour accueillir les persécutés, les cacher.

Mais ceux qui sont entassés dans les wagons vont découvrir, au bout de ce voyage dans l'inimaginable, Auschwitz-Birkenau.

Là, dans cette plus grande usine de mort de l'Histoire, 1,5 million de personnes ont été tuées, par le gaz, les coups, l'épuisement, la malnutrition, une balle dans la nuque.

Le commandant d'Auschwitz, Rudolf Höss, est à la tête d'une véritable ville, qui est comme la préfiguration de la société nazie, avec sa zone résidentielle – pour les 2 000 SS et leurs familles –, son usine, son camp de travail, son camp d'extermination.

On enfourne dans les chambres à gaz des centaines de milliers de personnes « sélectionnées », Juifs

La rampe de sélection à Birkenau.

d'abord, mais aussi tsiganes, prisonniers de guerre soviétiques.

« Mes fonctions m'obligeaient à assister à tout le déroulement de l'opération, raconte Rudolf Höss.

« Jour et nuit, je devais être là pendant qu'on s'occupait à extraire les cadavres, à les brûler, à leur arracher leurs dents en or, à leur couper les cheveux. Ces horreurs duraient des heures [...]. Il m'incombait même d'observer la mort à travers les lucarnes de la chambre à gaz : c'étaient les médecins qui le désiraient. Je ne pouvais échapper à tout cela parce que j'étais celui vers lequel étaient tournés tous les regards. Je devais montrer à tous que je ne me contentais pas de donner des ordres et d'organiser les préparatifs, mais que j'assistais à toutes les phases des opérations, tout comme je l'exigeais de mes subordonnés. »

Tels sont les actes qui ne sont pas « paroles en l'air ».

Quand, le 14 décembre 1942, Goebbels dit :

« La race juive a préparé cette guerre, elle est l'instigatrice spirituelle de tout ce malheur qui s'est abattu sur ce monde... Le Führer l'a prophétisé, cela veut dire l'*effacement* de la race juive en Europe et, si possible, du monde entier », cela devient cette lettre d'un soldat de la Wehrmacht qui écrit en 1942 à sa famille :

« [...] Je me suis arrêté pour déjeuner – non loin de Brest-Litovsk – 1 300 Juifs venaient d'être exécutés la veille.

« Ils avaient été conduits auprès d'une fosse, hors de la ville. Hommes, femmes et enfants durent se dévêtir entièrement et furent ensuite liquidés d'une balle dans la nuque. Les habits furent désinfectés et réutilisés.

« Je suis convaincu que si la guerre dure trop longtemps, les Juifs finiront en saucisses et seront servis à des prisonniers de guerre russes et à des ouvriers spécialisés juifs. »

De ce soldat, qui imagine tranquillement l'inimaginable, à Hitler, en passant par tous les hommes-rouages de la machinerie nazie (Himmler, Goering, Goebbels, Rudolf Höss... des dizaines de milliers d'autres), une chaîne se constitue, une « usine de mort » fonctionne.

Ses mécanismes sont connus.

Quand on interroge Martin Bormann :

« Comment sera résolue la question juive ? »

Il répond :

« Tout simplement. »

Et chacun comprend, admet l'extermination, la « solution finale ».

Ne s'étonne que celui qui est resté attaché à des valeurs morales.

Ainsi l'universitaire d'origine juive, mais converti au protestantisme, Victor Klemperer qui écrit, à la fin de 1942, dans sa ville de Dresde, après avoir entendu le Führer évoquer la *juiverie internationale* et son extermination :

« Toujours la même musique mais poussée à son paroxysme... Paroxysme des menaces contre l'Angleterre, contre les Juifs dans le monde entier qui voulaient anéantir les peuples aryens de l'Europe et que lui anéantit...

« Ce qui est épouvantable, ce n'est pas qu'un dément se déchaîne dans des crises de plus en plus forcenées, mais que l'Allemagne l'accepte, depuis déjà près de dix ans et après presque quatre ans de guerre, et qu'elle continue à se laisser vider de son sang. »

Au même moment, dans les derniers mois de cette année 1942, Emmanuel Ringelbum, qui veut témoigner de ce qu'il vit et voit dans le ghetto de Varsovie, écrit de courtes notes :

« La toute dernière période. Le temps des atrocités. Impossible d'écrire une monographie parce que... »

Il énumère les lieux d'extermination et répète :

« Temps de persécutions et maintenant temps des atrocités. »

Un nom revient : Treblinka.

C'est le dernier et le plus meurtrier des camps, construit au nord-est de Varsovie, à proximité de la voie de chemin de fer Varsovie-Bialystok, sur un terrain sablonneux dans un coude de la rivière Bug.

**Amoncellement de chaussures et de vêtements
de déportés, vraisemblablement au camp de Treblinka.**

Une voie unique mène de la dernière gare au camp.

Comme dans les autres camps – Chelmno, Belzec, Sobibor –, les déportés doivent se déshabiller et laisser tous leurs vêtements et leurs objets précieux sur les quais de la « place de déshabillage ».

De là, les victimes sont conduites aux chambres à gaz par la « route du ciel » : *Himmelstrasse,* un étroit corridor caché par d'épais branchages. Un panneau indique les « douches ».

Dans les derniers mois de 1942, un ancien policier autrichien, Franz Stangl, spécialiste de l'euthanasie, prend le commandement du camp. Il dirigeait jusqu'alors celui de Sobibor.

Là-bas, il avait l'habitude de faire le tour du camp en culottes de cheval blanches.

Il raconte sa première visite à Treblinka.

« J'y suis allé en voiture, conduit par un chauffeur SS. L'odeur s'est fait sentir à des kilomètres. La route longeait la voie ferrée. À quinze ou vingt minutes de voiture de Treblinka, nous avons commencé à voir des cadavres le long de la voie, d'abord deux ou trois, puis davantage et, en arrivant à la gare, il y en avait des centaines, semblait-il, couchés là, abandonnés, apparemment depuis des jours à la chaleur. Dans la gare, il y avait un train plein de Juifs, les uns morts, d'autres encore vivants, ça aussi avait l'air d'être là depuis des jours. [...] Lorsque je suis arrivé au camp, en descendant de voiture sur la place de triage, j'ai eu de l'argent jusqu'aux genoux. Je ne savais de quel côté me tourner, où aller.

« Je pataugeais dans les billets de banque ; la monnaie, les pierres précieuses, les bijoux, les vêtements [...]. L'odeur était indescriptible ; des centaines, non des milliers de cadavres partout, en décomposition, en putréfaction. De l'autre côté de la place, dans les bois, juste à quelques centaines de mètres de la clôture barbelée et tout autour du camp, il y avait des tentes et des feux avec des groupes de gardes ukrainiens et des filles – des putains, je l'ai appris plus tard, venues de tous les coins du pays – ivres, titubant, dansant, chantant, jouant de la musique. »

Cette horreur, dans les derniers mois de 1942, on ne l'ignore plus, ni à Londres, ni à Washington, ni dans aucun des pays occupés, mais on ne veut pas l'admettre.

Dans les communautés juives, les éclairs de lucidité

sont effacés par l'incrédulité, l'espoir qui ne cesse de renaître.

Suivant les pays, l'attitude de la population varie, mais la passivité l'emporte.

Le 16 novembre 1942, le représentant de Ribbentrop à La Haye écrit au ministère des Affaires étrangères du Reich :

« La déportation s'est déroulée sans difficulté ni incident… La population hollandaise s'est habituée à la déportation des Juifs. Il n'y a pas le moindre trouble. Les nouvelles du camp de Rauschwitz [pour Auschwitz] paraissent favorables. Les Juifs ont donc laissé tomber leurs doutes et se rendent plus ou moins volontairement aux points de rassemblement. »

Et pourtant, des témoins oculaires assistent à l'embarquement des malades de la principale institution psychiatrique juive :

« J'ai vu les membres de la Schutzpolizei placer une rangée de patients, dont beaucoup de vieilles femmes, sur des matelas au fond d'un camion, puis entasser dessus cargaison sur cargaison de corps humains. Ces camions étaient si pleins à craquer que les Allemands eurent beaucoup de mal à refermer les hayons. »

Comme l'Église catholique hollandaise a protesté contre les déportations, les Allemands arrêtent des Juifs baptisés et, parmi eux, la philosophe et religieuse carmélite, Edith Stein[1].

---

1. Qui sera canonisée.

Cachée dans une soupente d'Amsterdam, une jeune fille, Anne Frank, note à la fin de l'année 1942 :

« Nos nombreux amis juifs sont emmenés par groupes entiers. La Gestapo ne prend vraiment pas de gants avec ces gens, on les transporte à Westerbork, le grand camp pour Juifs en Drenthe, dans des wagons à bestiaux. »

Anne poursuit :

« S'il se passe déjà des choses aussi affreuses en Hollande, qu'est-ce qui les attend dans les régions lointaines et barbares où on les envoie ? Nous supposons que la plupart se font massacrer. La radio anglaise parle d'asphyxie par les gaz ; c'est peut-être la méthode d'élimination la plus rapide. »

Elle décrit les arrestations à Amsterdam.

« D'innombrables amis et relations sont partis pour une terrible destination. Soir après soir, les voitures vertes ou grises de l'armée passent, ils sonnent à chaque porte et demandent s'il y a des Juifs dans la maison. [...] Rien n'est épargné, vieillards, enfants, bébés, femmes enceintes, malades, tout, tout est entraîné dans ce voyage vers la mort. »

44.

On voudrait que ce « voyage vers la mort » soit interrompu par les puissances alliées. Car en cette fin d'année 1942, elles savent que l'extermination des Juifs est au bout du chemin.

Des sources allemandes ont confirmé la mise en œuvre de la « solution finale ».

Jusque-là, les témoignages, les rapports – ceux du résistant polonais Ian Karski – n'avaient pas réussi à lever tous les doutes.

En outre, les préoccupations politiques diverses et contradictoires avaient retenu le gouvernement polonais en exil, à Londres, comme les responsables sionistes de s'exprimer.

« La destruction des Juifs d'Europe est ruineuse pour le sionisme, déclarait Ben Gourion, à la fin de l'année 1942, car il ne restera personne pour construire l'État d'Israël. »

Il ne s'attardait pas sur le crime contre l'humanité en train de se commettre.

Et puis, le 10 novembre 1942, un groupe de Juifs polonais munis de passeports britanniques et échangés contre des Allemands vivant en Palestine révèlent la réalité insoutenable de l'extermination.

Auschwitz, Birkenau, Treblinka, Sobibor, Belzec et tant d'autres sites de massacre ne sont plus de simples noms abstraits, mais les lieux de l'horreur.

La « solution finale » s'incarne.

Puis vint le témoignage du Waffen-SS Kurt Gerstein – un protestant profondément religieux –, chargé de se procurer une centaine de kilos d'acide prussique (Zyklon B) et de le livrer à Lublin.

À Belzec, il a assisté à l'asphyxie d'un « transport » de Juifs de Lemberg.

Il se confie à un diplomate suédois, Goran von Otter, qui rédige un rapport pour son ministère. Mais celui-ci ne le divulgue pas[1].

Le consul suédois à Stettin, Karl Ingve Vendel – en fait un agent de renseignements –, transmet à Stockholm un rapport rassemblant les confidences de plusieurs officiers allemands.

Le rapport confirme point par point le témoignage de Gerstein.

En juillet 1942, un industriel allemand, Eduard Schulte, se rend à Zurich et révèle à une relation d'affaires le plan d'extermination de la communauté juive d'Europe.

Le directeur du bureau genevois du Congrès juif

---

1. Gerstein se rendit aux Américains en 1945, rédigea plusieurs rapports sur ce qu'il avait vu, fut remis aux autorités françaises d'occupation et se pendit dans sa cellule le 25 juillet 1945.

mondial – Gerhart Riegner – est averti. Il rédige un rapport qu'il envoie à Londres et à Washington.

Riegner écrit :

« Reçu rapport alarmant faisant état qu'au Quartier Général du Führer un plan est discuté et en cours d'examen selon lequel tous les Juifs des pays occupés devraient, après déportation et concentration dans l'Est, être exterminés d'un coup, afin de résoudre une fois pour toutes la question juive en Europe. Selon le rapport, l'action est planifiée pour l'automne. Les moyens d'exécution sont encore en discussion, comprenant l'usage d'acide prussique. Nous transmettons cette information avec toutes les réserves nécessaires, car son exactitude ne peut être confirmée par nous.

« L'informateur est attesté comme ayant des liens proches avec les plus hautes autorités allemandes et ses rapports sont générale-ment dignes de foi. »

Le département d'État et le Foreign Office demeurent sceptiques et demandent à Stephen Wise, le président du Congrès juif mondial à New York, qui avait lu le rapport, de ne le publier qu'après avoir obtenu des confirma-tions par d'autres sources.

C'est en novembre et en décembre 1942 que les doutes sont levés et que la décision est prise de dénoncer l'exter-mination des Juifs d'Europe

Stephen Wise.

par les nazis. Roosevelt, recevant le 8 décembre 1942 une délégation de personnalités juives, leur déclare :

« Le gouvernement des États-Unis est parfaitement au courant de la plupart des faits sur lesquels vous attirez aujourd'hui mon attention. Nous en avons malheureusement reçu confirmation par de nombreuses sources. »

Le 17 décembre 1942, la Grande-Bretagne, les États-Unis, l'URSS et le Comité national de la France combattante à Londres révèlent solennellement que les Juifs d'Europe sont en train d'être exterminés.

« Les États s'engagent à ce que les responsables de ces crimes n'échappent pas au châtiment. »

Mais ils n'annoncent aucune initiative susceptible d'arrêter le « voyage vers la mort ».

Et ce n'est pas la menace d'une mise en jugement, une fois le conflit terminé, qui peut faire reculer les bourreaux.

Et ce n'est pas non plus le message du pape Pie XII, diffusé sur les ondes de Radio-Vatican, le 24 décembre 1942, qui va arrêter le « voyage vers la mort » de millions de personnes.

Le pape déclare que l'humanité doit formuler le vœu de « ramener la société à l'inébranlable centre de gravitation de la loi divine.

« Ce vœu, l'humanité le doit à des centaines de milliers de personnes qui, sans aucune faute de leur part, par le seul fait de leur nation ou de leur race, ont été vouées à la mort ou à une progressive extinction. »

Mais aussitôt, Pie XII, comme s'il craignait d'avoir pris le parti des Juifs, ajoute, réduisant ainsi la « solution finale » à un aspect parmi d'autres de la cruauté de la guerre :

« Ce vœu, l'humanité le doit à ces milliers et milliers de non-combattants, femmes, enfants, infirmes, vieillards auxquels la guerre aérienne – dont nous avons depuis le début dénoncé maintes fois les horreurs – a sans distinction enlevé la vie, les biens, la santé, les maisons, les asiles de la charité et de la prière. »

L'ambassadeur britannique à Rome s'étonne, suggérant que « le Vatican, au lieu de penser uniquement au bombardement de Rome – par l'aviation anglaise –, devrait s'interroger sur ses devoirs face au crime contre l'humanité sans précédent que représente la campagne d'extermination des Juifs par Hitler ».

Le cardinal Maglione, secrétaire d'État, a répondu :

« Le pape ne saurait condamner les atrocités particulières ni vérifier le nombre de Juifs tués rapporté par les Alliés. »

Cependant, le Vatican savait par plusieurs sources quels étaient le but et les conditions du « voyage » auquel les Juifs – les « non-aryens », écrit le Vatican – étaient condamnés.

Le 26 décembre 1942, Joseph Goebbels note :

« Le discours du pape est dénué de toute signification profonde. Il porte sur des généralités qui suscitent le désintérêt le plus total dans les pays en guerre. »

Que dire ?

Nommer le crime et réclamer le châtiment.

Mais la révolte, l'angoisse et le désespoir demeurent.

Mesurer son impuissance face à cet insondable univers de la souffrance.

C'est ce que ressent, en 1942, Richard Lichtheim, délégué de l'Agence juive à Genève, quand le président de l'United Palestine Appeal aux États-Unis lui demande d'écrire un article de 1 500 mots sur la « position des Juifs en Europe ».

« Je croule sous les faits, répond Lichtheim, mais je ne peux les dire dans un article de quelques milliers de mots. Il me faudrait des années pour écrire…

« Cela signifie que je ne puis vous dire réellement ce qui est arrivé et ce qui arrive à 5 millions de Juifs persécutés dans l'Europe de Hitler.

« Personne ne racontera jamais l'histoire : une histoire de 5 millions de tragédies personnelles dont chacune remplirait un volume. »

Table des matières

Crédits photographiques

PHOTO12

p. 114 : Photo12 – KEYSTONE Pressedienst • p. 143 : Photo12 • p. 167 : Photo12 – Ullstein Bild • p. 210 : Photo12 – Hachedé • p. 239 : Photo12 – Ullstein Bild • p. 308 : Photo12 – KEYSTONE Pressedienst • p. 397 : Photo12 – KEYSTONE Pressedienst • p. 400 : Photo12 – Ullstein Bild

ROGER-VIOLLET

p. 17 : Imagno / Roger-Viollet • p. 23 : Albert Harlingue / Roger-Viollet • p. 42 : LAPI / Roger-Viollet • p. 39 : TopFoto / Roger-Viollet • p. 48 : Ullstein Bild / Roger-Viollet • p. 53 : LAPI / Roger-Viollet • p. 57 : LAPI / Roger-Viollet • p. 65 : Albert Harlingue / Roger-Viollet • p. 68 : LAPI / Roger-Viollet • p. 77 : LAPI / Roger-Viollet • p. 85 : Roger-Viollet • p. 97 : LAPI / Roger-Viollet • p. 107 : Bilderwelt / Roger-Viollet • p. 162 : Roger-Viollet • p. 173 : Roger-Viollet • p. 204 : LAPI / Roger-Viollet • p. 220 : LAPI / Roger-Viollet • p. 231 : LAPI /

Roger-Viollet • p. 247 : Ullstein Bild / Roger-Viollet • p. 259 : Roger-Viollet • p. 273 : Roger-Viollet • p. 329 : Alinari / Roger-Viollet • p. 341 : TopFoto / Roger-Viollet • p. 348 : LAPI / Roger-Viollet • p. 352 : Roger-Viollet • p. 387 : LAPI / Roger-Viollet

GETTY

p. 32 : Getty Images • p. 79 : Getty Images • p. 104 : Roger-Viollet/Getty Images • p. 120 : Getty Images • p. 130 : Getty Images • p. 140 : Getty Images • p. 189 : Popperfoto/Getty Images • p. 227 : Getty Images • p. 283 : Getty Images • p. 315 : Getty Images • p. 335 : Getty Images • p. 362 : Getty Images • p. 374 : Getty Images

CORBIS

p. 198 : Bettmann/CORBIS • p. 295 : CORBIS • p. 304 : Bettmann/Corbis • p. 407 : Underwood & Underwood/CORBIS

Composé par Nord Compo
à Villeneuve-d'Ascq (Nord)

Imprimé en France par

MAURY-IMPRIMEUR
à Malesherbes (Loiret)
en septembre 2012

POCKET – 12, avenue d'Italie – 75627 Paris Cedex 13

N° d'impression : 176048
Dépôt légal : octobre 2012
S22218/01